"十三五"国家重点图书出版规划项目

中国少数民族会计简史

（云南卷）

A Brief History of
Chinese Minority Accounting

（Yunnan Volume）

中国会计史专题研究丛书·第一辑

曾军 等 ○ 著

图书在版编目(CIP)数据

中国少数民族会计简史. 云南卷/曾军等著. --上海：立信会计出版社，2024.1
(中国会计史专题研究丛书. 第一辑)
ISBN 978-7-5429-7554-6

Ⅰ. ①中… Ⅱ. ①曾… Ⅲ. ①少数民族-会计史-云南 Ⅳ. ①F23-09

中国国家版本馆 CIP 数据核字(2024)第 040652 号

策划编辑　孙　勇
责任编辑　胡　越
美术编辑　徐俊霞　王玲芳

中国少数民族会计简史(云南卷)
ZHONGGUO SHAOSHU MINZU KUAIJI JIANSHI(YUNNAN JUAN)

出版发行	立信会计出版社
地　　址	上海市中山西路 2230 号　　邮政编码　200235
电　　话	(021)64411389　　传　真　(021)64411325
网　　址	www.lixinaph.com　　电子邮箱　lixinaph2019@126.com
网上书店	http://lixin.jd.com　　http://lxkjcbs.tmall.com
经　　销	各地新华书店
印　　刷	上海颛辉印刷厂有限公司
开　　本	710 毫米×1000 毫米　　1/16
印　　张	19　　插　页　4
字　　数	272 千字
版　　次	2024 年 1 月第 1 版
印　　次	2024 年 1 月第 1 次
书　　号	ISBN 978-7-5429-7554-6/F
定　　价	108.00 元

如有印订差错，请与本社联系调换

前　言

回望历史长河,少数民族是推动我国经济社会发展的重要组成力量,其涵盖了少数民族群体和少数民族区域两个维度。自古以来,云南作为中华民族共同体共生、共存、共发展的少数民族典型集中区域,其历史发展进程与其他地区具有显著差异。在云南少数民族经济发展过程中,会计作为记录和反映经济活动过程与结果的重要行为方式,具有与少数民族经济发展相适应的规律特征,因此,本书立足于云南这一典型少数民族群体集中区域和少数民族地区,关注其经济活动中会计行为发展的历史进程,研究并总结其发展规律与特征,形成会计历史研究的一个独特样本,具有重要的理论意义和历史价值。本书命名为《中国少数民族会计简史(云南卷)》,而不直接以云南命名,一是基于云南作为拥有全国少数民族数量最多省份的缘由,二是本书的研究可以为后续开展西藏、贵州、广西、四川、海南等少数民族自治区或少数民族人口较多省份,以及西北地区和东北地区的少数民族会计史研究作参考,从而形成全国少数民族会计史的整体性研究成果。

在参考现有关于云南历史研究的《云南通史》《云南民族通史》等文献著作对云南历史发展阶段划分的基础上,结合中南财经政法大学郭道扬教授对中国会计发展历史研究中的相关观点和论述,本书将原始社会时期至民国时期作为整体研究期间,具体包括原始社会时期、先秦时期、秦汉时期、魏晋南北朝时期、隋朝时期、唐朝时期(南诏国时期)、宋朝时期(大理国时期)、元朝时期、明朝时期、清朝时期和民国时期十一个历史阶段,统分为原始社会至秦汉时期、魏晋南北朝至隋朝时期、唐宋时期、元明清时期和民国时期五章内容，基本完成了新中国成立以前云南少数民族族群和少数民族地区会计发展历史的初步研究。

作为旧石器时代考古遗址的集中区域，云南原始氏族遗存中的刻画符号和计量记录行为是早期会计观念与形态的重要历史证据，是原始社会氏族管理中会计行为的典型代表。云南少数民族会计的发展经历了"观念—形态—行为—符号—方法""对象—管理—主体—职能—治理""业务—组织—制度—体系—理论"三大历史主线的整体发展逻辑，也是本书在研究过程中所一直遵循的史证路径。以上三大历史主线涵盖了过程、效应和规律的演变逻辑，是借鉴当前会计史研究主流观点和思想体系所作出的概括性解析，具有一定的创新性。

在对史料的收集与整理过程中，本书参考郭道扬教授研究中国会计史的总体思路，均以经济社会背景分析为基础来探究各个历史阶段会计发展的特征，再以寻本溯源、探求蛛丝马迹的方式来进行史证分析。由于固有的限制和史料挖掘的不充分性问题，虽经历了六年的攻坚研究，但部分章节还是存在史料不足的困境，整体史料体系的完整性也存在一定缺陷。在本书研究过程中，作者依托现有中国会计史体系，采用符合性匹配的方法对史料进行逻辑编排，以达到史料分析的总体合理性目标，进而保证了本书研究体系的基本完整。

除原始社会时期外，从先秦时期到民国时期均将官厅（政府）会计与民间会计相分离，仅有古代官厅和近代政府的差异性。官厅会计和政府会计作为阶级意志与政治统治的重要手段，具有保障阶级权力和国家产权的职能作用，而民间会计的核心目标是保障私有产权。从云南少数民族会计的发展过程来看，其发展逻辑与这一思想是一致的，特别是自南诏国时期以后，云南地区政治的统一性强化了官厅会计的职能要求，为保障政权发展发挥了基础性作用,而民间会计在云南少数民族地区伴随着私有制和生产力水平的演进过程而发展,尤其是到近代时期已经形成了助推规模性、成体系的民营经济发展的职能和形态。

从学术贡献的视角来看,本书较为系统地收集、整理了涉及云南的相关会计史料,并进行了整体性研究,具有一定的贡献,能对当前中国会计史的研究,特别是少数民族会计史的研究形成有益补充。此外,本书作为少数民族经济历史和云南地区经济历史研究的著作,首次从会计专业历史和会计文化发展的角度来开展研究,具有一定的创新性,是对当前我国少数民族经济史和云南地方史研究的重要补充。因此,本书的研究能够在一定程度上为其他学者开展相关领域的研究提供一定参考和借鉴。

本书在编写过程中,得到了中国会计学会众多专家学者的大力支持,郭道扬教授全程指导研究工作,曲晓辉、王立彦、付磊、赵丽生、宋小明、陈敏、杨智杰、康均、冉明东、吴大新、刘常青、孔庆林、莫磊等专家学者多次亲临昆明进行指导和交流。本书还得到了云南省财政厅、云南省社会科学界联合会、云南省档案馆、云南省博物馆、昆明市档案馆、中共大理州委统战部、大理州档案馆相关领导、同仁的关心和支持,其为本书的编写提供了诸多史料支撑。云南省财政厅原副厅长胡芩菩、会计处原处长赵学源将个人收藏的文献史料倾囊相助以支持研究,让研究团队全体成员深感欣喜。更可喜的是,本书已入选国家出版基金资助项目。

为实现研究目标,云南财经大学、云南省会计学会联合了诸多专家学者组成专门的研究团队,为本书的研究提供了支持与帮助。虽然本书的主体内容构建由第一作者主笔完成,但该研究团队成员均承担了各章节部分研究工作与大部分史料收集、整理和分析工作,部分专家成员还多次参与本书的论证和研讨工作。具体参与的成员名单如下:第一章(陈红、黄洋、牛学岩、季雨彤、孟晨、殷溪亚)、第二章(余根亚、杨涛、米柔、李本春、张语珊、赵孙燕)、第三章(余怒涛、倪小山、舒挺、杨梅、杨紫莹、彭可亦)、第四章(赵仁平、曾蕾、杨媛媛、周新桐、钟思琪、张宝德、游佳晨)、第五章(李小军、杨继伟、路磊鸿、吕祎茜、邬露睎、朱晟林、宋凌霄)。如果没有研究团队成员的帮助支持与辛勤付出,本书不可能达到现有的整体性研究成效。在此,特对以上专家学者、单位领导、机关部门工作人员,以及项目组全体研究成员的支持与付出表示敬意。

从整体上看,本书在部分历史阶段的史料充分性、史证专业性分析、结构体系等方面还存在一定的不足之处,可能会导致史料分析与应用存在偏差,还望国内外专家学者能提出宝贵意见和建议,让我们对本项研究不断完善。

面向未来,我们的研究团队定将继续坚守少数民族财会文化的传承和保护的初心,不断丰富和完善少数民族会计史的研究深度与广度,为我国会计史研究和少数民族会计文化发展与建设工作贡献力量。

目 录

第一章 原始社会至秦汉时期云南少数民族的会计 …………… 1

第一节 原始社会时期云南氏族的会计形态 …………………… 1

一、原始社会时期云南氏族发展的经济社会背景 …………… 2

二、原始社会时期云南氏族的会计 …………………………… 5

第二节 先秦时期云南少数民族会计发展 ……………………… 21

一、先秦时期云南少数民族会计发展的经济社会背景 ……… 22

二、先秦时期云南少数民族的会计 …………………………… 26

第三节 秦汉时期云南少数民族会计发展 ……………………… 31

一、秦汉时期云南少数民族会计发展的经济社会背景 ……… 32

二、秦汉时期云南少数民族的会计 …………………………… 36

第四节 原始社会至秦汉时期云南少数民族会计史证讨论 …… 47

一、会计观念与方法的史证讨论 ……………………………… 47

二、会计行为与管理的史证讨论 ……………………………… 48

三、会计对象与制度的史证讨论 ……………………………… 48

第二章 魏晋南北朝至隋朝时期云南少数民族的会计 ………… 50

第一节 魏晋南北朝时期云南少数民族会计发展 ……………… 50

一、魏晋南北朝时期云南少数民族会计发展的经济社会背景 …… 51

二、魏晋南北朝时期云南少数民族的会计 …………………… 54

第二节 隋朝时期云南少数民族会计发展 ……………………… 59

一、隋朝时期云南少数民族会计发展的经济社会背景 ……… 60

二、隋朝时期云南少数民族的会计 …………………………… 61

第三节　魏晋南北朝至隋朝时期云南少数民族会计史证讨论 …… 63
一、会计组织与制度的史证讨论 …… 63
二、会计计量与方法的史证讨论 …… 64
三、会计业务与职掌的史证讨论 …… 65

第三章　唐宋时期云南少数民族的会计 …… 66
第一节　南诏国时期云南少数民族会计发展 …… 66
一、南诏国时期云南少数民族会计发展的经济社会背景 …… 67
二、南诏国时期云南少数民族的会计 …… 71
第二节　大理国时期云南少数民族会计发展 …… 86
一、大理国时期云南少数民族会计发展的经济社会背景 …… 87
二、大理国时期云南少数民族的会计 …… 90
第三节　唐宋时期云南少数民族会计史证讨论 …… 97
一、会计组织与制度的史证讨论 …… 98
二、会计计量与方法的史证讨论 …… 98
三、会计业务与管理的史证讨论 …… 99

第四章　元明清时期云南少数民族的会计 …… 101
第一节　元朝时期云南少数民族会计发展 …… 101
一、元朝时期云南少数民族会计发展的经济社会背景 …… 102
二、元朝时期云南少数民族的会计 …… 104
第二节　明朝时期云南少数民族会计发展 …… 117
一、明朝时期云南少数民族会计发展的经济社会背景 …… 117
二、明朝时期云南少数民族的会计 …… 120
第三节　清朝时期云南少数民族会计发展 …… 130
一、清朝时期云南少数民族会计发展的经济社会背景 …… 131
二、清朝时期云南少数民族的会计 …… 141
第四节　元明清时期云南少数民族会计史证讨论 …… 197
一、会计组织与制度的史证讨论 …… 197

二、会计方法与体系的史证讨论 …………………………… 198
三、会计业务与治理的史证讨论 …………………………… 199

第五章 民国时期云南少数民族的会计 …………………………… 200
第一节 民国时期云南少数民族会计发展的经济社会背景 ……… 201
一、农业的发展 ……………………………………………… 201
二、工业的发展 ……………………………………………… 204
三、交通、外贸与商业的发展 ……………………………… 207
四、财政与金融的发展 ……………………………………… 211
第二节 民国时期云南少数民族会计发展 ………………………… 213
一、政府会计和政府审计的组织与制度 …………………… 213
二、政府田赋与清丈的会计 ………………………………… 222
三、教育组织的会计 ………………………………………… 238
四、经济组织的会计 ………………………………………… 245
第三节 民国时期云南少数民族会计史证讨论 …………………… 281
一、会计组织与制度的史证讨论 …………………………… 282
二、会计方法与体系的史证讨论 …………………………… 283
三、会计业务与理论的史证讨论 …………………………… 283
四、会计治理与职能的史证讨论 …………………………… 284

主要参考文献 ………………………………………………………… 286

第一章

原始社会至秦汉时期云南少数民族的会计

云南高原是我国少数民族集中的典型区域,其秦汉以前的历史演进过程与文明演进历史符合聚落至国家的演进模式,整体演进过程呈现出较强的独立性,与国内其他地区的文明发展进程有着较大差异,存在多种不同的社会形态和历史特征。因此,本章将原始社会至秦汉时期云南会计的发展情况作集中研究,有利于展现该历史时期云南纳入国家治理范围的主体进程,集中分析从原始社会到秦汉时期云南地区经济社会发展的基本规律,进而研究该时期会计观念与方法、会计行为与管理及会计对象与制度的发展历史。

第一节 原始社会时期云南氏族的会计形态

从目前考古发现来看,云南地区人类的历史始于元谋人。约在 170 万年前,云南原始人类进入旧石器时代,而随着不断地进化与工具的使用,加工磨制石器出现了,这标志着云南进入了新石器时代。旧石器时代至新石器时代构成了云南的原始社会时期。在旧石器时代,没有阶级和剥削,生产力水平低下,云南原始人类采用群居生活的方式,共同劳动、平均分配,而随着不同群落之间的交流与通婚不断发展,到旧石器时代晚期,云南原始人类进入了以血缘为维系基础的氏族社会,并一直持续到新石器时代末期。从整个历史发展规律来看,原始社会的经济和文化处于较为落后的水平,云南地区也不例外。"落后的计数方法总是伴随着落后的社会制度、落后的生产和落后的文化。"[①]从这点上看出,会计行为的产生受到经济社会发展的重要影响,而"维持人类生存的基本生活水平是衡量原始会计行为产生的基本前提条件"[②],因此,对原始会计行为的研究应当建立在对经济社会发展的研究基础之上。这一规律适用于任何历史时期。

一、原始社会时期云南氏族发展的经济社会背景

旧石器时代早中期,云南原始部落的经济活动还仅限于群落所能覆盖的范围,主要以采集和捕猎活动为主。使用的工具也是极为简陋且粗糙的旧石器和棍棒之类的原始工具。部落的活动范围也一般会随着季节的变化而发生迁移。到元谋人时期,火的使用极大地改善了原始人类的生产生活状况,促进了人类体质的发展,也间接促进了人类大脑的进化和发育,由此原始人类逐步从直立人发展为智人。正如恩格斯所说:"就世界性的解放作用而言,摩擦生火还是超过了蒸汽机。因为摩擦生火第一次使人支配了一种自然力,从而最终把人同动物分开。"[③]火的使用使得食物的使用价值提高,间接促进了剩余食物的出现,进而组织观念得以产生。这是区分直立人和智人的关键所在。

智人分为早期智人和晚期智人。早期智人以昭通人为代表,从对昭通人

---

① 郭道扬:《中国会计史稿》(上册),中国财政经济出版社,1982年,第11页。
② 郭道扬:《会计史研究》(第一卷),中国财政经济出版社,2004年,第28页。
③ 恩格斯:《反杜林论》,人民出版社,1971年,第112页。

遗址的考古研究来看,早期智人在身体特征上虽还保留了一些原始特征,但手和脑等关键部位已经与现代人类似,其打制石器的技术较直立人更为发达。早期智人已经开始在集体组织内部按性别和年龄分工进行劳动,例如,男性集体狩猎,女性集体采集,老年人照顾幼儿,并且从原始的乱婚进入血族群婚。

晚期智人是云南原始人类的重要发展阶段,在云南地区有着非常广泛的分布,标志着人类社会进入了氏族社会,开始建立母系氏族公社。① 晚期智人的石器打制技术非常完善,并开始有了钻孔、磨制等打制装饰品新方法,骨器、角器等工具开始大量使用,而其生产生活依然是以采集、狩猎和捕捞为主。丽江人、西畴人、昆明人、蒙自人、姚关人等氏族群体开始逐步从迁徙走向定居,如保山塘子沟的住房遗址、蒙自人的"砾石文化"、丽江人的石球遗址等,都可以证实晚期智人的氏族定居特征。氏族是云南原始社会中晚期的基本社会经济组织形式,完成定居后则逐步建立和完善族内管理方式,其内部实行集体劳动,生产资料为氏族公有,物品在氏族成员之间分配,公共事务由选出的酋长管理,重大问题则采用集体商议决定。②

氏族组织形态的诞生与发展加快了原始人类从旧石器时代向新石器时代转变的历史进程,食物的种植与收割标志新石器时代的到来。此后,农业逐渐成为氏族主要的经济来源,并促进养殖业、畜牧业、手工业得以产生与发展,而新的工具制造技术又大幅提高了劳动效率,标志着原始人类的经济生活从天然物质的"攫取经济"发展成为改造自然的"生产经济"。这一重大跨越改变了原始社会的经济结构和生产方式,是一场革命性的变革。在氏族社会时期,氐羌、百越、百濮三大族群的先民就繁衍生息于云南这块古老的土地

---

① 李昆声、钱成润:《云南通史》(第一卷),中国社会科学出版社,2011年,第70页。
② 李昆声、钱成润:《云南通史》(第一卷),中国社会科学出版社,2011年,第72-73页。

上①,对云南原始社会时期农业、畜牧业、手工业的发展进行不断探索,创造了丰富多彩的新石器时代经济社会文化。

(一)农业经济的发展

新石器时代遗址遍布云南全省,数量高达数百个,从出土的文物遗存来看,均属于农业经济类型的氏族形式,即以石斧、石刀和木竹工具进行集体耕作的原始农业形式,并以此作为氏族生活的主要经济来源。从元谋大墩子遗址、昌宁营盘山遗址、宾川白羊村遗址等代表性遗址的考古发现来看,云南地区原始社会时期农业生产的发展,一方面表现为生产工具的多元性,包括石斧、石锛②、石铲等耕地工具,穿孔石刀、蚌刀等收割工具,以及磨盘、磨棒、木杵、石臼等加工工具;另一方面表现为多种粮食贮存的方法,如元谋大墩子遗址发现的半地穴式建筑贮存法和陶器贮存法、宾川白羊村遗址的窖穴贮存法、昌宁营盘山遗址的囤箩贮存法等。生产工具的使用可以不断提高生产效率,贮存方法的探索可以延长食物的食用期限,为冬天御寒、温饱创造条件,也促使了剩余农产品的出现。

(二)畜牧业和养殖业经济的发展

从元谋大墩子遗址、宾川白羊村遗址、麻栗坡小河洞遗址、耿马南碧桥石佛洞遗址等新石器时代遗址发现的动物遗骸来看,云南大部分地区在新石器时代就已经有了家畜养殖,主要种类有狗、猪、鸡、羊、牛、马等。这也说明,在该时期,云南原始人类除从事农业生产外,还经营畜牧业和渔猎生产,整个社会经济也有了进一步的发展和繁荣。③

(三)手工业经济的发展

在云南新石器时代的数百处遗址中,人们发现了大量居民使用的陶器。

---

① 李昆声、钱成润:《云南通史》(第一卷),中国社会科学出版社,2011年,第122页。
② 锛[bēn]:一种平木器,削平木材的平斧头。
③ 李昆声、钱成润:《云南通史》(第一卷),中国社会科学出版社,2011年,第156页。

元谋大墩子遗址出土一件陶制鸡形壶(见图1-1),母鸡呈蹲踞状,鸡尾微翘,遍体饰以点线纹代表羽毛,双眼活灵活现,该制陶工艺精细,反映了当时的人们对鸡进行过长期细致的观察,也从侧面证实了养殖业和手工业在同一时期得到很大的发展。

图1-1　云南新石器时代遗址出土的陶制鸡形壶①

从出土陶器的类别来看,大多为夹砂陶,但没有发现陶窑,火候也大多极不均匀,因此当时先民采用的是露天烧制方式,还处于满足氏族部落的日常生活需要,未从农业中分离出来成为独立的行业。出土的陶器上多有刻画符号,存在绳纹、席纹和篮纹等纹路,说明当时先民不仅掌握了制陶技术,还掌握了用麻条、竹篾、葛条等材料编制织物的方法。此外,宾川白羊村遗址和大理马龙遗址还出土了石质纺轮,这也证实了在新石器时代云南先民已经产生并使用纺织工具,会进行手工纺织作业。

二、原始社会时期云南氏族的会计

计量、记录是会计产生的标志,也是会计行为的起点。人类会计思想的

---

① 云南省民族文学研究所研究室:《民族文谈》,中国民间文艺出版社,1985年,第257页;杨世钰、赵寅松:《大理丛书·考古文物篇》(卷一),云南民族出版社,2009年,彩页第11页。

"第一历史起点"的形成在旧石器时代的中晚期,筹划与分配思想所引发的计量、记录行为直接服务于主事人对部落生活的管理,从而杜绝了"人食人"现象,解决了人种的繁衍问题,使人类的生存、发展进入确定性状态,并从经济形态演变的本质上体现为由"自然主体"向征服自然的"生产主体"的历史转变。① 北京山顶洞人在骨管豁口的刻记符号、山西峙峪人在骨器上的刻画计量符号、甘肃刘家岔人在角器上的刻画记录痕迹等,是旧石器时代中晚期原始人类计量、记录行为的重要发现,也是会计起源的代表性证据。新石器时代是原始计量、记录行为建立规则与方法的时期,刻画符号形成了完备的体系,并先在氏族内部统一使用,后又在一定区域内的多个氏族内进行统一,从而使得原始计量和记录行为得到巨大的发展。本书依据该历史规律及特征,对云南地区原始社会遗址进行考证和分析,力求形成原始计量、记录行为产生与发展的云南证据。

(一)旧石器时代的计量、记录观念与刻画行为

在漫长的原始社会初期,从猿成为人的第一个标志是制造工具。旧石器时代文化遗物的共同特征为粗糙的石制工具,即砍砸器、敲砸器、尖状器、刮削器、石片和石核等。其器型和制作的特点为:①石器的石核保留有较多的砾石面;②制作简单粗糙;③打击面有疤痕,均有用过的痕迹;④从造型上看,它是原始濮越人生存意识和观念的物化。② 从这个过程可以看出,工具的制造并不是直接产生的,而是一个伴随着原始人类观念与劳动行为发展及演变的过程。云南玉溪江川甘棠箐遗址出土的骨制品和石制品,具有明显的人工打磨痕迹,形状各异,且部分加工较为精细③,其精细程度主要体现在加工过程之中修理程序的差异。精细化的工具制造程序,所展现出来的是原始人类

---

① 郭道扬:《人类会计思想演进的历史起点》,《会计研究》2009年第8期,第5页。
② 龙纪峰:《云南壮族美术史》,云南人民出版社,2011年,第31页。
③ 李昆声、钱成润:《云南通史》(第一卷),中国社会科学出版社,2011年,第86页。

形成的标准性或统一性观念,为原始计量、记录与原始会计行为的产生奠定了基础。

在蒙昧时代,人类的生存状况还无法得到保障,原始会计行为不可能发生,到旧石器时代初期,人类简单生产活动还不能全部满足生存需求,原始会计行为是没有必要的,而旧石器时代中晚期出现了生产工具的改进和取火方法的应用,使得生产力水平得以提高,有了一定的生产剩余,居住条件得以改善,保障了人类生产生活的同时还出现了储备物,从而产生了最早的计量、记录观念和行为①,出现了刻画符号和特定记录的载体。因此,会计行为的历史起点是原始的简单刻记与直观的绘图记录。

云南禄丰腊玛古猿和开远腊玛古猿处于猿向猿人的过渡阶段,不具备原始会计行为产生的条件。元谋人是旧石器时代初期的典型代表,已存在肢骨上人工刻痕的证据(见图1-2),而1960年在丽江漾弓木家桥发现的丽江人遗址属于旧石器时代晚期,其出土了一批鹿、牛、犀牛等伴生物的化石,还采集到一段残鹿角的钻孔角器和近30件石制品,其中的一件石核带有人工刻画痕迹。这些伴生物化石的层次规律和石制品的刻画痕迹,可以验证旧石器时代的丽江人已经具备了计量、记录观念和行为的产生条件。

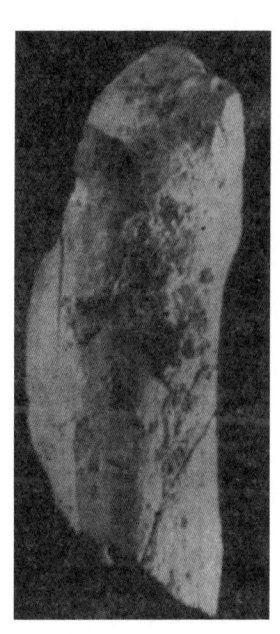

图1-2 元谋人遗址出土的带有人工刻痕的肢骨碎片②

九乡张口洞古人类遗址出土的刮削器是该遗址主要的石器类型,其规格种类和尺寸大小

---

① 郭道扬:《会计史研究》(第一卷),中国财政经济出版社,2004年,第30-33页。
② 张兴永、周国兴:《元谋人及其文化》,《文物》1978年第10期,第30页。

受到石片形状的影响,整体制作工艺精细,具有诸多共同的文化因素。其中部分中小型刮削器尺寸大致相同,具有单向和复向背面加工特点,使用痕迹明显,部分有清晰刻痕,具有旧石器时代向新石器时代过渡的典型特征。

保山塘子沟文化和红河蒙自马鹿洞文化是云南原始社会旧石器时代晚期的代表性文化,也是云南旧石器时代晚期智人文化的典型代表。云南省保山市塘子沟蒲缥人遗址出土了大量的石器与角器,是全国出土旧石器时代角器最多的遗址,我国旧石器时代最早的房屋建筑遗址也在此被发现,此遗址是旧石器时代向新石器时代过渡的重要历史遗址。根据考古报告,保山塘子沟蒲缥人遗址出土了 10 件刻纹角锥和角棒(见图 1-3),从器物形态上看与该遗址其他类型的角锥相似,但在角锥和角棒的部分轴面上刻画的横痕、斜痕、弧痕、斜交叉痕,有的从根端连续刻到尖端,这些刻痕明显不属偶然形成,而是人工有意为之的。从其中代表性的器物来看,该角锥长 92 毫米、基部最大径为 25 毫米,刻痕分布主要包括:①由基部到锥尖被刮出一长条平滑面,其上有 30 余道刻痕,其中横痕 5 道、斜痕 20 余道、弧痕 2 道;②内有一弧痕接近半圆,半圆内有 6 道伞骨状斜痕;③另有两处的 4 道斜痕分别连接为两个斜角;④在角轴的其他侧面也有类似刻痕,但痕较稀少且多不连续。① 虽然目前对该批刻纹角锥的刻画痕迹的考证还没有明确的定论,但从角锥的作用和功能上来分析,其一可能是为了标记特定的事物或事项,并用不同类型的刻痕以作区分;其二可能是在使用过程中存在一些重复性的操作,留下了不同的刻画痕迹;其三可能是将其作为特定的崇拜符号。但无论出于何种目的和意图,有一点是明确的,那就是这些刻画痕迹是蒲缥人所特意而为之的,也可以说明该时期蒲缥人已经存在刻画的思想和行为。

---

① 张兴永:《保山史前考古》,云南科技出版社,1992 年,第 33 页。

■ 第一章 原始社会至秦汉时期云南少数民族的会计 ■

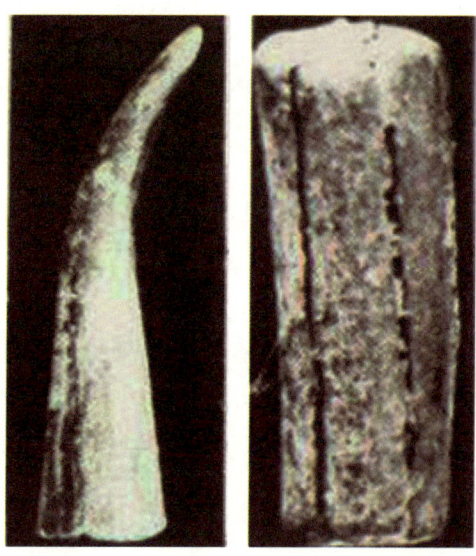

图1-3 保山塘子沟遗址蒲缥人所使用的角锥与角棒图①

红河蒙自马鹿洞人(简称蒙自人)遗址出土的头盖骨(见图1-4)断面平齐,有精细的加工痕迹,并且有两个对称的人工钻孔,而出土的角铲、角椎、角锤具有精细的工艺程序,这在旧石器时代遗址的鹿角器考古发现中是从来没有过

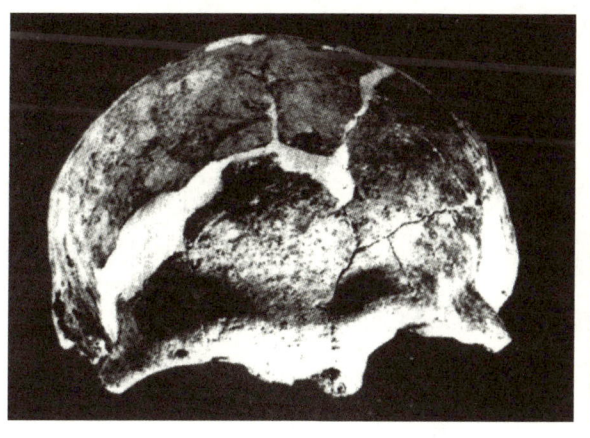 

图1-4 蒙自人遗址出土的头盖骨与角锤图②

---

① 张兴永:《保山史前考古》,云南科技出版社,1992年,第229页。
② 《我省发现旧石器时代的"蒙自人"文化遗址》,《思想战线》1990年第1期,第2页。

的。从目前的研究来看,多数观点认为,头盖骨钻孔是蒙自人有意加工的,他们在吸食脑髓后再加工成盛器,并钻孔穿绳提送①。这说明,结绳的生活方式在蒙自人时期已经产生并为日常生活所使用,而鹿角器的规范化工艺水平更折射出当时蒙自人计量观念的产生与形成。

(二)新石器时代的刻画符号与计量、记录行为

随着人类社会的不断进步,原始人类在定居形成的稳定生活环境条件下,逐步探索出更为先进的石器打制方法,并对旧石器进行加工、改造,制作成农业、畜牧业、手工业等经济生产活动的工具。农业和畜牧业的产生也标志着人类社会进入了新石器时代。在此环境下,人类从自然的适应者转变为自然的改造者,从以采集经济为主转变为自主生产经济,实现了生活资料的主动生产,并促使了剩余物品的出现,由此原始人类不得不考虑生活物资的管理问题。农业、畜牧业的发展促进了手工业的产生和发展,例如,将动物皮毛制成御寒衣物,把棉麻丝物纺织并裁制成保暖衣裳,采集泥土用火加工成陶器并刻以纹饰与符号等,都是原始人类手工业的代表形式。

1. 云南少数民族的先民族群及其氏族特征

云南省地处东亚至东南亚、青藏高原至中南半岛的连接部位,属于低纬度海拔升高地区。云南省内高山与深谷相间,有金沙江、南盘江、澜沧江、红河、怒江、独龙江等水系,是长江、珠江、湄公河等国内外江河的上游、源头或分水岭。在云南北部的高山峡谷之间,古代氐羌文化的族群顺流南迁;在东南部珠江流域,古代百越文化族群由此西进;西南部红河、澜沧江、怒江、独龙江流域,古代濮、越文化族群由此南下,从而形成了古代云南民族迁移融汇的走廊和通道。新石器时代人类社会组织最大的特点是形成了氏族社会,各成员集体劳作、共同生活、平均分配,经历了母系氏族社会和父系氏族社会两个

---

① 李昆声、钱成润:《云南通史》(第一卷),中国社会科学出版社,2011年,第76页。

阶段。在此时期,云南的氐羌、百越、百濮等少数民族的先民族群择地而居、繁衍生息,进而衍化成近现代云南的多民族分系。

新石器时代的云南氏族遗址具有普遍性特征,迄今为止,云南省1/3以上的县市发现了100余处新石器时代的遗址、墓葬或零星采集点①,这些遗址主要分布于全省范围内的5大核心区域,包括环滇池区域的江川光坟头、江川太平地、江川螺蛳山、禄丰金山茅草洼、宣威尖角洞、安宁王家滩和通海海东等遗址;金沙江流域的鲁甸马厂、昭通闸心场、鲁甸野石、永仁菜园子和元谋大墩子等遗址;环洱海区域的大理苍山马龙、宾川白羊、昌宁营盘山和保山蒋台寺等遗址;澜沧江流域的景洪曼蚌囡、云县忙怀、澜沧大凹子、维西戈登、龙陵大花石、勐腊大树脚、孟连老鹰山和双江红后山等遗址;红河流域的麻栗坡小河洞、新平漠沙、元江它克等遗址。②

氏族制度是人类第一个有组织的社会结构。③ 恩格斯在论述北美印第安易洛魁人的氏族制度时说道:"氏族,直到野蛮人转向文明时代为止,甚至再往后一点(根据现有资料可以判断者),乃是一切野蛮人所共有的制度了。"④所有现代文明民族的祖先,在其遥远的古代,都曾有过氏族制度,更确切些说,都经历过氏族公社这一最初的社会阶段。在母系氏族阶段,人们是按照母系亲属血缘关系形成一个个集团的。在这些集团中,除血缘的纽带外,人们都过着集体占有生产资料和生活资料,共同生产、共同消费的生活,这个集团便是我们所说的氏族公社。因此,马克思说:"所有其他公社都是建立在自己社员的血统亲属关系上的。在这些公社中,只容许有血统亲属或收养来的亲属……而在较古的公社中,生产是共同进行的;共同的产品,除储存

---

① 李昆声、钱成润:《云南通史》(第一卷),中国社会科学出版社,2011年,第122页。
② 曾军、陈红、余根亚:《原始社会至秦汉时期云南会计史料研究》,《财会月刊》2019年第10期,第161页。
③ 杨毓才、刘达成:《云南边疆民族的氏族、家族、村社制度研究》,《云南社会科学》1981年第1期,第43页。
④ 中共中央马恩列斯著作编译局:《马克思恩格斯选集》(第四卷),人民出版社,1972年,第80页。

起来以备再生产的部分外,都是根据消费的需要陆续分配。"①恩格斯进一步阐述了氏族制度的两个最基本的特征,他说:"有两个自发产生的事实,支配着一切或者几乎一切民族的古代历史:民族按亲属关系的划分和土地公有制。"②马克思、恩格斯关于氏族制度的论述,对于原始社会新石器时代氏族特征的研究具有普遍性意义。

云南少数民族的先民族群按照亲属血缘关系形成不同氏族集群,全氏族生产资料和生活资料集体公有,共同生产、平均分配消费,而每个家族有家族长,"每个氏族都有头人,氏族头人的产生最初是自然形成的,在父系家族公社才出现了由各个家族长推选出整个氏族的头人",而"氏族头人的职责通常包括承担领导生产、排解纠纷、主持祭祀、宣布械斗、血族复仇、缔结盟约(立石为盟、歃血为盟、削树为盟、克木为盟)等,这样一来,氏族头人便形成了既是政治首领,也是氏族长者,又是宗教巫师三位一体的特点"。③ 在近代时期,云南很多少数民族,如氐羌文化族系的独龙族、怒族、傈僳族、基诺族等,百濮文化族系的布朗族、德昂族等,依然保存着原始社会氏族公社的文化残余,具有显著的氏族制度特征。从该原始残余的研究来看,云南少数民族先民族群的氏族公社具有显著的血缘亲属组织特征,而该血缘亲属集团也是氏族中最初的政治结构,其内部依然按照生产资料公有制平均分配。

根据考证,云南怒江独龙族的每个氏族——家族公社都有严格的氏族地界,有自己的公共猎场、森林和柴山,还有氏族集体捕鱼的鱼口子。氏族公地称为"玛哇木朗",氏族成员最初是集体耕作,后来分解为三户、五户的小集体耕作,产品按人平均分配。碧江县(位于云南省怒江傈僳族自治州)怒族的氏

---

① 中共中央马恩列斯著作编译局:《马克思恩格斯全集》(第十九卷),人民出版社,1972年,第449页。
② 中共中央马恩列斯著作编译局:《马克思恩格斯全集》(第十九卷),人民出版社,1972年,第353页。
③ 杨毓才、刘达成:《云南边疆民族的氏族、家族、村社制度研究》,《云南社会科学》1981年第1期。

族公地称为"达哇哈米",由氏族成员组成的共耕集体"棉阿白"进行集体耕作,产品平均分配。傈僳族的氏族公地称为"哈米贝来合",共耕的集体称为"贝来合",由于受私有制的影响,在产品分配上已出现按籽种、按劳力、按户平分等复杂现象。这种原始的公有经济同时也决定了氏族成员在生活上共同消费的原则。

2. 新石器时代云南氏族社会的刻画符号与计量、记录行为

在新石器时代,生产资料和生活资料的分配是该时期氏族社会发展中最核心的问题,很多氏族的食物分配存在一个汇总记录再进行分配的过程。管理生产和交换活动、安排和管理部落成员的生活是氏族头人的中心职责,也促使人类原始会计行为与方法的产生。① 新石器时代已经出现了物物交换,主要为食物、工具和手工制品的交换,并伴随着财产积累与传承,从而出现了刻符计量与记录、绘图计量与记录的会计行为与方法。②

1) 云南氏族社会原始刻画符号

考古发现,云南最早的新石器时代农耕文化遗存,主要是在滇池、洱海区域形成的一些大中型聚落,已具有以小家庭组织单元为基础的层次性,从而使得聚落里的经济关系更加复杂化,使得计量记录的行为不再以个人行为为核心,扩展了组织管理的职能和分工。新石器时代是人类的"原始会计"演进最关键的阶段③,计量记录水平取得较大进步,主要表现在:①产生了在较大范围内普遍运用和认同的计量记录符号和刻画符号,在不同聚落得到一致使用;②计量记录符号和刻画符号逐步改进和抽象为原始文字形态,基本上达到组织管理和反映经济事项的目的;③从聚落组织管理和经济事项所派生的"会计"计量记录处理规则与书写方式逐渐在不同聚落中得到

---

① 郭道扬:《会计史研究》(第一卷),中国财政经济出版社,2004年,第27-28页。
② 郭道扬:《会计史研究》(第一卷),中国财政经济出版社,2004年,第42-32页。
③ 郭道扬:《会计史教程》(第一卷),中国财政经济出版社,1999年,第38页。

一致性认同并应用。

与新石器时代中原地区原始文化比较来看,云南氏族族群文化中所反映的刻画符号具有相似的含义与观念价值,已经包括了一些基本的原始数码符号,这些数码符号与刻画纹饰共同反映了该时期某方面的思想认识和文化观念。马龙遗址出土陶片和陶器上的刻画符号(见图1-5)与白云甲遗址出土陶器中的刻画符号(见图1-6)有很多相似之处,说明该时期刻画符号的应用已经突破了单一氏族的范围限制,在不同氏族之间得到认同和一致使用,并且还存在多种符号相复合的组合型符号记录。

图1-5 马龙遗址出土陶片和陶器上的刻画符号①

---

① 杨世钰、赵寅松:《大理丛书·考古文物篇》(卷一),云南民族出版社,2009年,第340-342页。

第一章 原始社会至秦汉时期云南少数民族的会计

图1-6 白云甲遗址出土陶器上的刻画符号①

2) 结绳计数与记事

《周易》中所讲"上古结绳而治",究竟起源于何时,史书上说法不一致。《路史》称:"结绳刻木,四万五千六百年。"②从该历史记载和近代时期云南少数民族对结绳计数的使用史实可以推断出,在旧石器时代晚期曾经出现过结绳计数、记事之法是可能的,从而使得在新石器时代,结绳计数与记事成为云南氏族群落的重要计数、记事方式。

从历史维度来看,截至近代时期,在云南少数民族中还有怒族、佤族、傈僳族、独龙族、高山族、普米族、基诺族、纳西族、哈尼族、瑶族等,都曾有以草绳、羊毛绳进行结绳计数、记事的历史(见图1-7)。

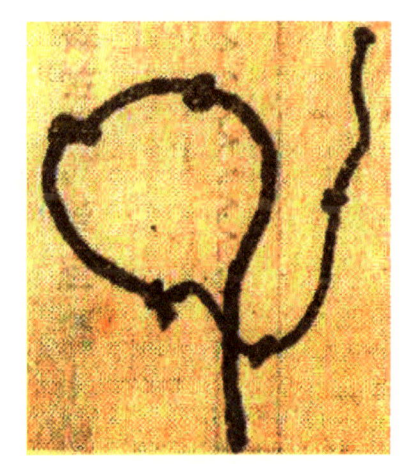

图1-7 近代时期云南怒族使用过的结绳③

---

① 杨世钰、赵寅松:《大理丛书·考古文物篇》(卷一),云南民族出版社,2009年,第343-345页。
② (宋)罗泌:《路史》(第二卷),中华书局,1985年,第1页。
③ 宋兆麟、黎家芳、杜耀西:《中国原始社会史》,文物出版社,1983年,第390页。

以上关于结绳计数与记事的记载和史实,充分表明从远古至近、现代,会计上的这种计量记录规则与方法,经久不衰、持续流传。一方面,结绳作为一种简便易行的计数、记事表现方法,在使用中曾一度与刻记记事计数并驾齐驱,起到过同等重要作用;另一方面,绳作为一种载体,它具有移动变化的特点与在解除原有计数、记事功能之后可以重复使用的特点,使得结绳计量记录功能作用具有广泛性与适应性,这是直到近、现代社会,在落后的经济与文化环境下产生的结绳计数与记事还能够继续在云南少数民族地区存在的一个基本原因。

3) 刻画计数与记事

① 哈尼族先民的羊角刻。哈尼族先民所在地区为红河流域,每年在庄稼成熟季节,为了防止偷盗行为,总村寨头人召集开会,各个村寨头人都要参加,宣布不得相互偷盗,如有哪一个村寨的人违反,该村寨头人负责查究。羊角上刻画到会人数,用以记录数量和原始氏族管理行为,如图1-8所示。

图1-8 哈尼族先民的羊角刻画计数与记事①

② 佤族先民刻木计数中的借贷关系。《旧唐书·西南夷传》记载了我国

---

① 拍摄自云南省财政厅、云南省博物馆于2010年举办的"云南少数民族财会文化陈列展"。

南方边远地带一些少数民族采用刻木记事的事实。同时,从我国近代某些少数民族地区残存的氏族公社经济制度进行推断,也可以得出可靠结论。1958年,全国人民代表大会民族委员会办公室编印的《云南省西盟卡佤族社会经济调查报告》就列举了佤族先民用以计数的木刻,如图1-9所示。

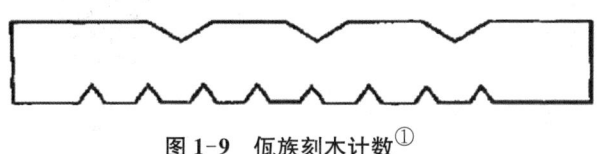

图1-9 佤族刻木计数[①]

这块木刻,上方刻着3个刻口,第一个表示借债人,第二个表示中间人,第三个表示债主;下方8个刻口表示借贷数目,双方根据实际数额决定。一式劈为两片,双方各执一片,作为依据。

如图1-10所示,该枚木刻有5个刻口,一侧3个,另一侧2个,用于记天数,表示借贷双方交易后用来记日期的。每个刻口算一日,每过一天削去一个刻口,削完后双方即到约定地点结算。独龙族用刻木方法记载借贷数目与佤族基本相同。凡借财物于人,按所借数多少,在木板上刻上相应的刻口,归还多少,便削去多少刻口。

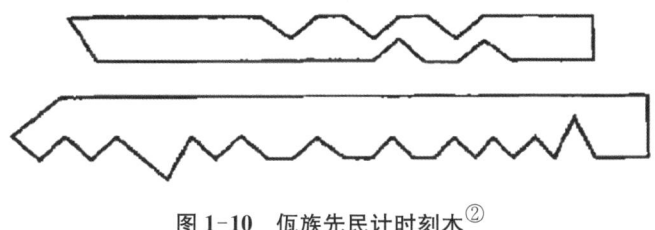

图1-10 佤族先民计时刻木[②]

③ 拉祜族先民的刻木计数。拉祜族先民在刻木之上缠绕相应的鸡毛、猪毛、牛毛、苞谷、谷穗等物,以被记录对象的部分实物作为记事原材料,以记录

---

①② 全国人民代表大会民族委员会办公室:《云南省西盟卡佤族社会经济调查报告》,1958年。

者认为适宜的实物材料记录特定的活动及其数量。拉祜族先民刻木记事实物一组5件,如图1-11所示。

图1-11 拉祜族刻木计数与记事①

4)崖画和壁画中的计数与记事

从云南各地考古所发现的崖画和壁画中,也可以找到部分氏族生活与经济社会管理的计量记录行为痕迹。例如,沧源崖画中对村落仓房和田房的描绘,以及对家畜和猎物数量的刻画;西盟佤族屋顶壁画中所显示的财富象征,猎物和食物的数量;文山广南县珠琳镇弄卡崖画中所展示的渔猎和狩猎场景中对猎获之物的数量刻画。

沧源崖画中的村落图(见图1-12)发现于云南省阿佤山区②,人体均呈倒三角形,椭圆线条表示村落界限,线条内有房屋十三座,两座大房子居中,均为干栏式房屋③,村落外又有一座房子,似表示村寨之仓房或看守农作物之田房。还有若干表示道路的线条,左边第一条道路上有众多人物,人物有行走

---

① 拍摄自云南省财政厅、云南省博物馆于2010年举办的"云南少数民族财会文化陈列展"。
② 周星:《沧源崖画村落图新探》,《云南社会科学》1986年第2期,第66页。
③ 周星:《沧源崖画村落图新探》,《云南社会科学》1986年第2期,第68页。

状、劳作状、持有工具状;村落图案左边第二条道路上,有很多残缺不全的人物和动物相间排列,动物形象的特征像牛和猪,人物像手持短棍驱赶一定数量的家畜往村落的地方走。图案显示,沧源地区先民可能是已经从事着家畜饲养和农作物种植的原始农民,猪和牛已经被驯化,用于祭祀或其他活动。① 沧源崖画还对重大事件进行记录,反映的是人们现实生活的面貌,没有超自然的宗教气氛。

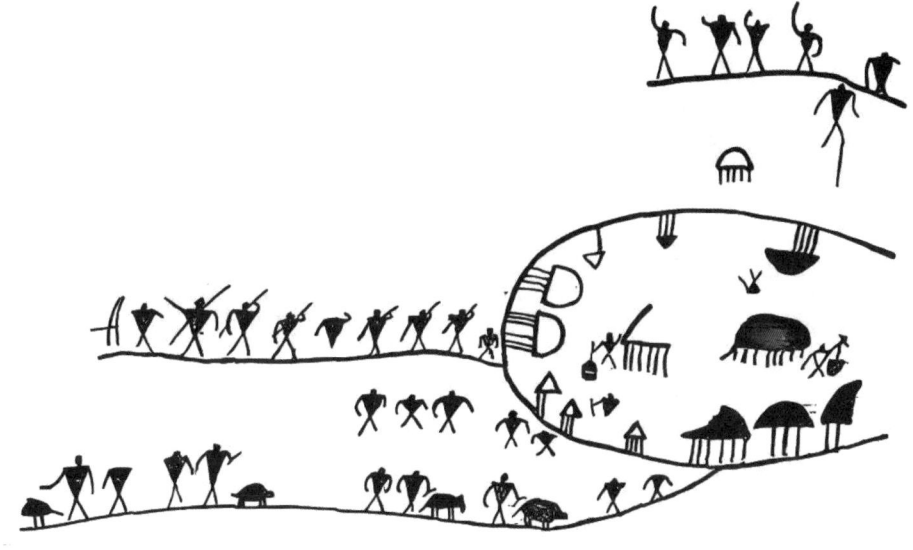

图 1-12　沧源崖画中的村落图②

过去西盟佤族的富裕阶层(佤语音译:珠米),为了炫耀自己的富裕和抬高自己的身份,其房屋特意建造得与众不同。房屋面积较大,四壁安装木板而不用竹编,墙壁内外绘有红色或白色的画。这种房屋俗称"大房子"("尼阿厅")。这种"大房子"的壁画比较简单粗糙,和沧源崖画自有不同;然而细审

---

① 陈杨、张虎才、刘峰文:《云南沧源岩画(第二地点)研究》,《云南地理环境研究》2020 年第 2 期,第 31 页。
② 云南省历史研究所调查组:《云南沧源崖画》,《文物》1966 年第 2 期,第 7 页。

其风格和画法,似乎和沧源崖画也有一定程度的相似。① 在图1-13的这两幅壁画中,可以清楚地看到一排排的人像,这表示主人亲戚朋友多、宾客多,并且所绘人群也表示本家族成员的繁盛,人丁兴旺;画中的牲畜,象征着主人家家畜之繁殖。这些画的目的,有学者考证,一是夸耀自己所取得的成果,比如人丁的兴旺、家畜的繁殖或者展现主人狩猎的能力,都是部落氏族所看重的财富;二是类似一种"模拟巫术",这类猜测,更多的是基于沧源崖画的角度来看,属于一种宗教仪式。

图1-13　西盟佤族屋顶壁画②

弄卡崖画(见图1-14)中,第一组图描绘了一幅栩栩如生的渔猎场景。可以看到左上角和中心有两个同心圆,分别代表了月亮和太阳,紧靠太阳的地方有一形似马匹的形状;图片下方则形象描绘了人们捕鱼的场景,下方有一条东北至西南走向的河流,人们手持"网"面朝河流,"网"的下方有5条刚捕获的"鱼",右下角绘有一只"人形飞鸟"③。第二组图为一幅古代人狩猎的画面。左上角一人手拉四足的动物,另一人骑在该动物背上;紧邻的圆圈中间有一个"人"的形状,根据其形状和动作可知他们居住于洞穴的家中,中间靠右,也有一人在圆圈中,两腿叉开向上,两手伸平,他的左边伸出两条线,呈现八字

---

① 杨世钰、赵寅松:《大理丛书·考古文物篇》(卷二),云南民族出版社,2009年,第873-874页。
② 云南省历史研究所调查组:《云南沧源崖画》,《文物》1966年第2期,第16页。
③ 杨世钰、赵寅松:《大理丛书·考古文物篇》(卷二),云南民族出版社,2009年,第893页。

样式,八字线内绘有一头向前翘起"角"的图像,被认为是牛的图形;中间则是十分清楚的狩猎图,有一群骑马的人,旁边有一条犬正在驱赶着他们所捕获的几只猎物。①

图 1-14　弄卡崖画中的渔猎与狩猎场景图②

第二节　先秦时期云南少数民族会计发展

中国考古学家苏秉琦教授从中国历史和考古研究的实际出发,提出了中国文明演进的"古文化—古城—古国—方国—帝国"模式③,成为研究中国文明历史的理论依据,云南高原区域的演进模式也基本符合这一范畴。夏商时期,云南地区完成了人口的聚集和古代文明的建立,产生了青铜文明,标志着

---

①② 杨世钰、赵寅松:《大理丛书·考古文物篇》(卷二),云南民族出版社,2009 年,第 893-894 页。
③ 苏秉琦:《中国文明起源新探》,生活·读书·新知三联书店,2019 年,第 159 页。

云南进入了青铜时期社会,开始了云南的古国时代。① 青铜文明的产生与发展伴随着云南古国以及哀牢国、昆明国、滇国等方国的建立与发展的全过程,也形成了云南最早的少数民族国家政权。

一、先秦时期云南少数民族会计发展的经济社会背景

进入文明社会后,人类的生活水平伴随着生产力水平的进步而提升,以家庭为单元的财物储备逐渐增加,促进了剩余财物的交换与商品流通。中原地区从公元前21世纪已进入青铜时代,经历了夏、商、西周和春秋时期,在公元前5世纪,青铜时代终结,战国初期进入早期铁器时代。② 由于云南地处边疆区域,且经济发展极不平衡,造成云南的发展略晚于中原地区,即在夏朝中晚期进入青铜时代早期,至春秋早期结束;在春秋早中期进入青铜时代中期,至战国中期结束;云南青铜时代晚期则是从战国中期至西汉早期。云南高原作为中国古代的一个独特的经济社会和自然地理区域,其文明模式也基本上与其他区域的文明演进模式相一致,但区域不平衡性和发展程度差异性是与其他区域文明发展相比呈现出的特殊性。

到夏商时期,青铜文明是云南地区最重要的时代特征,洱海地区的剑川海门口遗址是云南早期的青铜遗址,出土文物有铜礼器、精细磨制的穿孔石质工具、玉饰、青铜鱼钩、木器、动物遗骨及农作物遗存,也证明了该遗址在当时处于较为发达的程度,种植农业经济是经济主体,捕捞和畜牧业在当时已经成为经济发展的重要补充,这还可以证实在当时财产和食物分配已经出现了明显的分化,从而导致私有化的形成。而部分地区还存在不以农耕为主而以畜牧业为主要生产方式的经济社会结构,使得其文明发展表现形式存在差异。剑川海门口遗址出土木器上有明显的砍刻痕迹,陶器上有规范的刻绘纹

---

① 李昆声、钱成润:《云南通史》(第一卷),中国社会科学出版社,2011年,第254页。
② 李昆生、闵锐:《云南早期青铜时代研究》,《思想战线》2011年第4期,第105页。

饰,出土的干栏式房子中的"井"字架构并没有榫卯痕迹,应当是采用绳索捆绑固定,由此亦可以推测出该时期生产工具的使用水平。从剑川海门口遗址综合来看,人口的聚集增加了社会经济活动的复杂程度,财产私有化促进了社会变革①,生产的发展促使会计工具的载体形成,整体上必定使得会计行为和方法发生重大变化。洱海地区的剑川是西南氐族与西北少数民族先民交往、融合、迁徙的重要地点②,并向东南方向延伸至滇池区域。除了剑川海门口遗址,洱海贝丘遗址的考古发现也为夏商时期云南青铜文明中的会计行为和方法研究提供了一定的史料支撑。

到西周时期,云南青铜文明发展呈现出多区域发展的局面,并且出现了区域文明体,其社会结构已经较为完备,代表性形式由中心聚落演变为早期城邦与周边的普通村邑。在滇池区域目前所发现的遗址中,昆明王家墩遗址、昆明天子庙遗址、晋宁石寨山遗址、西园贝丘遗址是典型代表,出土了众多的陶器、石器以及农业、捕捞和畜牧业的生产工具,还出土了石纺轮,出现了手工纺织。滇东北乌蒙山区的马厂遗址、闸心场遗址出土了部分陶器、石器和铜器,部分器物上出现了点、线一体化符号刻记,还有铜质的各类武器和工具。洱海地区剑川西湖遗址也是西周时期青铜文化的代表,手工业和青铜文明的发展说明该时期云南地区的经济发展水平达到了新的高度。此外,西周时期已经出现了云南古国与中原王朝及西北地区的交往与交流,"濮人曾入商王朝献短狗,向周王朝献丹砂"③,氐羌民族及巴蜀、西蜀等地的人们亦将各地的先进思想传播到云南地区,在一定程度上也促进了云南地区经济社会的发展。

到春秋战国时期,云南的青铜文明得到很大的发展,云南古国的城邦与

---

① 郭道扬:《会计史研究》(第一卷),中国财政经济出版社,2004年,第77页。
② 李昆声、钱成润:《云南通史》(第一卷),中国社会科学出版社,2011年,第240页。
③ 李昆声、钱成润:《云南通史》(第一卷),中国社会科学出版社,2011年,第247页。

村邑的关系已经发展成为统治与从属的关系,产生了带有强制性的公共权力机构或管理机构,出现了族邦首领、贵族阶层和基层村民等分化的社会等级,这点可以从楚雄万家坝遗址、剑川鳌凤山墓葬、德钦纳古石棺墓葬、楚雄大海波遗址、昭通营盘遗址等考古发现中予以佐证,并且还可以分析其社会分工的逐步细化过程。在该时期,"手工业开始从农业中独立出来,出现了脱离农业生产的专业手工匠人"[①],其结果是财富日益集中到少数人手中。祭祀权和军事指挥权的掌握使得族邦首领逐步控制普通民众,从而产生了早期的方国,以哀牢国、昆明国、滇国为典型代表。方国是春秋战国时期云南地区较为成熟和发达的国家形态,"已经形成了都、邑、聚三级以上金字塔式统属结构,并有基本明确的统治范围,农业和畜牧业成为社会经济的支柱,手工业已经区分出了许多不同的门类"[②]。祭祀制度、贡赋制度、军事制度是方国统治者统治民众的基本制度形式,保山地区的系列青铜遗址、苍洱及滇池地区的昆明国遗址、滇池南部及玉溪地区的古滇国系列遗址等春秋战国时期的云南遗址考古发现对于该时期云南经济社会发展水平的研究具有重要佐证价值。

其实,在新石器时代的大墩子遗址中也发现了储存生产工具和生活资料的窖穴,虽然较小,但多相距不远且仅靠住屋,说明生产资料和生活资料开始向私有制转化[③]。私有制的出现又推动了云南由原始社会进入奴隶社会。青铜器的出现,既大大地推动了这一时期的经济发展,给人们的生产和生活提供了很大的便捷,也在很大程度上推动了农业、捕捞业、畜牧业、手工业、商业的发展。

(一)农业

① 农业种植物越来越多。在云南剑川海门口遗址中,出土的农作物有稻

---

① 李昆声、钱成润:《云南通史》(第一卷),中国社会科学出版社,2011年,第274页。
② 李昆声、钱成润:《云南通史》(第一卷),中国社会科学出版社,2011年,第254页。
③ 李昆声、钱成润:《云南通史》(第一卷),中国社会科学出版社,2011年,第181页。

谷和稗子,由此可以看出夏商时期云南农业种植比较发达。在随后青铜时代中后期的农作物主要是粟、稻谷、麦和稗子,而且也开始大规模地种植稻谷,说明农作物的品种在不断地增多。

② 生产工具有了很大进步。这一时期还存在石器型的生产工具,如石斧、石锛、石刀、石锤等,同时也出现尖叶锄、宽叶平刃锄、长条形平刃、凹刃铲、斧、长镰、爪镰等生产工具,这也使得农业进入比较发达的锄耕农业,为农作物的生产和收获提供了更加有利的条件。

(二) 畜牧业

云南剑川海门口遗址出土过狗、猪、牛、马等家畜的遗骨。西周晚期至春秋中期的德钦纳古石棺墓葬中曾出土过铜铃马饰及海贝,战国至西汉初期的德钦石底石棺墓葬中有鹿、鸀鹭的图像,春秋中期至战国晚期的剑川鳌凤山墓葬中出土过猪、羊、鹿、海贝等动物遗骨。战国时期的云龙城头、牟定琅井、宁浪大兴镇、弥渡苴力、祥云检村等墓葬出土文物中,分别有狗、孔雀、兔、乌鸡、鹤、虎、牛等动物图像。① 由此可以看出,青铜时代云南畜牧的动物种类主要有马、牛、羊、猪、狗、鸡、鹿等,比起新石器时代,畜养动物的种类变得繁多,规模也变得更加庞大,开始真正地进入了畜牧业的兴旺阶段。

(三) 手工业

随着云南考古技术的不断进步,云南各地已发现并发掘了这一时期较多的陶器和青铜器,这些陶器和青铜器的功能往往是多方面的。陶器相对于新石器时代做工更加精细,质感也比较好,人们常会用来盛放食物、贮存粮食,如钵、罐、缸、杯、盆等。而铜器的运用也是多方面的,例如,用作日常生活的铜勺、铜杯、铜壶等;用作生产工具的铜锄、铜铲等;用作装饰品的铜钏;用作

---

① 张兴永:《云南春秋战国时期的畜牧业》,《农业考古》1989年第1期,第342页。

乐器的铜鼓；用作武器的铜剑、铜匕首、铜叉等。由此也可以看出，青铜时代相较于新石器时代而言有着很强的优越性，铜器的出现和发展更是给时代烙上了闪闪发光的痕迹。

此外，纺织品、漆器、金银器、玉石和玛瑙的制作技能也在不断地改善，做工也变得更加精细、复杂，给这个时代人们的生活增添了许多色彩，最终也推动了文明的发展和进步。

（四）商贸业

随着社会生产和分工的发展，交换和贸易逐渐出现了，并且越来越在社会生活中占据重要位置。一般的民间贸易主要包括猪、鸡、鱼、纺织品、皮革等日常生活用品的交换。而远程贸易则主要是由统治阶级控制并为其自身服务的，如中原的铜镜、南海和印度洋的海贝、南亚国家的海贝与象牙等，这些外来奢侈品的交易均是被统治阶级所垄断的。

二、先秦时期云南少数民族的会计

先秦时期，云南影响较大的事件是"庄蹻入滇"并"滞滇为王"[1]，从《诗经》《史记》《汉书》《华阳国志》等传统文献中记载的云南氏族、族系、哀牢国、昆明国、滇国等范畴的重要历史事件和族群文化史料来看，云南在氏族分布、族邦层级、国家形成、行政建制、制度例法等方面具有显著的民族特征。"以兵威定属楚……变服，从其俗，以长之"[2]"今西南诸夷，楚庄之后"[3]"分侯支党，传数百年"[4]。虽然从古国到方国所需的历史时期很漫长，但先秦时期云南最大也是最具影响力的方国是在"庄蹻入滇"之前就存在的。而国家的形成所需要具备的重要条件之一即是组织层次的形成，包括政治、经济、社

---

[1] 李昆声、钱成润：《云南通史》（第一卷），中国社会科学出版社，2011年，第317页。
[2] （西汉）司马迁：《史记·西南夷列传》。
[3] （汉）桓宽：《盐铁论·论功》。
[4] （晋）常璩：《华阳国志·南中志》。

会层面的组织层次,其中自然就涵盖了财计组织和经济活动的管理与核算问题。

(一)官厅机构的财计组织

古国是先秦时期早期云南氏族社会发展的产物,其具有典型的中心聚落或大型城址的特点,人口的聚集丰富了聚落或城址的经济结构,促使财产私有制的产生,因此国家政权的产生最本质的特征是在经济关系上存在客观性的财产所有权问题。该问题最初表现为一种默认的规则和财产占有形态,这也是国家政权中财计组织的最初形式。从历史考证中可发现,先秦时期云南的古国与方国,其财计组织较为简单,王权之下一般设置掌管农耕、贡赋、祭祀、兵事、商市、工技等职责的职官,其中贡赋和商市是与财计组织最为密切的两类职官,是该时期会计史料和文物考证的主要对象。

《山海经》记载:"河水之间,附禺之山,帝颛顼与九嫔葬焉……丘方圆三百里,丘南帝俊竹林在焉,大可为舟。竹南有赤泽水,名曰封渊。有三桑无枝。丘西有沉渊,颛顼所浴。"此中所具体描绘的是云南金沙江流域玉龙县的地理环境与农桑发展状况。《史记》《后汉书》《华阳国志》中记载了滇国时期的铜器及金属器物的交易情况,滇国内部的交换和外部的交换均存在,至于其交易方式和贝币的使用还有待考证,但可以确定的是,在先秦时期,云南已经产生了贝币并用于经济活动中,还将贝币作为财富的象征[①]。贮贝器是用来贮藏海贝的青铜容器,它是云南滇池、抚仙湖区域青铜文化的独特产物,是先秦时期云南王侯贵族身份与地位的象征,而海贝已经成了先秦时期云南的重要交易货币,这可以从剑川鳌凤山墓葬出土的海贝(见图1-15)得以证明。

---

① 李树华:《古滇国文化研究论文选集》,云南人民出版社,2009年,第286页。

图 1-15　云南剑川鳌凤山墓葬出土的海贝

《后汉书·南蛮西南夷列传》记载:"滇王者有盐池田渔之饶,金银畜产之富,人俗豪忲,居官者皆富及累世。"相关文献记载与出土文物考证皆相吻合。铜器和陶器的生产是较难的,除了需要人力和业务分工,还需要充足的资源优势,故主要由具有较多剩余物品的群体来主导,进而又增加了该部分群体的财富数量,而具有该实力的群体主要就是奴隶主及其他官厅组织。由此亦可以确定在该时期,滇国的铜器生产制作工艺具有严密的组织和明确的分工,存在相应的管理机构和规范,并且在生产过程中,需要较为严谨的技术训练和精细的生产组织,这个过程必然涉及财物核计和产品管理,这对于该时期会计核算业务提出了较高要求。虽然目前还不能考证其如何进行核计和管理,但这一业务过程是必然存在的。

祭祀和贡赋是先秦时期奴隶主维持统治的基础,而要执行祭祀和贡赋制度,则必须要有相关计算、记录和开支考核的规定①,也必然有不同级别统领的经济职掌负责相关收支核计。另外,祭祀活动也成了重要的交易场合,可以在后期出土的青铜器上发现相关场景。

---

① 郭道扬:《中国会计史稿》(上册),中国财政经济出版社,1982 年,第 26 页。

(二) 经济事项中的会计

剑川海门口遗址先后出土铜器 26 件、陶器数百件,并且铜器和陶器上均有不同的刻画纹饰,部分符号具有显著的数字特征。如图 1-16 所示,陶片上的刻画纹饰中存在整齐排列的点状刻画和线状刻画,此类刻画符号在所有纹饰中不常见,说明了此类刻画具有与其他纹饰所代表的不同意义。点状刻画一般情况可以作为某一类事务的记事方式或具有一定记录价值的事项标记。而线状刻画多具有数量性质,可以用来记录某一类事项所涉及财物或者人员的数量,也可以用来归类整理具有同一性质的事项所涉及的数量问题。因此,该类刻画符号具有典型的数量归集性,这与新石器时代刻画符号相比是重要的进步。

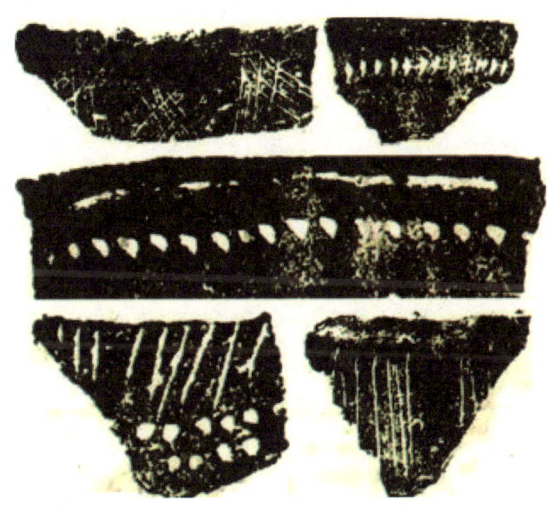

图 1-16 剑川海门口遗址出土的具有数字特征的陶片刻画符号

"上古结绳而治,后世圣人易之以书契。"①综合西周时期的云南遗址来看,手工纺织的出现进一步提升了经济发展的水平,会计工具有了新的选择,并且出土器物上的点线符号为会计计量记录符号的统一奠定了基础。云南

---

① (商)姬昌:《周易·系辞下传》。

晋宁石寨山出土的一批先秦至秦汉时期文物中有一块青铜片,由上到下尚存四层,第五层以下残缺。据考证,这是由远古时期发展而来的一种计数和记事的牌示(见图1-17),第一层最上面画的是一只大鸟,尾下有一个大圆圈,里面还有两个同心小圆,这应该是一种纪年方法。下面画着戴枷锁的人、猪头、牛头、马头、山羊头、绵羊头和虎头等,在这些形象的下面有三种计数符号:"—""○"和"⊙",分别代表"1""10"和"100",是一种十进制系统。铜片上层的下半部分一个戴枷锁的人像下边有一个"○"和两个"—",代表12个;牛头下边有七个"○",代表70头牛;绵羊下边有两个"⊙",代表200只绵羊等。

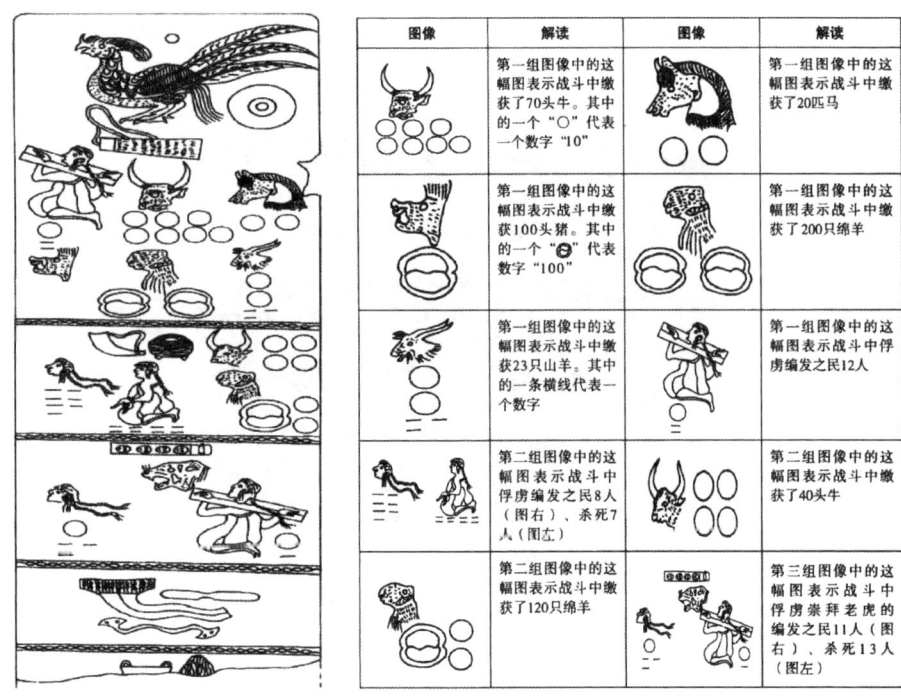

图1-17 晋宁石寨山遗址出土青铜片刻画计数与记事①

从牌示的整个内容来看,这应该是奴隶制社会时期云南滇池地区少数民

---

① 黄懿陆:《云南史前史》,云南人民出版社,2018年,第461、465页。

族对战斗捕获财物计数与记录的牌示,包括时间、财物名称、数量三种信息,可以说是早期会计记录的代表形式。这种绘图计数法是当时当地少数民族所创造的,它的形成也经历了漫长的过程。我国少数民族在没有文字或是虽有文字但没有掌握文字的情况下,少数民族先民普遍采用这种绘图计数法来对相关经济事项进行具体计数与记录。正如恩格斯所言:"为了计数,不仅要有可以计数的对象,而且还要有一种在考察对象时撇开对象的其他一切特征而仅仅顾到数目的能力。"[1]因此,从这点上看,该牌示是在先秦时期云南少数民族先民就已经产生或形成的典型计数形式的会计记录。

第三节　秦汉时期云南少数民族会计发展

秦汉时期是云南发展历史上的一个重要时期,主要经历了少数区域归属统治时期、部分郡县建制时期和全面郡县建制时期三个主要演变阶段,实现了民族统一和郡县统治。在秦以前,"田畴异亩,车涂异轨,律令异法,衣冠异制,言语异声,文字异形。"秦始皇统一中国后,在云南开道置吏以主之,据《史记·西南夷列传》记载:"秦时常頞略五尺道,诸此国颇置吏焉。"置吏,即设置郡、县,任命郡守、县令以主之。汉承秦制,滇王降汉后,请置吏入朝,先后设置益州郡、朱提郡、永昌郡,标志着云南少数民族方国与多民族大一统国家的融合,也说明先秦时期"内诸夏而外夷狄"的狭隘民族观有所淡化。在两汉400多年的大统一时期,共同的地域、共同的经济生活、共同的语言、共同的文化,使得中原汉族及融入其内的少数民族人口,整体上融合为一个统一的多民族国家。

---

[1]　恩格斯:《反杜林论》,人民出版社,1971年。

一、秦汉时期云南少数民族会计发展的经济社会背景

秦对云南的治理始于公元前361年秦惠文王灭蜀取巴后依托设置的巴郡、蜀郡实施的"巴蜀徼外"开发治理。公元前310年左右,分布在云南东北部的丹、犁两个民族群体开始接受秦的统治。其后,蜀郡太守李冰开拓僰道、疏通岷江河道,开发僰道以南的西南夷地区。公元前221年,秦始皇统一中国,为加强少数民族地区的开发治理,开始在西南夷分布地区修筑五尺道,"秦时常頞略通五尺道,诸此国颇置吏焉",并与庄蹻开滇时用的西南夷内部通道交会,构成西南边疆纵横相交的早期交通要道,对加强西南边疆与内地的联系和商贸往来、促进民族统一发展、巩固中央集权发挥了重要作用。

公元前206年,汉朝建立,从汉高帝到汉景帝,迫于安定内乱,无暇顾及边疆的经营,直至汉武帝时期,对西南边疆的开拓才纳入国家议事范围。因此,在此近200年的时期内,云南地区的滇、哀牢、昆明、劳浸、靡莫、僰、同并等诸多民族古国或方国均散列分布,延续依托祭祀、贡赋及军事制度进行行政管理的发展格局,形成了各民族群体的内部社会组织机构,并拓展各古国、方国之间以及与蜀地的商贸往来,贝币和铜器成为商贸交易的重要媒介,经济得到较大发展。

元狩元年(前122年)张骞出使西域至大夏国,上书请通蜀至身毒国道。元鼎五年(前112年)南越王相吕嘉反,杀汉朝使者及其王、王太后,汉遣多路兵马合击。公元前109年,滇国降汉,云南正式归入祖国的版图[①]。此后,"汉承秦制",延续了秦王朝对西南民族地区开发治理的政治路线,并不断完善郡县制度和经济发展政策,"设郡县、封土长、厚赏赐、薄赋敛、开屯田"[②],建立完整的政治、经济制度体系。汉朝对西南民族地区的治理也并不是顺利无阻

---

① 李昆声、钱成润:《云南通史》(第一卷),中国社会科学出版社,2011年,第370页。
② 朱惠荣:《云南通史》(第二卷),中国社会科学出版社,2011年,第52-57页。

的,需要克服集权统一与民族分散割据的矛盾,也经历了王莽篡汉时各民族大起义,但随着东汉时期永昌郡的建立和民族政策的优化,汉朝的西南民族统一政权终得持续并随社会历史不断向前发展。

秦汉时期的云南在农业、畜牧业、渔猎业、手工业等传统经济体上得到了很大的发展,而且在新兴的矿冶业、商贸业等方面也有很大进步,并且此时的云南已经初步形成水陆相辅、内外相通的交通网,为经济发展提供了有利条件。

(一)农业

① 青铜农具与铁器农具并存推动农业发展。云南地区出土了大量的农用生产工具,如铜锄、铜镰、铜斧、铜钁①等铜农具,及铁锸、铁镰、铁斧等铁质农具。青铜农具的使用,使得秦和西汉时期云南处于较为发达的锄耕农业阶段,比使用木器和石器农具,这一时期农业发展的进步更为显著。而在汉武帝时期对云南进行实质性统治之后,更是引进了铁农具。也就是在这一时期新的耕地工具"犁"被引入了云南,而牛也成为重要的劳动力,使得农业的发展从锄耕阶段进入牛耕阶段。

② 引进了大量的农田水利技术和基础设施。西汉末年,云南开始兴修水利,进行规模性的垦殖,使得农业得到空前发展。而东汉时期云南各地的农田水利设施也越来越多,甚至还运用到了墓葬之中。水利设施的引进不仅有利于解决缺水地区的饮水问题,而且有利于农作物的灌溉,从而有利于农业更快地发展。

③ 农作物品种越来越丰富。由于水利技术的引入,人们的种植从旱稻变成了水稻,产量大幅提高。从各地出土的农作物残骸可以看出,直至东汉末年,农作物的品种包括黍、稷、麦、稻、粱、谷、菽等。此外,由于纺织业的发展,

---

① 钁[jué]:一种用来挖掘土地的农具。

人们也开始种植纺织原料,如麻、桑、棉等。

(二)畜牧业和渔猎业

史载有"得牛马羊属三十万","获畜产十余万",得"马三千匹,牛羊三万余头"①等,可以看出,秦汉时期畜牧业比较发达,且规模较大。饲养的家畜包括牛(含牦牛)、马、猪、羊、狗、鸡、鸭、兔等。人们利用铜钩来钓鱼,采集螺蛳、贝壳等来作为日常食物的补充。此外,当时的贵族及一些猎人还进行狩猎活动,其对象主要是鹿、野猪、虎、兔、豹、猴、孔雀、熊,这些猎物既可以食用,也可以用其毛发来加工成其他产品。

(三)矿冶业

云南得天独厚的地理条件,使其拥有丰富的矿产资源,其中包括铜、金、银、锡、铅、铁、丹、雄黄、雌黄、光珠、琥珀、水晶等,经过各种制作之后,可以为人们所用:成为生产工具,如锄、镰、锯、刀、鱼钩等;成为生活用具,如杯、壶、碗、勺、钱币等;成为兵器,如剑、戈、弩、矛等;成为乐器,如铜鼓、编钟、锣、铃、葫芦笙等;成为装饰物和工艺品,如各种材质的饰物、手镯、簪钗、圆雕工艺品等。如此种种,皆可以看出当时的冶炼制造技艺已经非常娴熟,给人们的农业生产带来很大的便捷,同时也使人们的生活变得更加精彩和丰富。

(四)手工业和副业

秦汉时期的云南,随着生产工具和技术条件的不断进步,手工业也在不断地发展,主要包括玉石器加工、制陶、建筑、髹漆②、制革、纺织、制盐、编织、酿酒等。云南著名的"滇王玉衣"的问世,足见当时的玉石器加工技术已经达

---

① 汉武帝时,《华阳国志·南中志》中记载"司马相如、韩说初开,得牛马羊属三十万"。《汉书·西南夷传》中有昭帝始元五年(前82年),田广明"获畜产十余万"。《后汉书·南蛮西南夷列传》中记载,东汉建武二十一年(45年),刘尚打败以栋蚕为首的益州起义军后,"得……马三千匹,牛羊三万余头"。

② 髹漆[xiū qī]:一种漆器制造工艺。

到了很高的水平,除此之外,当时也加工璧、耳饰、手镯、带钩、珠子、片饰和剑上的珌①、首、珥②等玉器;自新石器时代开始,人类就会制陶,经过长期的发展,人们的烧陶技术已经有了很大的提高,陶器成色越来越好,做工也愈加复杂,这些陶器给人们的生产生活带来了很大便捷;在秦和西汉时期云南地区主要是干栏式建筑,主要建筑材料是木材,而在东汉时期,由于内地的建造技术传入云南,建筑风格和材料都发生了变化,东汉时期的建筑材料包括砖、板瓦、筒瓦、条瓦、瓦当、滴水、铁钉等;髹漆的发展也已经有了很长的历史,人们会在各种生产工具、生活用品、兵器、木雕制品、陶器上进行漆染,形成各种各样的图案,这样不但有利于器物的保存,而且也使各种被漆的物品更具美感和色彩;秦汉时期的制革业主要是为战争而服务的,如甲和盾等就是用皮革做的,皮革的坚韧性对士兵有一定的防护作用,所以由于战争,制革业得到了很大的发展;从云南一些地区出土的秦汉时期的纺织工具(如卷经杆、刷形器、针线盒、绕线板等)和器物盖上保留的纺织画面可以推测,秦汉时期的纺织业已经有了很大的进步,由于纺织原料麻、木棉、蚕桑等在各个地区的分布不均匀,也造成了各个地区纺织业发展的不平衡;秦汉时期云南的连然(今安宁)出产盐,并且政府也在当地设了盐官,以盐为常赋;此外秦汉时期的人们将编织和酿酒当成家庭副业,供家庭自用,少部分会进行出售。

(五)商贸业

随着农业和手工业的发展,秦汉时期云南已经出现了原始的集市,人们将剩余的部分农副产品拿到集市上进行交换,但是数量很少,种类也不固定,相比而言,当时的集市规模较小,是一种对自给自足经济的必要补充。秦汉初期,内地制造的铁器开始进入当时的云南,促进了当地社会的发展,

---

① 珌[bì]:古代刀鞘末端的装饰,一般指剑柄与剑身相接处的玉饰。
② 珥[ěr]:中国古代的珠玉耳饰。

随后汉武帝为开发云南而修建了几条大道,为云南与内地的经济交往提供了便利的条件,此时丝织品、各种内地生活用品开始源源不断地输入云南。

此外,秦汉时期的云南与周边国家的经济交往也是很频繁的。常常会用自身特有的蜀布和邛①竹杖来交换国外的琉璃、蚌珠、轲虫、珊瑚等产品。值得一提的是,在汉朝,云南地区以外来的海贝作为货币,充当内外商品交换的一般等价物,而到了西汉中后期,云南各地区开始出现五铢钱、朱提银等钱币,为商品流通和等价交换提供了非常必要的条件。

二、秦汉时期云南少数民族的会计

(一)官厅层面的财计组织

1. 昆明国的财计组织

据《史记·西南夷列传》记载,"西自同师以东,北至叶榆,名为嶲、昆明,皆编发,随畜迁徙,毋常处,毋君长,地方可数千里"。秦汉时期,昆明国以洱海为中心进行开拓,存在游牧民族和农耕民族两类群体,游牧民族崇尚火葬,目前还没有发现墓葬和遗址,因此在环洱海地区的主要遗址为农耕民族遗址,以祥云县刘厂大波那村遗址、红土坡遗址及楚雄万家坝遗址为代表。目前史学界可以确定的是昆明国"无大君长制"②,虽有族群首领和贵族阶层依托祭祀和贡赋进行区域管制,但缺乏分级治理结构,整体军事力量较弱。昆明国区域内的青铜器物并非外地输入,而是利用本土较为落后的技术冶炼,农业和畜牧业为主要经济产业。其计量、记录方法还是采用较为普通的方法,无统一的管理要求,仅仅作为经济事项的一般性载体。

---

① 邛[qióng]:地名,在今中国四川省。
② 方国瑜:《云南史料丛刊》(第一卷),云南大学出版社,1998年,第3页。

2. 哀牢国的财计组织

"永昌府,古哀牢国。"①哀牢直到东汉时期才纳入郡县制建制范围,族群治理上强调王权、神权、军权的相互交合,祭祀、贡赋及军事依然是民族统治的主要工具,存在"总王""邑王"的分级治理结构,"哀牢大中小王林林总总绝不下于百"②。哀牢国属于青铜文明,以昌宁白沙坡、昌宁坟岭岗、昌宁达丙乡三甲村、云龙漕涧坡头村、腾冲曲石乡张家寨等地的墓葬遗址和龙陵、腾冲、昌宁、云县、澜沧等地的青铜冶铸遗址为代表性遗址,考古发现的主要为青铜器物。东汉时期,哀牢国是云南地区一个强盛的方国③,从墓葬遗址出土青铜器物及随葬品的精良程度和纹饰结构可以看出该墓主的地位和层级。而冶铸遗址所反映的工艺差异与管理差异也可以对该时期经济发展程度进行分析,从出土的生产工具上还可以分析该时期农畜业、手工业的发展情况,但总体上这些考古发现仅仅是该时期奴隶社会治理下会计环境层面的特征体现,缺乏具体的会计管理证据和实际场景展现。

3. 滇国的财计组织

滇国实际存在的历史为公元前276年至公元前86年④,共190年,跨越了战国至西汉,都城在今晋宁县。从整体上看,滇国的经济发展程度较昆明国、哀牢国更为发达,形成了集中的、脱离民众的决策和管理机构,并且存在一定的分工和考核。⑤ 具体可通过晋宁石寨山、江川李家山、昆明羊甫头、呈贡天子庙等墓葬群遗址的考古发现来考证。

1)官厅财计组织结构

在"滇王降汉"以前,云南只有东北部的少部分族群接受了封建统治,大

---

① (清)师范:《滇系》,国家图书馆藏·数字方志〈索取号:地350/35.1〉。
② 耿德铭:《哀牢国与哀牢文化》,云南人民出版社,2003年,第31页。
③ 李昆声、钱成润:《云南通史》(第一卷),中国社会科学出版社,2011年,第300页。
④ 黄懿陆:《滇国史》,云南人民出版社,2004年,第142页。
⑤ 李昆声、钱成润:《云南通史》(第一卷),中国社会科学出版社,2011年,第364页。

部分古国、方国均延续"都—邑—聚""王—邑—聚"的分级治理结构①,而益州郡设立之后,除郡太守及部分府衙人员由朝廷直接任命之外,纳入郡县制统治下辖的全部区域则在旧式分级治理结构的基础上做了一定的改革,采用"土长(王)—侯邑—邑长(聚长)"②的行政治理结构,各少数民族酋长被赐封为朝廷官员,并服从朝廷的政令。依据汉制,云南区域各郡守一般有五官掾、功曹史、主簿、户曹史、主记史等属吏,形成完整的行政、民事、税赋、财计管理体系,并依托该行政体系对各民族区域的贡赋、屯田、商贸进行管理,建立了"钱粮分开核算"③的簿书系统,而下辖各民族区域虽然封号有所变化,但其内部的社会治理结构与过去的治理方式并无本质变化。

2) 祭祀中的历算

滇国时期,祭祀施行鸡卦占卜术。司马迁在《史记·西南夷列传》中记载,滇国族属皆为"靡莫之属",且"同性相扶"。在今傣族、壮族语言中,"靡莫"就是女巫的意思,均施行鸡卦占卜术,可以说鸡卦占卜在滇人战争和生活的祭祀活动中发挥着重要作用。在前文中所列示的晋宁石寨山遗址出土青铜片刻画计数与记事图中除了对相关战争捕获的计数与记事,还有一个鸡卦骨刻历算器(见图1-18),这是只具有"一"符号的排组数字卜卦,而事实说明,滇国之民并没有继承在远古云南就开始的正统数字应用系统,而是独辟蹊径,自己创造了一套计数符号。正统的计数符号三为"≡",而滇国时期的三为"=—",一条线代表一个数的含义不变,但写法则不是一个系统,说明经过早期伏羲、盘古、六祖分支与太阳历崇拜和天葬习俗的社会文化共同体使用过的数字卦文化,并没有被滇国时期的社会文化共同体所继承下来。

---

① (西汉)司马迁:《史记·西南夷列传》。
② 方国瑜:《云南史料丛刊》(第一卷),云南大学出版社,1998年,第88-89页。
③ 郭道扬:《中国会计史稿》(上册),中国财政经济出版社,1982年,第199页。

第一章　原始社会至秦汉时期云南少数民族的会计

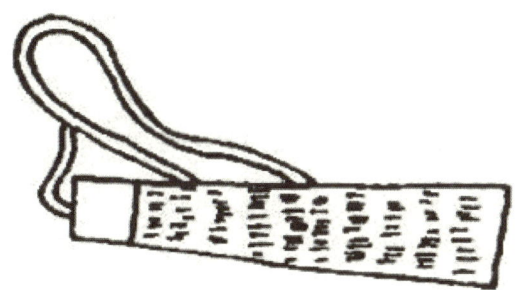

图 1-18　晋宁石寨山遗址出土青铜片上的鸡卦骨刻历算器①

3）贡赋管理

晋宁石寨山遗址出土的青铜贮贝器中有集体纳贡、征粮上仓场景（见图 1-19），这也证实了滇国的贡赋制度是基本完备的②，形成了按照等级聚集、分配和管理社会财富的贡赋制度，场景图中管仓执事具有明确的分工③，其职责包括核计收发仓粮、管理与督守仓库等内容。此外，各墓葬群遗址中很多的

图 1-19　晋宁石寨山遗址出土的"贡纳场面贮贝器"④

---

① 黄懿陆：《云南史前史》，云南人民出版社，2018 年，第 461 页。
② 李昆声、钱成润：《云南通史》（第一卷），中国社会科学出版社，2011 年，第 362 页。
③ 杨毓才：《云南各民族经济发展史》，云南民族出版社，1989 年，第 146 页。
④ 樊海涛："贡纳场面贮贝器"刍议，《中国国家博物馆馆刊》2012 年第 1 期，第 73 页。

青铜器存在跨区域同类器物的特征,并且很多铜器形制、纹饰均相同,可以说明该类铜器为滇王统一制作后分配或奖励给各级统治者的。此类贡赋和再分配制度也可以证明滇国社会管理制度的成熟,也需要有与之相适应的计量、记录、考核方法及制度。

4. 郡县制下的财计组织

按照西汉的行政组织体制,地方财计组织分为郡、县两级,但也有其特殊的方面,主要表现在郡县与封国并存,两者权势互为消长。列侯的封地与县的建制相同,其不受郡的管辖,在财政上具有独立性。其表面上受中央节制,但实际上却存在割据之实。

1) 郡级财计组织部门

郡级最高行政长官为郡守或太守,凡民政、财政、司法、教育,以及军兵之事由其统管。郡级财政单位,对上听命于中央,负责组织一个会计年度的上计;对下则负责组织县一级上计,汇总所属县的上计报告,作为向中央上计的依据;对县令(长)、丞具有财计上的全面监督权。郡守之下的属官分为佐官和属吏两类,前者辅佐郡守处理政务与军事,主要官员郡丞、长史、都尉均由中央任命,而后者如功曹、五官、主簿等掾史则由郡选任,负责办理各项具体事务。属吏与民政、财政、交通等相关事宜具有直接工作关系,职能部门设置与中央的分部建制相适应,实行分曹理事、对口履行职责的组织制度。属吏主要分为户曹、比曹、仓曹、金曹、漕曹,以及市掾、督铸钱掾等。户曹主掌民户、祠祀、农桑等事,为诸曹之中首要职务;比曹主理验核之事,验核民户之数和财物出入,其职能对后来勘验比对之官设置具有直接影响;仓曹主管粮谷等储备事宜,具有郡国出纳性质;金曹主掌钱币出入与储备,也具有郡国出纳性质。可见,金仓二曹并列,各自分掌郡国出纳的一个方面,此种设置格局,与《周礼》中"九府出纳"制度相关,并为唐朝的"五分管"牵制制度的建立奠定了基础。

2) 县级财计组织部门

县一级最高行政长官为县令或长,凡大县称之为令,而小县则称之为长。

县级最高长官由中央委派,总领一县财计,为地方独立的财计单位。史称:"秋冬集课,上计于所属郡国。"胡广注称:"秋冬岁尽,各计县户口垦田,钱谷出入,盗贼多少,上其集簿。"①县一级的上计,是国家上计制度执行的组织基础。县一级的佐官有县丞与县尉,县丞分掌财计,佐理县令(长)组织上计事宜,在上计方面其直接与郡丞发生关系。县的下属部门亦行分曹办事的组织格局,设置有仓曹、金曹、集曹与市掾、少内啬夫等。仓、金两曹分掌粮谷出纳与钱币出纳,与郡级仓、金两曹所掌具有直接关系。另外,县一级也有少内(少府)设置,掌县令(长)私人财政,供其用度。县以下的基层组织单元为乡、里。每一乡设秩或啬夫管理,以乡佐为其助手。乡下设置里,其下凡十户编制为什,或以五户编制为伍。这些组织单元直接办理赋役征派,管理人户、田土,既是县财政的基础,也是基层治理的核心单元。

3) 云南地方财计组织

封建统治者对民族地区进行征服统治,除为了扩大疆土,主要目的还是在经济层面。据《汉书·地理志》记载:"益州郡户八万一千九百四十六,口五十八万四百六十三,县二十四。"秦汉时期,"滇王降汉"以后,封建政府主要采用征收贡赋和屯田垦殖的方式对西南少数民族地区进行统治,这也是封建政府财政收入的主要来源,但是从史料的记载来看,封建政府不能像中原地区一样征收银钱或粮食,而是采取"以其故俗治,毋赋税"②的治理思想,征收少量的赋税,大多以"皆献土珍"③形式,赋税总额较少,但由于地广肥沃,适于发展农牧,因此屯田垦殖是当时郡县的重要财政收入来源。屯田制采取"募豪民田南夷,入粟县官,而内受钱于都内"④的方式,并"募奸豪以实益州"⑤。屯田制有"民屯""商屯"和"军屯"等不同形式,带来了中原地区

---

① (汉)王隆:《汉官解诂》,胡广注。
② (西汉)司马迁:《史记·西南夷列传》。
③ (南朝宋)范晔:《后汉书·南蛮西南夷列传》。
④ (西汉)司马迁:《史记·平准书》。
⑤ (晋)常璩:《华阳国志·南中志》。

先进的生产方式和技术,并衍生出屯田管理、凭票与中原地区结算的管理制度,极大地改善了各郡县的财政收入情况,促进了该时期财政收支结算的发展。在支出方面,各郡县中各级官吏及驻军士卒的俸禄和食粮开支、府衙的行政事务开支、农牧水利交通建设开支与对各王侯、邑长的奖赏是主要的支出项目,相关登记、数量及内容在部分史料中有记载。"百僚用度各有数"①,各项费用开支亦分类、分项予以核算,分级管理,从而实现收支良性循环。

郡县制中郡守和部分县官均由中央委派,因此,这种流官的形式带来了很多中原计数和祭祀文化,这从昆明呈贡天子庙小松山西汉墓葬出土石范(见图1-20)的考证中可以看出。一件锹范刻有数字卦,而且是复卦,其使用数字与清华简《筮法》中八卦图偶数统一使用"∧"、奇数统一使用"—"的方法一致,亦与1993年3月于湖北江陵荆州镇邱北村王家台15号秦墓出土的竹简《归藏》的使用方法一致,还与1973年12月出土于湖南长沙马王堆3号汉墓的帛书《周易》使用方法一致。

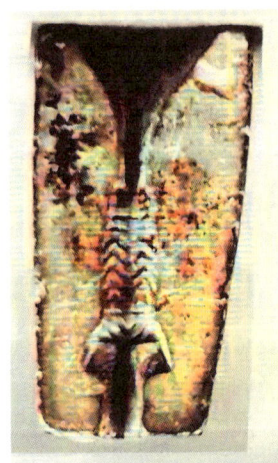

图1-20 呈贡天子庙古墓群出土的数字卦石范及其放大图②

---

① (东汉)班固:《汉书·翟方进传》。
② 黄懿陆:《云南史前史》,云南人民出版社,2018年,第472页。

该石范上,出现并列两组"∧∧∧∧— —"数字卦,为符号卦第20卦,而坤下巽上的"观卦",为六爻卦。在滇文化墓葬中,这是唯一的六爻卦。这样的表示方法与中原地区具有高度的一致性,可见数字卦为当地流官所用,而且系沿用汉地的使用方法,并非当地数字卦诞生地的直接传袭,应当是与汉武帝征服滇国之后在当地设置益州郡所派驻的流官文化有关。

(二)经济事项中的会计

秦汉时期,对云南地区影响最大的历史事件包括"滇王降汉""郡县制建制""民族起义""设立永昌郡"等。《史记》《汉书》《后汉书》《两汉会要》等文献延续性记载了秦汉时期云南地区的人文地理、历史事件、族群演变和经济社会发展情况,特别是益州郡、永昌郡设立之后,云南各民族地区真正意义上纳入了封建王朝统治范围,相应的记载明显多于以前的各个历史时期。从会计发展的角度,纵观各类对秦汉时期云南的相关经济活动文献记载及文献研究成果,主要涉及手工业、商贸、矿冶业等经济内容。

1. 手工业管理中的会计

滇国的农业、畜牧业在先秦时期得到了较快发展,使得相当数量的族人可以脱离农业生产而成为专业的手工业者。从出土的文物可以看出,铜器、纺织、漆器、金银器、陶器、玉石、玛瑙、房屋建筑等都形成了一定的规模,达到了专业化水平。[①] 在手工业作坊中,从原料的采集、挑选到制作有多个工序,存在专业工匠和明确的分工,而奴隶主一般以监督角色存在,这种监督会有数量的考核过程。另外,漆木器的制作由木工、漆工和画工协作完成,需要较为精确的测量工具,此时测量和记录在整个生产过程中发挥着重要的管理角色。此外,出土的文物中还存在珠襦、大型建筑等复杂的器物,这也可以说明在该时期应该存在一个组织严密、分工清楚、计算精确的机构,而此类机构往

---

① 彭长林:《云贵高原的青铜时代》,广西科技出版社,2008年,第274页。

往是被统治者所掌控。

2. 商贸管理中的会计

社会生产和分工的发展必然产生交换与贸易,从出土的青铜贮贝器上的"诅盟"和"杀人祭柱"场景可以明显看出存在集市交易,交易物品包括粮食、牲畜、生活用品及饰品等类型,甚至还有来自印度洋地区的器物。滇国的工商业实行了与中原地区类似的"工商食府"制度,统治者控制了工商业并使工商业为其服务。① 在场景中,还可以发现,物物交换在民间交易中依然存在,但出土的贝币、五铢钱亦说明货币已经成为交易手段和贮藏手段,并且随着"滇国降汉",五铢钱逐渐取代了贝币成为主要货币。在江川李家山遗址、曲靖珠街八塔台遗址、曲靖麒麟区潇湘平坡墓地遗址等秦汉时期遗址所出土的诸多货币形式(见图 1-21),能够说明在该时期,云南地区的计量货币种类较多,贝币、铜钱、大布黄千等同时使用,并且分布广泛。因此,在秦汉时期,云南地区的计量货币已经得到广泛性应用和普遍性接受,为财计组织、财物计量奠定了重要基础。

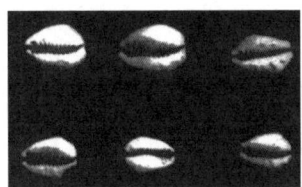  

图 1-21　曲靖珠街八塔台遗址出土的钱币②

滇国时期,云南工商业属于初步发展时期,商业以民族活动的集市交易为主要形式,这些只能从出土文物中得以验证,缺乏相关历史文献的记载。汉武帝在设立益州郡后,加大了对云南的技术输入和商贸支持,确立了工商业的

---

① 李昆声、钱成润:《云南通史》(第一卷),中国社会科学出版社,2011 年,第 354 页。
② 杨世钰、赵寅松:《大理丛书·考古文物篇》(卷四),云南民族出版社,2009 年,第 1965-1976 页。

计量单位和计量标准,"布尺""盐斛""铢钱""米斗""银两"等逐步成为通用标准。"益州西部,金银宝货之地。居其官者,皆富及十世。"①作为西南丝绸之路的重要驿站,益州郡和永昌郡建立了早期的西南地区商业中心,并"文以钱市"②。在此辐射下,各交通要道上重要城郭的都尉驻地、邑长聚落均依托有利条件建立了集市,盐利、铁利、商税等赋税的征收与管理成了各县、邑的财政收入管理的重要方面,并且还存在"六百万钱"③规模大宗采购的记载。

1956年4月,昆明市国营农场出土一块东汉安帝延光四年(125年)的刻石,其上记载了一项田亩交易事项,相关碑刻和部分释文内容如图1-22和图1-23所示。

延光四年□□□□昆□封□□□
葬□□□与相壬子江直
□牛五头□自少宰
田北泜血 西大道古氏
□□路□□辞知

图1-22 东汉安帝延光四年刻石图④　　图1-23 刻石部分释文⑤

---

① (晋)常璩:《华阳国志·南中志》。
②③ (东汉)班固等:《东观汉记·王阜传》。
④⑤ 孙太初:《新发现的汉延光四年刻石》,《文物参考资料》1957年第9期,第48页。

根据考证,该刻石为当时百姓买地的分界刻石碑,这符合东汉时期立石碑分界的习俗,"牛五头"应为该地块的交易价格,"自少宰田北"和"西大道"应为该地块的方向和四至范围,因此,从该刻石碑考证来看,该时期民间交易以牲畜和实物作为交易手段是普遍存在的,货币计量在该时期云南民间交易中还存在较大缺失和适应性不足的问题。

3. 矿冶业中的会计

秦汉时期是云南青铜文化的鼎盛时期,滇国青铜器内容丰富、器型繁多、工艺精湛。特别需要指出的是,滇国青铜器在冶炼中有一个非常精确的专业计算和判断过程,大多数青铜兵器中锡的含量为20%左右,祭祀铜鼓含锡量为15%左右,而铜饰品中含锡量为6%左右,此铜锡配合比与中原地区的"六齐"之法相似,具有很高的科学性。[①] 该数据表明,秦汉时期滇国的青铜冶炼过程必然有严格的管理流程和精确的工具进行科学的测算和实验,还有严格的把关和考核,也证明了该时期重量的计量单位已经产生并且得到了普遍性使用。此外,祭祀铜器中还有一些几何线条和空间图形,出现了空间数据计量的概念,容器的计量单位也已经产生,而铜器上的款识也代表着生产者信息和产品标志,有利于核算、考核和贸易推广。

在滇王举国降汉以前,青铜器的冶炼由统治者所掌握,发展较为成熟,可以从出土文物与史料中记载的滇国时期青铜器及其他金属器物的交易情况和农牧业生产工具的使用情况中得到印证。益州郡设立后,云南矿冶业得到全面发展。《汉书·地理志》《续汉书·郡国志》分别对西汉和东汉时期的矿产、矿冶情况进行了详细的记载。特别要强调的是,秦汉时期云南的铸铜、铸金、铸银和冶铁不仅改变了生产工具的使用情况,还改变了经济结算的计量计价方式和载体,云南地区的铸铜、铸金、铸银自西汉末期开始成为全国的货

[①] 杨根:《云南晋宁青铜器的化学成分分析》,《考古学报》1958年第3期,第76页。

币,《汉书》中的"朱提银"、《后汉书》中的"永昌太守铸金"等记载均证明了当时云南地区矿冶业的发展程度及其对全国经济发展的重要性。

第四节　原始社会至秦汉时期云南少数民族会计史证讨论

秦汉以前云南的历史演进过程与文明演进历史符合聚落至国家的演进模式,整体演进过程呈现出较强的独立性,与国内其他地区文明发展进程有着较大差异,存在多种不同的社会形态和历史特征。这些特征在经济与会计发展历史上得到了充分的反映,从原始社会至秦汉时期的史料梳理可以看出,云南地区的经济与会计发展特征在观念与方法、行为与管理、对象与制度等方面有重要体现。

一、会计观念与方法的史证讨论

旧石器时代中晚期,云南的原始人类有了生产剩余和储备物,产生了剩余物品和储备物的计量、记录观念和行为,表现为规律性摆放和刻记标记。到新石器时代,随着族群的扩大和部落成员的增多,生产活动日趋频繁并伴随着交换活动的产生,对部落内部的生产活动、生活事项和交换活动的管理出现了独立的计量与记录分工,产生了刻符计量与记录、绘图计量与记录的会计行为与方法;而生产工具使用水平的提高,也为会计行为提供了更多的工具形态和选择,刻木、刻竹、结绳、结藤等计量与记录方法也逐步出现,并产生了会计计量、记录的符号。先秦时期的云南青铜文明促进了社会经济的分化和私有化的形成,使得会计行为和方法发生重大变化,出现了交换媒介和财富象征,产生一定区域内统一的计量单位,并有相关的书契文献史料记载,形成了反映经济活动中价值计量行为的会计思想观念。当祭祀权和军事指挥权成为政治统治工具时,相关计算、记录和开支考核等会计思想与方法被赋予管理职能。随着秦汉时期封建经济的建立和郡县制制度在云南地区的实施,相关会计思想与方法逐步在赋税管理、手工业管理、商贸管理和冶炼管理领域得到普遍使用,确立了计量单位和标准符号,基本形成了与封建经济相适应的早期会计思想观念和方法体系。

二、会计行为与管理的史证讨论

新石器时代的氏族社会由于部落生产、生活和交换活动的需要,出现了最早的计量、记录再分配的会计行为与方法,即会计行为从生产、分配、交换等活动中独立体现的具体形式。生产领域的分化与私有化的形成,使得会计行为出现了分化,既形成了不同的工具和目的,也出现了不同的符号形式,而国家形态的建立,使得会计行为成为权力机关统治民众的管理工具,并为权力机关的管理工作服务。随着行政分级治理结构的建立,会计行为成为逐级管理的重要依据,并逐步形成了集中的管理机构,进而制定了计量、记录标准和程序,产生了统一的计量单位和符号,成为封建经济制度下社会整体管理的重要内容。

三、会计对象与制度的史证讨论

会计的对象处在经济活动中,原始社会使用的计数方法较为落后,反映出该时期的经济活动是较为单一和落后的。原始族群内部的生产活动和物品分配是早期会计行为的主要对象。会计观念的产生具有偶然性,这种偶然性体现在储备物的交换活动过程,当这种偶然性逐步被多个交易对象所接受后,则形成了一种必然的默契,从而影响更大范围的交易行为。农业、畜牧业、手工业、商贸等经济社会分化活动使得会计对象日趋复杂,进而产生了较为先进的会计方法、工具和符号。奴隶社会的国家形态下,会计对象除一般经济活动外还涉及祭祀、贡赋、军事等活动,在各级统治结构下建立了与会计行为相对应的管理人员和制度。秦汉时期云南实行郡县建制后,社会管理进一步分化,汉制行政从属结构与民族区域内部分级治理结构并存,形成了较为完整的行政、民事、税赋、财计管理体系,会计对象涉及财政、贡赋、屯田、商贸、冶炼、工业等系统性经济活动,建立了规范的会计制度,并与封建中央政权的相关制度体系相适应。

综合来看,原始社会至秦汉时期云南会计的发展历程经历了原始计量记录、管理职能确立和会计制度建设三个不同阶段。原始社会时期云南会计的发展历史与当前原始计量研究的观点相一致,基本符合原始计量记录的发展路径和规律。先秦时期云南会计的发展程度与中原地区存在显著差异,整体上处于较为落后的水平,并且缺少相关的直接文献史料记载。而秦汉时期,随着封建国家统一进程的推进和封建经济的不断渗透,云南会计逐步与封建中央政府的相关制度体系对接,建立了规范的会计制度体系,此时期会计的发展是少数民族会计发展历史的重要组成部分。

第二章

魏晋南北朝至隋朝时期云南少数民族的会计

三国、两晋、南北朝至隋朝时期,西南边疆地区统称为南中,《三国志》《汉晋春秋》《华阳国志》《隋书》中均有关于南中的记载,而北魏时期专修《南中志》,借修地志,以名地史。《华阳国志·南中志》记载:"郡土平敞,有原田,多长松,皋有鹦鹉、孔雀,盐池、田渔之饶,金银、畜产之富。"随着汉族人口逐步迁入南中,他们与土著民族错杂而居,逐渐融合。东汉之后,南中出现了大姓势力,主要是被夷化后的汉族移民统治者。汉族和少数民族的融合带来了先进的生产技术和经营管理方式,而郡县制与对少数民族的羁縻统治方式相结合促进了社会的稳定和民族的团结。魏晋南北朝时期,云南社会治理多承秦汉体制,本土的大姓势力不断扩大,成了区域治理的核心权力组织。隋朝时期,云南社会治理体系才发生了本质性变化。因此,本章将魏晋南北朝作为同一时期进行研究,对隋朝则单独开展研究。

第一节 魏晋南北朝时期云南少数民族会计发展

魏晋南北朝时期,云南的大姓、夷帅是重要的地方政治力量,汉族和少数

第二章 魏晋南北朝至隋朝时期云南少数民族的会计

民族的融合更加深化,经济社会发展呈现出区域性自我发展的特征,汉文化和少数民族文化的大组合、大融合进程显著加快,产生了强大的民族内聚力,为后期的大一统、多民族政权的建立奠定了基础。

一、魏晋南北朝时期云南少数民族会计发展的经济社会背景

自蜀汉以来,汉人大量南迁,而此时的云南还存在一些处于原始社会阶段的云南土著部落,随着汉族移民与云南土著的融合,南中大姓便产生了,并建立了南中的封建地主庄园经济。爨氏①便是一个典型的例子,爨琛在昆川(今晋宁)称王,爨氏据滇并维持统治400余年。到了汉晋时期,封建地主庄园拥有了大量的部曲②,这些部曲不仅要向庄园地主缴纳实物地租,而且要承担各种军事徭役,实质上与地主之间是一种封建生产关系。而自蜀汉以来,南中的封建庄园地主广泛地使用比较先进的生产工具和生产技术,因而具有较强的生产力,在整个社会和经济发展中都占据着很大的优势与较高的地位。

(一)农业

魏晋南北朝时期农业生产规模逐渐扩大,作物品种显著增多。南中大姓在蜀汉政权的支持下,进行粮食的私屯,一方面促进了南中封建地主庄园规模的扩大和数量的增加,另一方面也使得农业生产的规模迅速扩张。南中农作物的品种包括稻谷、黍、稷、粱、豆等粮食作物和蔬菜、药材、竹木等经济作物。

与此同时,南中农业生产工具不断改进,牛耕技术得到普遍推广。蜀汉

---

① 爨[cuàn]氏原为彝族中的豪强,三国时期,诸葛亮南征,采取"以夷制夷"的政策,爨氏开始发展壮大。后期的爨氏是南中地区统治集团的统称。

② 部曲:魏晋南北朝时指家兵、私兵,在魏晋南北朝前期,主人视部曲为贱口,但并未得到法律上的认可。部曲在汉代本是军队编制的名称,大将军营有五部,部下有曲。联称泛指某人统率下的军队。以后,部曲地位卑微化。隋唐时期指介于奴婢与良人之间属于贱口的社会阶层。

以后,大批的内地移民进入南中,随之带来了大量的铁制农具,南中人在吸收先进工具的基础上进行改进,使得铁器在南中的使用越来越普遍。相比起秦汉初期刚出现的少数牛耕技术,这一时期的牛耕技术得到广泛的推广,而牛在生产中的地位也越来越重要。

(二)畜牧业和渔猎业

在秦汉时期云南畜牧业已比较发达,蜀汉以后畜牧业更是进步很快。蜀汉平定南中之后,南中常以耕牛、战马为主要的纳贡赋。晋时,纳贡的动物主要是牛、马。北周时,更是有人称,南方出名马。由此可以看出南中的畜牧业比较发达,而且牛、马作为重要的纳贡动物,在经济中占据着重要的地位。除了牛、马等重要的动物,这一时期的畜牧业发展大大地打破了传统的"六畜"饲养,还增加了鹅、鸭、兔、驴、象、豹、鹿、沙牛等动物。由于云南社会经济发展的不平衡,狩猎和捕鱼仍然是南中一些民族的重要经济和食物来源。

(三)矿冶业

自秦汉以来,云南的冶炼业就开始逐渐发展起来,不仅表现在矿物的开采方面,矿物的冶炼业也比较发达。从云南梁堆墓中出土的殉葬器物及各种史料的相关记载中可以看出,蜀汉以来,矿物开采的种类有金、银、锡、铅、铜、铁等,而冶炼出来的成品包括金银指约、银手镯、各种铁制品(如铁剑、匕首、釜、镜、铁销等)、铜鼓等,这些冶炼品种类丰富,加工技术精良,足以表明当时的冶炼技术已经达到了较高的水平。滇东北地区是与中原交流的连接区域,具有显著的资源和地位优势,促进以"朱提堂狼铜洗"和"朱提银"为代表的矿冶器物不断涌现,冶炼技术不断提升。据《汉书·食货志》记载:"朱提银重八两为一流,直一千五百八十。它银一流直千。"在此阶段,铜器及其他金属器具已经不再是贵族的专用品,而是成了民间百姓的生活用品,且成批生产,讲求实用,规格形制大体一致。

(四) 手工业

魏晋南北朝时期，中原移民的南迁，带来了比较先进的手工技术，在内外因素的共同作用下，南中的手工业得到了很大的发展。数年来南中进贡给中原的物品除了耕牛、战马和金银，还有犀革、丹漆等典型土产，另盛产光珠、琥珀、翡翠、水晶、琉璃、轲虫、蚌珠等。综合来看这一时期云南的纺织、制盐、珠宝加工、革毡、酿酒、制陶、砖瓦烧制、木石制品、丹漆等手工业比较兴盛。蜀汉平定南中之后，先进的织锦技术传入了，再加上当地种桑养蚕和梧桐木栽种的规模不断扩大，为纺织业创造了良好的条件。当时的纺织品主要有绵绢、彩帛、文绣、罽①旄、帛叠、桐华布②、白叠、白毡等；由于有丰富的天然珠宝原料，这一时期南中地区珠宝加工业兴盛一时，成为我国重要的珠宝生产基地。

(五) 商贸业

蜀汉以来，南中的农业、畜牧业、手工业都得到了很大发展，其产出品一部分用于生活，另一部分则用于纳贡赋税与贸易。随着剩余产品的产生，商品交换变得愈加频繁，规模不限于一般的内部集市交易，而更多的是对外贸易。南中属南方丝绸之路要道，不断与中原地区和海外进行商品贸易。前文提到的桐华布即是一个例证，桐华布是南中的特产，常常借由丝绸之路转贸到内地及周边地区。同时，南中也与东南亚各周边国家保持着密切的商贸联系，常常以缯帛作为货币来与各国进行商品交换，可见当时商贸的发展程度。

---

① 罽[jì]：用毛做成的毡子一类的东西。
② 《后汉书·南蛮西南夷列传》："有梧桐木华，绩以为布，幅广五尺，洁白不受垢污。"李贤注引《广志》："梧桐有白者，剽国有桐木，其华有白毲，取其毲淹渍，缉织以为布。"后因以称梧桐花细毛织成的布为"桐华布"或"桐木布"。《华阳国志·南中志》："永昌郡，古哀牢国……有梧桐木，其华柔如丝，民绩以为布，幅广五尺以还，洁白不受污，俗名曰桐华布，以覆亡人，然后服之及卖与人。"

二、魏晋南北朝时期云南少数民族的会计

（一）官厅层面的财计组织

在蜀汉统治云南初期，各郡均被大姓、夷帅所把持，郡县制治理体系失效，在此背景下，诸葛亮提出"西和诸戎，南抚夷越，外结好孙权，内修政理"的治国治边方略。在对云南各大姓、夷帅实施军事措施的同时，采取了"以强大的武力为后盾，以和抚为主，兼施武功"的民族政策，延续了汉朝在西南地区所实行的羁縻制度，派驻少量官吏及军队，继续任用原有的南中大姓和夷帅担任郡县的大小官吏。与此同时，对全域郡县设置进行调整，增加郡县数量，以限制和削弱南中大姓和夷帅势力。"分其羸弱配大姓焦、雍、娄、爨、孟、量、毛、李为部曲"①，并加强南中经济治理措施，使得南中成为蜀汉政权的重要财富来源地。"出其金、银、丹、漆、耕牛、战马给军国之用"②，由此，两汉时期的"毋赋税"政策在蜀汉时期已不再执行。

整体来看，对南中的治理策略可以归纳为分类统治策略，其基本内容包括：一是对南中各派政治势力，根据其对蜀汉的态度和力量之强弱，予以区别对待。二是积极扶持和依靠大姓，但对大姓亦非一概信任。对拥护蜀汉的大姓，基本方针是积极扶植，增强其经济实力，提高其社会地位，甚至吸收其参加蜀汉政权。对叛而后降的大姓，亦委之以官，但调离南中至成都任职，与一贯拥护蜀汉的大姓相比，受信任的程度要低得多。三是对居住在山区的叟和昆明诸山地民族，因很难约束，故实行重在防范和分化瓦解的策略。四是对归顺的夷王和叟帅，蜀汉沿用秦汉以来的羁縻制度封之为王、侯、邑侯或邑长，对大姓则任命为蜀汉的正式官吏，这也是元明王朝土官土司制度的萌芽。五是尽量分散或削弱夷王和叟帅掌握的武装力量，对叟、昆明等山地民族的

---

① ② （东晋）常璩：《华阳国志》。

第二章 魏晋南北朝至隋朝时期云南少数民族的会计

反叛坚决镇压,在诉诸武力的同时,还注意威抚兼施及各个击破。①

蜀汉设司盐校尉兴盐铁之利,又设司金中郎将主农具与武器制造。设锦官司织锦,其产品行销吴、魏,所得收益占财政收入很大比例。在商品货币经济方面,蜀汉又力促境内商品交易,治理蜀汉钱币流通,所征商税充实国库。正是在财力充实的前提下,采用"以攻为守"的策略,御敌于门外,所以"无岁不征",大体两户养一兵,通过"量入为出",使出入得以平衡,保障了对外战争的持久开支。蜀汉于炎兴元年十一月(263年)亡降之时,后主遣尚书郎李虎送出的"士民簿",其上尚有"领户二十八万,男女口九十四万,带甲将士十万二千,吏四万人,米四十余万斛,金银各二千斤,锦绮彩绢各二十万匹,余物称此"②。据此可见,蜀汉之时财计之权亦移位于尚书郎,财计各项总合数据,"士民簿"上所记虽为统计数字,但其以财计总簿与财计报告中数字为依据进行归总计算,进而形成总体簿册报告数据。

在监察治理层面,蜀汉沿袭汉制,坚持推行行部制度,由州牧派出从事到各郡监察。自汉武帝以来推行的刺史制度到蜀汉时期仍然保留,州有从事,前往各郡执行监察任务,称为"行部"。如费诗就曾被刘备任命为"部永昌从事",后来还以此职随诸葛亮南征。《华阳国志·南中志》记载:"从事蜀郡常颀行部南入,以都护李严书晓喻闿……颀至牂牁,收郡主簿考讯奸。褒因杀颀为乱。"说明直到南中变乱前,行部所代表的行使职权的工作仍在进行,从事依然具有较大的监察权力。而此记载中的主簿,在三国时期亦是州牧和郡守执行衙司财计的主官,也证实了在魏晋南北朝时期,云南各郡已在官厅财计组织层面继承了秦汉体制之下的郡县财计组织体系,即佐官与属吏两大层级,其中属吏系统作为行政执行主体,由郡守直接选任的功曹、五官掾、主簿等核心僚佐组成,负责具体政务运作。该体系参考中央部门职能构建专业化

---

① 方铁:《论诸葛亮治理南中的分类统治策略》,《地域文化研究》2018年第1期,第12-19页。
② 陈寿:《三国志·蜀书·后主传》注引王隐《蜀记》。

分工机制,户曹、比曹、仓曹、金曹、漕曹,以及市掾、督铸钱掾等职官通过分曹理事的垂直管理体系实现职能对接,分管民政管理、财税征收、物资调配、交通运输等核心政务,形成与中央九卿属官相对应的郡级行政网络。然而,云南各郡由于受到地方大姓势力的牵制,在执行官厅组织体系过程中存在官吏人员和地方收入的限制,导致出现岗位和职能分工未必能做到秦汉时期中原郡县配置完整性要求的情况,但其基本的治理结构和方略是一致的。

从主管财计与报告编制方面考察,汉晋时期,郡丞为郡一级财计权重较高的佐吏,全面负责财计工作,一方面接受审查、汇总所属各县报告,召开郡一级财计报告审定会议,最终形成郡级财计报告,另一方面代表郡国向中央朝廷报告。在曹官之中,由集曹具体办理各县的报告,其下办事官吏又有集曹掾、左右集曹史各一人。① 由于郡是封建政权财计工作的中间环节,郡丞领导财计报告工作,执行中央关于财计的指令,并于岁终遣计吏上计,这些是一郡之长的责任。② 而从前文所记载之"收郡主簿考讯奸"可见,主簿在郡丞的财计管理工作中发挥着重要的作用。

两晋时期,晋王朝为了加强对民族地区的统治,设立了专门治理蛮夷的职官,主要有校尉、中郎将、护军等职。校尉先后有南蛮校尉、宁蛮校尉、西夷校尉、南夷校尉等。南蛮校尉,其始是"武帝置南蛮校尉于充阳",后有所变化,元康中"南蛮校尉为荆州刺史","及江左初,省南蛮校尉,寻又置于江陵",多由荆州刺史兼任,也存在由郡守或委任专人担任的情况。宁蛮校尉设置较晚,据《晋书·职官志》记载:"及安帝初,于襄阳置宁蛮校尉",具体年代是晋安帝义熙元年(405年),由鲁宗之以雍州刺史兼领。由于该职设置时间较短,史书对此记述甚少。至南朝时,由于襄阳具有南北相争的重要战略地位,宁蛮校尉的地位也日趋重要,史书对其活动有了详细记载。据《宋书·孝武

---

① 安作璋等:《秦汉官制史稿》(下册),齐鲁书社,1985年,第124页。
② 郭道扬:《中国会计通史》(第二卷),中国财政经济出版社,2023年,第404页。

帝本纪》记载,孝武帝为皇子时,曾徙为"宁蛮校尉、雍州刺史,持节、将军如故。自晋氏江左以来,襄阳未有皇子重镇,时太祖欲经略关、河,故有此授"。此为自晋至南朝,宁蛮校尉一职所发生的重大变化。① 晋置西夷校尉于汶山,专为对付益州北部的羌人而设,而晋武帝太康五年(284 年)"罢宁州诸郡,还益州,置南夷校尉,持节如西夷,皆举秀才廉良"②,其治所始设于宁州,负责管理区内蛮夷事务,设置之初,由于废宁州入益州,故"南夷校尉统南中诸郡"。至惠帝太安元年(302 年)十一月,"复置宁州",从此,该职往往为宁州刺史兼领,如惠帝末以王逊为"南夷校尉、宁州刺史"。及江左初,改南夷校尉曰镇蛮校尉。中郎将和护军主要行使军事镇守之责。中华人民共和国成立前,在云南昭通梁堆古墓出土的"南夷长史"印(见图 2-1)为铜质印章,据方国瑜先生考证,其为晋时南夷校尉官属之印信,南夷长史为南夷府幕僚之长,此印信是该时期中央政权加强蛮夷治理的有力证据。

图 2-1 云南省博物馆藏"南夷长史"印③

两晋至南北朝时期,汉族大姓势力在云南不断壮大,以爨氏家族为典型代表。从《爨龙颜碑》的记载来看,爨氏家族是秦汉时期汉族中的名门望族,因此其治理体制基本遵循了中原的政治制度和社会结构。从袁嘉谷《滇绎》中对"爨世家"的分析来看,爨氏龙骧将军府所属有府长史,有司马,有录事参军,有功曹参军、仓曹参军、户曹参军、中兵参军,有府功曹,有主簿,有别驾,

---

① 吴永章:《论晋代的南方民族问题》,《民族论坛》1985 年第 1 期,第 29—36 页、第 42 页。
② (东晋)常璩:《华阳国志·大国志》。
③ 马德娴:《云南省博物馆藏"南夷长史"印》,《文物》1979 年第 3 期,第 16 页。

有治中,有西曹。镇蛮校尉所属,有镇蛮长史、司马、录事、功曹、仓曹、户曹、中兵各参军,蛮府功曹、主簿、门下、录事、西曹、户曹、省事、书佐干。宁州刺史所属,有录事、西曹、户曹、记室、朝章、下都督,另有门下、录事、西曹、户曹、省事、书佐干。①由此可见,该时期大姓家族完成了对所属地区的政治治理和经济社会控制,其治理体系在中原地区政治制度的基础上,根据少数民族地区的特殊性进行了适当的调整和创新,以适应少数民族治理的环境与需求。爨氏家族财计组织体系亦涵盖了佐官、属吏及少数民族职官等,以功曹、仓曹、户曹、主簿为主要代表。值得注意的是,爨氏家族并没有对整个宁州进行十分有效的管理,主要势力集中于滇东北和滇中地区,而滇西、滇北和滇南的众多少数民族地区主要被其他大姓势力或少数民族夷帅所控制。

(二)经济事项中的会计

蜀汉而下,中原汉族地主、豪民迁入南中,也带来了先进文化和先进的封建生产组织方式,形成了南中经济形态中最有特色的封建地主庄园经济。由于南中本土的社会形态还处于奴隶制社会时期,这些地主、豪民迁入南中后有一个明显的"夷化"过程,但这没有使他们的生产方式和文化形态倒流回到奴隶制形态,而是继续保持着内地封建庄园经济形式。②

在封建地主庄园经济形式下,自给自足是豪强地主开展生产的主要形式,他们拥有的大量部曲成为私属势力,这些部曲通过向地主缴纳各种实物地租和承担军事徭役,以形成依附关系。据《华阳国志·南中志》记载:"劝令出金帛,聘策恶夷为家部曲。"可见金银是当时社会交易的重要手段,另有南中"赋出耕牛","画夷牵牛负酒"以贡,并且各族也还向南夷府纳贡,牛为其首,"动以万计","每夷供贡南夷府,入牛、金、旃、马",南夷府获得大量贡赋以资军国,"国以富饶"。《三国志·李恢传》载"赋出叟濮,耕牛、战马、金、银、犀

---

① 袁嘉谷:《滇绎》,云南人民出版社,2017年,第33页。
② 朱惠荣:《云南通史》(第二卷),中国社会科学出版社,2011年,第199-203页。

革,充继军资",另有从少数民族栋蚕部获"马三千匹,牛羊三万余头"[①]。从该历史记载可以看出,所涉及贡赋的相关经济事项中,其基本的核算方向以"入、出"作为主要原则,也就是说在这些事项的相关会计记录中均以"入、出"作为记账方向,以实现财物的分类核算。从中原地区的会计历史发展来看,"入、出"作为记账方向在西周时期便已产生,秦汉时期已形成了"入出记账法"的基本核算体系和四柱式的结算方式。而南中地区,由于汉族官吏及其府衙公职人员的迁入,官厅会计方法沿用了秦汉时期的会计体系,但由于少数民族地区经济状况和交通不便所带来的影响,其核算体系和结算方式的形成较中原地区稍晚。

《华阳国志·南中志》还记载"螳螂县,出银、铅、白铜",还有其他史书记载"盐池田渔之饶",益宁"出盐井犀角",云南郡亦"出华布",在中原地区影响很大,堪称"异物崛诡,奇于八方,布有橦华,面有桄榔"。可见,当时南中产品的商业贸易可谓是"奇珍进贡、岁时不阙"的繁荣局面。在商贸交易结算过程中,南中贸易主要以金银和实物货币进行结算,《蛮书》卷八记载:"凡交易缯帛、毡罽、金银、瑟瑟、牛羊之属,以缯帛幂数计之,云某物色直若干幂。"从出土的文物来看,魏晋南北朝时期南中所使用的货币以贝币、五铢钱、货泉、货布、大泉五十和蜀汉钱币为主要结算货币,还出现了物品钱纹砖、金钱棍纹砖等衍生货币形式。

第二节　隋朝时期云南少数民族会计发展

隋朝时期,统治者非常重视对南中的治理,对爨氏大姓势力所不及的地

---

① (南朝宋)范晔:《后汉书·南蛮西南夷列传》。

区,直接实施政治管理,而对爨氏统治地区则实施军事行动,由于爨氏自身实力不足,隋发兵事大多获胜,实现管理的过程亦比较顺利,先后设置犍为郡、牂柯郡、建宁郡等郡县,完成了对云南的统治,有效改善了云南经济社会发展不平衡的状况。

一、隋朝时期云南少数民族会计发展的经济社会背景

自西晋以来,由于中原长期处于动荡割据的局面,中原王朝大多无力治理云南,"遥授刺史"实行名义上的统治,致使爨氏祖孙世袭雄霸云南数百年之久。公元581年2月,隋文帝杨坚取代北周政权,建立隋朝。公元589年隋文帝南下灭陈,统一了南北分裂的中国,结束了自魏晋南北朝以来中原近400年的分割局面。随着中央政权的不断巩固,隋王朝开始将目光投向边陲,采取剿灭与招抚恩威并重的手段,迫使仍然称雄一方的边疆割据政权归顺。爨氏长期称雄的云南,便成为封建中央政府关注的目标。① 其实,统一南方的行动,早在后周时期就已经开始,据《隋书·梁睿传》记载:"(梁)睿时威震西川,夷、獠归附,唯南宁酋帅爨震恃远不宾。"梁睿两次上疏请求攻占南宁州,出于经济考虑,其认为南宁州"户口殷众,金宝富饶,二河有骏马、明珠,益宁出井盐、犀角""自卢、戎已来,军粮须给,过此即于蛮夷征税,以供兵马""计彼熟蛮租调,足供城防仓储"②。由于南宁州在魏晋南北朝时期并未经历战乱,社会经济发展稳定,物资相对充足。此外,梁睿认为,南宁州被爨氏长期割据,恐形成边疆地区反对势力,且南宁州"与交、广相接,路乃非遥"③,自此出兵可从侧翼对南方陈国形成夹攻之势,可见南宁州在军事上也有重要地位。

隋文帝开皇十七年(597年),史万岁奉命南征,镇压爨氏武装叛乱,据《隋书·文帝纪》记载:"开皇十七年,南宁夷爨玩反,遣太平公史万岁讨之,自蜻

---

① 白华、耿嘉:《云南文史博览》,云南人民出版社,2003年,第12-13页。
②③ (唐)魏征:《隋书·梁睿传》。

蛉川渡西洱河入渠滥川,破三十余部,爨翫降。""万岁,京兆杜陵人,爨翫叛,文帝以为行军总管,击之,入蜻蛉川,经弄栋、次小勃弄、大勃弄,至于南中。"史万岁带领的军队一路南下行军数百里,"见诸葛亮纪功碑,铭其背曰:'万岁之后,胜我者过此。'万岁令左右倒其碑而进"。此事件极大地鼓舞了士气,使得隋朝军队很快获得胜利,"破其三十余部,虏获男女二万余口"①,此后整个南宁州军事、政治格局发生了巨大的变化,但不久后,表面归顺朝廷的爨翫再一次反叛,隋文帝派遣韦冲为南宁州总管,梁毗为西宁州②刺史,在云南设恭州、协州和昆州,委任西爨首领为昆州刺史,据《新唐书·两爨传》记载:"开皇之初,两爨遣使朝贡,命韦冲以兵戎之,置恭州、协州、昆州,未几叛。"韦冲到任后,在南宁州设置州县,为推行隋朝的统治采取了一系列经略措施,但因担任时间较短,未能在治理南中阶段取得重要成就。

原居于南中的爨氏政权存在多年,对于隋朝统治的介入不能坦然接受,故在隋朝存续年间多次反叛,而朝廷的镇压又多以"夭折"告终,未能履职至终,导致爨氏家族的政治势力在隋朝统治期间未能得到有效遏制,依然控制着云南大部分地区。因此,该时期云南的经济社会发展状况与魏晋南北朝时期相比并没有发生重大变化。

二、隋朝时期云南少数民族的会计

（一）官厅层面的财计组织

隋文帝即位后便废除北周复古的六官之制,在中央层面,隋朝确立了"三省六部"的行政组织体制。三省之中,尚书省掌理天下政务"事无不总",为全国行使政务大权的中枢。国家财计大权置于尚书省,财计组织部门在其统驭

---

① （唐）魏征:《隋书·梁睿传》。
② 北周时期,西宁州称严州,为汉时越嶲郡,辖区为今日云南丽江及绥江两县间金沙江以东,祥云大姚以北和四川木里、石棉、甘洛、雷波以南地区,开皇六年（586年）改为西宁州。

之下,其地位与职权都得到了提升,分部主事的中心围绕财计集权,较之以往财计组织关系更加系统化与制度化。

在地方层面,隋朝初曾一度采用北齐、北周的州、郡、县三级地方体制,但在施行过程中发现,由于州、郡、县数量过多,已造成比例失调与管理杂乱的后果,后罢黜全国郡一级,改三级为州、县两级。罢郡之后又相应裁并闲散州、县,对官吏编制进行调整,从而有效防止了冗官冗吏,节省了开支,减轻了乡民赋重。隋朝对基层组织的调整,有效地稳定了赋税征纳的根基,保障了人户登统和粮谷征纳计量记录与考核的正确性,稳固了财计编报的基础。① 据《隋书》记载,北周遥授土长爨瓒为南宁州刺史,并"其子震相承至今",该方式与南朝的从属任命制度不同,直接任命土长为刺史,使其掌握实权,开创了隋唐时期羁縻州县制度的先例。隋炀帝即位后,裁并了一百多个州,废除了二百一十六县,又于大业三年"罢州置郡,郡置太守,上郡从三品,中郡正四品,下郡从四品"②。但是,云南各州县由于爨氏势力的影响均未能得到有效控制。

(二)经济事项中的会计

史籍与考古发现中的关于魏晋南北朝至隋朝时期云南、南中或宁州的相关记载和发掘报告均非常少,主要是因为在该历史期间,中原政治环境发生多次变化,而云南从东汉晚期至南诏国建立的400余年中,均为爨氏势力所统治。因此,隋朝时期的云南经济发展状况与魏晋南北朝时期相差不大,爨氏"开门刺史、闭门天子"的政治形态,也使得云南进入了一段稳定发展的时期。

从历史记载来看,爨氏以刺史身份向中原中央政府交纳贡税,如梁睿所言:"震臣礼多亏,贡赋不入,每年奉献不过数十匹马。"③而《周书·武帝纪》中也记

---

① 郭道扬:《中国会计通史》(第三册),中国财政经济出版社,2023年,第639页。
② (唐)魏征:《隋书·百官志》。
③ (唐)魏征:《隋书·梁睿传》。

载"保定元年九月甲辰,南宁州遣使献滇马及蜀铠"。由此可知,贡赋之入出是该时期云南地方政权与隋朝中央政府之间的主要经济事项,其会计方法参考魏晋南北朝时期封建地主庄园会计方法,相关记录应在府衙中由专门人员负责。

第三节　魏晋南北朝至隋朝时期云南少数民族会计史证讨论

魏晋南北朝时期,云南的大姓势力成为区域核心权力组织,产生了地主庄园经济,政治方面虽表面上先后受蜀汉和大姓政权的统治,但地方大姓或夷帅势力形成的区域性政权长期存在,使得社会不稳定程度增加,社会治理制度体系难以健全,也对该时期经济活动及其财计事务产生影响。隋朝时期,南征军事胜利后,爨氏等大姓势力虽表面上接受中央政权的统治,但区域性政治势力依然未得到有效遏制,再加上隋朝历史较短,未能对云南地方势力实施有效统治,故社会经济治理与中央官厅政权体系有较大不同,整体上依然延续魏晋南北朝时期的旧制形式,难以形成变革性发展。

一、会计组织与制度的史证讨论

魏晋南北朝时期,云南官厅财计组织存在形式上的郡县体制和实质上的大姓控制体制共存的状况,虽然从现有史料来看形式上继承了秦汉时期的郡县财计组织体系,设置了涵盖主簿、曹官等分工明确的属官职位,但实质上,大姓势力的不断扩张,再加上中原地区战争不断,使得该时期云南并未受到中原封建政府的有效统治,从而使得云南的会计组织与制度体系保持汉朝时期所建立的基本格局。具体来看,主簿是该时期云南各少数民族官厅组织财计管理的主要职官,依然沿袭了秦汉时期的历史形态,是当时担任州牧和郡守执行衙司财计的主官,也是郡守之下建立属官制度的具体表现。在大姓政权的组织治理中,属官制度依然是其重要的官厅组织管理,如爨氏家族的财计组织体系同样设置了佐官、属吏及少数民族职官等,以功曹、仓曹、户曹、主簿为主要代表,并且该形态直至隋朝时期均未发生重大变化。由此可见,无论是郡县体制治理下的云南各少数民族地区官厅组织,还是大姓势力所控制的地区官厅组织治理,属官制度都是重要的组织治理基础,财计组织的职官设置是其中重要的内容,这有利于该时期各类官厅组织经济事项的核算管理。

二、会计计量与方法的史证讨论

从中国会计演进的历史进程来看,魏晋南北朝至隋朝时期中原地区会计计量与会计方法已经建立了较为完整的"入出记账法"和货币计量形式,这与中原地区经济发展和封建中央政权的组织制度密切相关。而该时期,云南各地区特别是少数民族地区,经济发展还相对落后,虽然封建中央政权的组织治理方式也对云南产生重要影响并实现了制度延伸,但整体上,会计计量和方法相比中原地区处于较为落后的水平。从本章的史料分析可以看出,以"入、出"来衡量财物收支变动的方法理念已经在云南出现并使用,这与该时期官员流转和人员往来不无关系,为该时期"入出记账法"在云南官厅财计组织工作中的使用奠定了基础。贡赋的"入、出"是当时云南郡县政权和大姓势力地方政权的财政收支核心项目,表明在官厅会计的项目设置中,存在收入和支出两类,具体内容至少应当包括贡赋、赋税等收入项目和官府费用、部曲(军事)开支、百官俸禄等支出项目。货币计量和实物计量并存的会计计量方式是该时期云南经济事项业务的重要特征。货币计量方面,贝币依然是该时期云南主要的货币形式,但中原地区的五铢钱、货泉、大泉和蜀汉钱币通过人员流动和商贸交易也逐步流入到云南地区,成为重要的结算货币。实物计量方面,多体现在贡赋和赋税的征缴过程中,部分经济欠发达地区也存在以实物为计量属性的商品交易形式。综上所述,该时期相关财计组织工作中的具体业务所采用的记录形式也较为简单,以单式记账方式居多,还不具备产生复杂记账方式的基础。

三、会计业务与职掌的史证讨论

从历史上看,魏晋南北朝至隋朝时期的会计业务也都已经产生了较为完整的体系,包括经济事项的记录、核算与报告等过程。而此时期,云南官厅会计业务活动虽无直接的历史文献和文物证据来证明其所有会计业务的内容和流程,但就郡县体制之下的相关官厅组织来看,其需要按照封建政府的要求,对各经济事项进行完整、详尽的会计记录,并在年末形成报告向上级官厅部门报告。基于此项推断,仓曹、主簿等会计业务的相关官员职掌内容除需要与其所负责的岗位职责相关,还需要参与或负责具体会计业务的职责分工,以保证官厅会计工作开展的有序性。

综合来看,魏晋南北朝至隋朝时期云南少数民族会计继承秦汉时期云南会计业务的特征,财计组织体系沿袭郡县体制治理下的官厅会计体系,在会计方法上产生了以"入、出"作为衡量财物收支变动的具体方法,与中原地区封建政权的会计制度和方法具有一致性,也符合会计历史发展的具体进程。尽管魏晋南北朝至隋朝时期云南少数民族会计的发展没有重要的创造性或改革性成就,但也是云南少数民族会计发展历史中的一个重要阶段。

第三章

唐宋时期云南少数民族的会计

唐宋时期,云南在封建中央政权的扶持下,建立了具有区域统一性的少数民族地方政权,先后经历南诏国和大理国两个历史阶段。该时期云南的政治制度和治理体系均效仿唐宋体制,引用唐宋典章制度,并建立了以地方王室政权为中心的政治制度。封建政权实施中央和地方分层治理的财计组织结构体系,促进了云南地区农业、畜牧业、矿冶业、手工业和商贸业的不断发展。经济的发展会带来会计业务的变化,无论是南诏国,还是大理国,均参照了封建中央政权的治理体系和组织格局,但少数民族地方政权与中原汉族政权存在必然的差异性,由此该时期云南少数民族官厅会计和经济事项中的会计呈现出诸多典型特征。

第一节 南诏国时期云南少数民族会计发展

隋末唐初,洱海地区各大姓和夷帅势力林立,互不役属,其中昆明与哀牢是洱海地区十分重要的两支部族。唐朝建立后,立即对云南地区开展治理与控制,设置并派任益州大都督,发起系列性军事行动,对爨氏家族及其他大姓势力进行管控,配合实施羁縻政策,在戎州都督府、姚州都督府、泸州都督府下设置地方羁縻州府,形成对边疆地区少数民族的有效治理机制。贞观末年,洱海周围的昆明与哀牢部族逐渐分解形成十多个酋邦,均自称为"诏",后各自兼并形成六诏,蒙舍诏位于巍山县,因地处诸酋邦的南部,故称为南诏。在六诏中,南诏实力最强,在唐朝的支持下南诏先后统一了西洱海地区诸部,战胜并招降其他五诏,统一了洱海地区。

一、南诏国时期云南少数民族会计发展的经济社会背景

公元7世纪中叶,吐蕃势力崛起并开始南下,势力影响范围延伸至云南洱海地区和四川盐源一带,兵力攻势甚猛,直接威胁到唐朝对西南地区的统治。在此情形下,唐朝开始重点扶植重点南诏势力,希望借此遏制吐蕃在洱海地区的扩张,一并达到控制滇池、洱海地区的目的。据学者研究,虽然南诏由多个部族组成,但是以彝族和白族为主,因此,南诏国是云南历史上典型的少数民族统治政权,具有重要的政治意义和历史地位。《旧唐书·南诏蛮》记载:"开元初,逻盛死,子盛逻皮立。盛逻皮死,子皮逻阁立。二十六年,诏授特进,封越国公,赐名曰归义。其后破洱河蛮,以功策授云南王。归义渐强盛,余五诏浸弱。"从唐开元二十六年(738年)唐朝册封蒙舍诏第四代诏王皮逻阁为"云南王",次年皮逻阁迁都到太和城并正式立国开始,南诏逐步完成合六诏为一的政治目标,实现了对整个云南地区的统治,统治范围"东距爨,东南属交趾,西摩伽陀,西北与吐蕃接,南女王,西南骠,北抵益州,东北际黔、巫"[①]。统一后的南诏国,与中原王朝保持密切联系,其经济长足发展、国民富强,其中一个重要的原因就是受唐朝先进技术与文化直接或间接影响,以及南诏国采取大规模移民措施。移民措施主要是为了巩固南诏对各地区不同

---

① (宋)欧阳修、宋祁:《新唐书·南蛮传》(上),百衲本。

民族的统治,同时也促进了南诏国境内各地区不同民族间的经济文化交流,推动社会发展。例如,先进的白蛮迁移到较为落后的滇西、滇东北,使得当地经济文化发展快速推进。又如,乌蛮等部落迁移至自然条件及经济条件都较有优势的滇池地区,从原先的游牧经济过渡到农业经济,使其经济文化水平迅速提高。迁移使得各民族快速融合,缩短经济文化差异,形成"家饶五亩之桑,国贮九年之廪"的局面。正是南诏国的建立,让原本寂寥的中国西南少数民族地区变得活跃起来。

南诏国时期的云南,由于吸收了先进的汉族文化使其经济迅速发展,在农业、畜牧业、渔猎业、手工业、商业等传统经济方面表现得尤为显著。樊绰在《蛮书》中记载"蛮治山田,殊为精好",当时南诏已经在使用"二牛三夫""一年两熟"等先进耕作方法。南诏人普遍种植柘树养蚕,当地居民种植柘树多则有几顷,树干可高达几丈。南诏国的煮盐技术也颇为先进并且产盐量大,可供整个地区食用,其煮盐技术及生产管理是通过学习汉式技术而获得的,当时昆明(今四川盐源附近)有大盐池,但还未使用煮盐法,而是用火烧咸池水的方法提取盐,贞元十年(794年)南诏收复昆明后,蛮官开始用汉人更为先进的煮盐法提取盐。铜铁冶炼是南诏生产力水平的代表。例如,南诏人用冶铁所铸的兵器(铎鞘)锋利无比,"所指无不洞"。又如,浪剑(南诏剑)尤为精利,炼铁铸剑的工艺既含有民族特点,又借鉴了汉法,这种方法为融入当地土著的汉人工匠所传授。

(一)农业

南诏国疆域辽阔,民族众多,在南诏国统一政权建立以前,农业在西洱河蛮的经济生活中已经占据了主导地位,与逐水草而居的游牧生活相去甚远。梁建芳在《西洱河风土记》中记:"其土有稻、麦、粟、豆,种类亦与中夏同,而以十二月为岁首。"此外,南诏国还有各种蔬菜和水果的栽培。

南诏国统一后,从公元8世纪中叶起,大部分地区以农业为主,"邑落相望,牛马被野"①,是中国农业史上最早实行一年两熟复种制的地区,即水稻成熟后栽种大麦,在冈陵上种植小麦,小麦便与大麦同时收割。此外,在山地开垦了许多梯田,种植技术随之不断提高,在这一过程中,巧妙地运用人牛合作,一人在前牵牛,一人中间按犁辕,一人最后秉耒,这就是著名的"二牛三夫"耕作技术,直至今日,许多民族地区还在沿用此方法。为了发展农业,南诏国对水利发展甚是重视,滇池和洱海有较好的灌溉系统,"浇田皆用源泉,水旱无损"②。南诏国后期,农田水利更是有了进一步的发展,当地人已掌握并运用修横渠来使得各条江聚流,并开沟渠引导使山泉汇流成川的技术。其中,尤具代表性的就是利用苍山峰顶的巨大天然斗地形筑坝,并蓄水为池的高山蓄水工程,也就是"高河",又称"冯河",也就是古白语的"云中之河",这是南诏少数民族利用玉局峰顶之南修筑池陂,潴山泉溪流,开导山泉汇流为川,灌田数万顷。园艺种植也有很大提高,种植品种有桑、麻、桃、李、槟榔等,部分地区大量种柘树养蚕,栽柘养蚕成为家庭经济的主要模式。

(二)畜牧业和渔业

南诏国时期,畜牧业成了当时农业经济的重要组成部分,牲畜在民间与周边国家的大量交易活跃了农业市场,丰富了各国禽畜品种,南诏国是唐代最具有活力的畜牧区域,普遍是以家庭为单位饲养牛、马、猪、羊、鸡、鸭、鹅、兔等,所以说"诸山及人家悉有之"。南诏先民为了让畜种在高原地区更耐劳,则用马和驴交配成骡,这样会使其运输力大大提高。南诏国时期,畜牧业以马著称,数量大、品质优,最著名的则是"越赕马"。越赕(今云南腾冲)地区"有泉地美草",适宜养马。"初生如羊羔,一年后纽莎为拢头縻系之。三年内饲以米清粥汁。四五年稍大,六七年方成就。尾高,尤善驰骤,日行数百里。本种

---

① (唐)樊绰:《蛮书》(卷四),聚珍本。
② (唐)樊绰:《蛮书》(卷七),聚珍本。

多骢,故代称越赕骢。"① 除了马,"沙牛"(也就是黄牛)也是南诏国较为普遍的畜牧品,其黄牛体大膘肥,养殖颇快。开南等地则会驯养大象,以象替马耕田。此外,南诏国境内有虎,皮毛极好;永昌诸山有麝,"交易之处,以黄金麝香为贵"②;西洱河畔诸山皆有鹿,养鹿也是相当重要的产业;今迪庆州产大羊,等等。

渔业也是南诏国经济的重要部分,云南高原湖泊众多,具有天然的地理优势,借此,渔业历来颇受重视,蒙舍的鲫鱼可重达五斛。洱海、抚仙湖等天然湖泊盛产鲫鱼、雁、鸭、丰鸡、水扎鸟等。这些优越的地理条件、丰富的水产资源都使得南诏国渔业快速发展。

(三) 手工业

林超民先生认为,男耕女织、栽桑养蚕是南诏时期典型的家庭经济模式。纺织技术的发展,将中原人带去的先进的纺织刺绣技术与本地技术、优质原料相结合,生产出之前没有的绫罗产品,其工艺水平已赶上中原地区。

从规模上来看,冶炼业与纺织业可以并驾齐驱。在南诏国时期,云南各民族已大量使用铁器,并且青铜器的生产规模也较大。铁器主要用于生产工具、家庭用具及军事装备,青铜冶铸则多用于宗教器物。一方面,以铁为基材的铱稍、郁刀、南诏剑久负盛名,这三种兵器被称为"南诏三宝";另一方面,黄金和铜铸造的佛像、金沙江铁索桥和南诏铁柱,均是当时冶炼工艺的杰出代表。

煮盐业在南诏国经济中也占据相当重要的地位。南诏国夺取昆明盐井后,学会了中原先进的制盐方法。由于盐井众多,朝廷还专门设官管理盐业事务,制定制盐和销售的法律法规。③

---

① (唐)樊绰:《蛮书》(卷七),聚珍本。
② (唐)樊绰:《蛮书》(卷六),聚珍本。
③ 周玲等:《云南地方史》,西南交通大学出版社,2011年,第94-95页。

（四）商业

南诏国时期，处于南方丝绸之路沿线的云南不仅与中原的商业贸易频繁，而且与东南亚、波斯、大秦等都有贸易往来。随着商品经济的发展，出现了一些商业城镇，代表性的有拓东城、永昌城、铁桥城、银生城等。商品交换中以缯帛、盐块作为一般等价物，每块盐有1~2两，交易时以块数计算。后期贝币成为商品流通和交换的货币，16个贝子为一觅（南诏的货币单位）。这也代表商品交换进入一个新的发展阶段。

二、南诏国时期云南少数民族的会计

（一）官厅层面的财计组织

唐朝为遏制和消除吐蕃在洱海地区的势力与影响，同时达到控制滇池、洱海地区的目的，采取的重要措施之一就是加强对西南少数民族政权的扶植。在该时期，云南洱海地区出现了六个比较大的部落联盟，史称"六诏"，"诏"是当时少数民族对王的称呼。这六诏分别是蒙巂诏（今巍山县北部至漾濞县）、邆赕诏（今邓川县）、浪穹诏（今洱源县）、施浪诏（今洱源县青索乡）、越析诏（今宾川县）、蒙舍诏（今巍山县）。蒙舍诏地处六诏的最南面，所以又被称为南诏。六诏各自为政，其中蒙舍诏势力最为强大，在政治上显得更加灵活和主动，对唐王朝一向采取亲附政策。唐贞观二十三年（649年），细奴逻受禅称王，建南诏蒙舍王国，以巍山为首府。至第四代，南诏王皮逻阁骁勇善战，经多次战争后统一了六诏。唐开元二十六年（738年），唐王朝册封蒙舍诏第四代诏王皮逻阁为"云南王"。至此，南诏国成为与中原王朝保持密切联系的边疆民族地方政权。

南诏国的政治制度虽然在体制上效仿唐朝，学习或引用诸多唐朝的典章制度，但依然还是具有自身的特点，体现在实行以南诏王为中心的政治制度、以清平官为中心的官僚制度和以基层政权与官僚授田制度相结合的地方政治制度。

1. 南诏国中央财计组织

南诏国的财计组织结构以唐朝及前朝官制结构为基础，结合本民族的族群传统，形成了一种具有其族群组织特征的唐朝官制的蜕变结构。

南诏国实行以清平官为中心的中央行政体系（见图3-1）。清平官又分为正官和试官两种，正官与唐朝宰相类似，"官曰坦绰、曰布燮、曰久赞，谓之清平官，所以决国事轻重，犹唐宰相也"，试官为待录用的官员，"曰酋望、曰正酋望、曰员外酋望、曰大军将、曰员外，犹试官也"。清平官正官一般为6~7位。据《云南志》载："清平官六人，每日与南诏王参议境内大事。其中推量一人为内算官，凡有文书，便代南诏判押处置。有副两官同勾当"，行"佐天子、总百官、治万事"之职。大军将属武职官员，与清平官同列，一般为10~12人，行军事与使节职能。

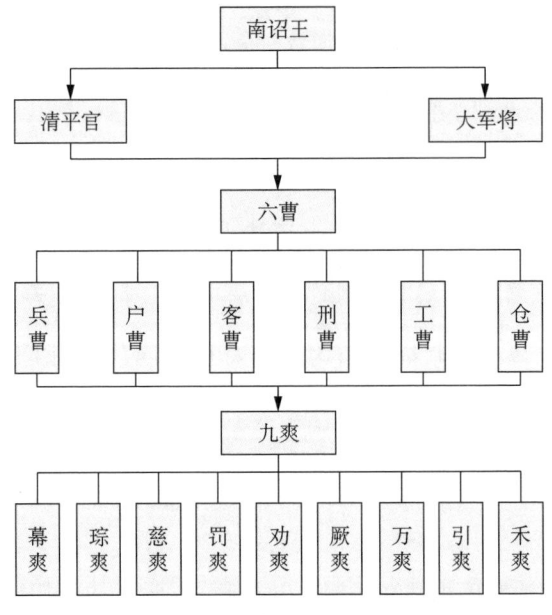

图3-1 南诏国中央行政体系

在清平官之下,南诏国早期效仿唐朝中央朝政,设置六曹,分别为兵曹、户曹、客曹、刑曹、工曹、仓曹,六曹之职类似于州府六司所掌之事,六曹长有功效明著,得迁补大军将。在《南诏德化碑》的刻文(见图3-2)中,有"大军将前户曹长拓东城大军将□身赏二色绫(下蚀)……军将户曹长小铜告身赏紫袍金带□□坚"的记录。由此可见,在南诏国建立之初,设置大军将、户曹等职官,并分别授赏。

图3-2 《南诏德化碑》局部①

随着官厅行政组织和社会经济治理需要,"南蛮更添职名不少"②,六曹逐渐演变为九爽,是参照唐朝官制并以六曹为基础进行了调整和扩展而来的。据《新唐书》记载:"幕爽主兵,琮爽主户籍,慈爽主礼,罚爽主刑,劝爽主官人,厥爽主工作,万爽主财用,引爽主客,禾爽主商贾,皆清平官、酋望、大军将兼之。爽,犹言省也。督爽,总三省也。"③整体来看,九爽与中原六曹之职能比

---

① 藏于云南省大理市太和城遗址内,本图为现场拍摄图片。
② (唐)樊绰:《蛮书》(卷九),聚珍本。
③ (宋)欧阳修、宋祁:《新唐书·南蛮传》(上),百衲本。

较,增设了主官人的劝爽、主工作的厥爽和主商贾的禾爽,其他各爽之职能与六曹对应,但也略有调整。其所增劝爽,职能相当于唐制之吏部,厥爽和禾爽应为根据南诏国社会经济文化的发展需要而增设,特别是禾爽,表明南诏国商品经济和对外贸易得到较大发展,以示专职管理。从该结构也可以看出,户籍、财用、商贾所构建的中央层面财计收支管理体系具有较强的创新性和区域特征,这与该时期南诏国所属少数民族地区的发展是分不开的。南诏国中央政权一般均向唐王朝纳贡,有时直接贡入中央,有时贡入西川或剑南节度,有时也贡入姚州,另外,南诏、吐蕃等民族政权也会相互纳贡,南诏国下属的部族也会向南诏国纳贡。贡赋是南诏国财计用度的主要来源,是南诏国中央财计组织管理的重要内容。

2. 南诏国地方财计组织

随着南诏国边境的不断扩张,其地方建制,尤其是边疆地区的建制也发生着不断的变迁,地方机构设置并不稳定,因此,根据目前的史料很难全面把握南诏国地方建制的全貌,其地方官制也具有很大的不确定性。据史料记载,南诏国地方行政区划主要分为十睑、八节度、二都督,但在不同时期,又有一定的调整和变化。十睑,即为十州,"有十睑,夷语睑若州"①。十睑是南诏统治的核心地带,是南诏国的政治、经济、文化最发达的地区。其中又根据南诏控制方式不同而分为内六睑和外四睑。内六睑为史睑、阳睑、自崖睑、赵州睑、蒙舍睑和赕睑,这六睑由南诏中央政府直接统治,其上不设节度或都督。外四睑为云南睑、品澹睑、蒙秦睑与牟和睑,外四睑分别置于附近节度管辖之下。内外十睑全部分布在今大理州境内。当时的唐朝区域,在各节度、都督的军事防守范围之内,除了节度和都督军事机构的设置,仍然有作为政区的府、州、县等政权机构的设置,《新唐书·地理志》等关于此的记载甚为明确,

---

① (宋)欧阳修、宋祁:《新唐书·南蛮传》(上),百衲本。

但南诏国却没有,其内六睑上无军事机构节度或都督,直接置于南诏国中央统辖之下。而外四睑则由于地理或其他原因,分别置于不同的节度和都督辖区内。这些都督或节度,除了这四睑,还有其他府、州、县存在。

南诏国地方组织中,除了十睑、节度和都督这些大行政区,也建立了其基层组织。《云南志》记载:"百家以上有总佐一,千人以上有理人官一;人约万家以来,即制都督,递相管辖。"由此可知,南诏国在睑、节度和都督下还有总佐、理人和制都督三级基层组织。从南诏国政治经济发展不平衡的实际情况看,此种设置主要在南诏国统治中心洱海区域和滇池周边地区。而在广大少数民族地区,由于政治、经济、文化发展的不平衡性,部落氏族组织还十分顽强,如北部乌蛮地区存在着家支组织,东部苗瑶地区则有溪洞组织,南诏国政权的深入程度十分有限。

南诏国境内地方财计组织体系包括地方政治组织与官僚授田制度。南诏国地方的官员主要是掌管赋税、机密的官员,掌管赋税的官员称为"爽酋、弥勤、勤齐",掌管机密的官员称为"兵獳司"。府有大、中、下、小几种:"大府主将曰演习,副曰演览;中府主将曰缮裔,副曰缮览;下府主将曰澹酋,副曰澹览;小府主将曰幕㧑,副曰幕览。"各府还有一些具体的官员,例如,掌管记事的"陀酋",掌管刑事审判的"陀西",等等。在更加基层的地方政治组织中,还有上述三级基层组织。南诏国当时把五亩田叫作一双,"上官授田四十双,上户三十双,以是而差"①。

南诏国普通部民百姓向南诏国基层组织纳税,而基层组织向南诏国政权纳税,从而保证南诏国政权的主要财计收入来源。一般纳税类型包括农税、特产税和商税等,赋税的最终承受者都是最底层的部民百姓。据《新唐书》记载:"然专于农,无贵贱皆耕。不徭役,人岁输米二斗。一艺者给田,二收乃

---

① ② (宋)欧阳修、宋祁:《新唐书·南蛮传》(上),百衲本。

税。"②该历史记载对南诏国向部民征收农业税作了较为清楚的记录。另有《唐会要》记载:"剑南西川宣抚使、谏议大夫崔戎奏:准诏旨制置西川事条。今与郭钊商量,两税钱数内三分,二分纳见钱,一分折纳匹段,每二贯加饶百姓五百文,计一十三万四千二百四十三贯文。依此晓谕百姓讫。经贼州县,准诏三分减放一分,计减钱六万七千六百二十贯文;不经贼处,先征见钱、令三分,一分折纳杂物,计优饶百姓一十三万。旧有税姜芋之类,每亩至七八百,征敛不时,今并省税名……"①从此记载可知,该时期西南征税以钱为主,以物为辅,存在不同的条件性减免政策,征收名录亦有较大区域性差别。

南诏国采用官僚授田制的土地制度,但授田范围和数量均较中原要小得多,"上官授与四十双,汉二顷也,上户三十双,汉一顷五十亩,中户、下户各有差降"②。由此可以看出,南诏国在施行授田制过程中,国家控制了大量的闲荒之地,并且制定了完备的规章制度以保障授田制的实施,从而吸引外来人口入籍,解决人口和田赋收入不足的问题。从历史记载来看,南诏国的地方财计组织体系是有效的,能够适应当时的民族管理环境,扩大政府财计收入的来源。

(二)经济事项中的会计

1. 盐赋与纳贡

南诏国时期,盐业的赋税是当时地方政权财政收入的重要来源。据《云南志》记载:"剑寻东南有傍弥潜井、沙追井,西北有若耶井、讳溺井。剑川有细诺邓井。"可见,当时的盐井分布于滇西北、滇中、滇南诸多地区。南诏国地方政权对盐泉资源的重要性非常清楚,对各盐井均有一定程度的控制,控制方式包括:第一,南诏国核心统治区和征战得来的盐井主要由官府在盐井地设置机构,由"蛮官煮之,如汉法也"。如傍弥潜井、沙追井、若耶井、讳溺井、

---

① (宋)王溥:《唐会要》(卷八四)。
② (唐)樊绰:《蛮书》(卷九),聚珍本。

细诺邓井、雒马五井、安宁城井、黑井、昆明盐池等。第二,南诏国对边缘区域的盐井采取所有权归南诏,开产权归土蛮、部落首领或婆盐鬼主的方式,不收税,以利于当地民众生活和交换,如长傍诸山盐井、安宁城外产量较少的盐井和边远各部落区内的一些盐井、各大盐井周边的产量较少的小盐井。第三,因盐井质量很好,南诏直接占有,每年生产足够实用的食盐后就封闭盐井来表明南诏对境内优秀资源的直接控制和占有,较好地调整了其与地方各利益阶层关系。南诏充分利用盐泉资源作为笼络族群首领的法宝,巩固了统治基础。《新唐书》中就曾提到婆盐鬼主有十人,这些婆盐鬼主就应该是与盐业生产、祭祀和管理有关的首领或巫婆了。比如,利用傍弥潜井、沙追井的盐利来笼络施蛮、顺蛮的首领,傍弥潜井就是由顺蛮王傍弥潜而得名。当施蛮、顺蛮因地缘和盐业利益关系与吐蕃走得太近威胁到南诏对盐井所有权的时候,"异牟寻攻吐蕃,复取昆明城以食盐池。又破施蛮、顺蛮,并虏其王,置白崖城"①。南诏攻吐蕃的目的就是要夺回昆明城盐池,并收归国有,蛮官煮之,以图其利。②

南诏对境内盐井的控制,最主要的体现就是在主要的产盐区设官煮盐,而且形成法令,并积极向四川的汉族人学习,有官煮和族群自煮等多种形式,已有详细的税收制度,增加了南诏的财政收入,当然也增强了其军事实力,同时也实现了政治统治的功能。在商品经济不发达的南诏时代,颗盐还被当作货币使用,"颗盐每颗一两二两,有交易即以颗计之"。因此,盐业生产促进了商业、手工业、古道交通的发展,也促进了各族群的依存关系。据《云南志》记载:"近年以白为良。藤充(腾冲)及申赕亦出马,次赕、滇池尤佳。东爨乌蛮中亦有马,比于越赕皆少。一切野放,不置槽枥。唯阳苴咩及

---

① (宋)欧阳修、宋祁:《新唐书·南蛮传》(上),百衲本。
② 李晋昆:《浅论南诏对境内盐井的控制及其政治意义》,《大众文艺(理论)》2009年第19期,第12页。

大厘、登川各有槽枥,喂马数百匹。"可见,盐业也是畜牧业和商贸发展的重要基础。① 据《南诏野史》上卷记载,大蒙国时期"皇明云南盐四十井,每年并天下盐课盐粮共纳三百九十万五千三百两"。由此可见,其盐课和盐粮的征收是按照井的数量来进行核算与征收的,具体税赋征收方式由各地方政权组织确定。

此外,在部分蛮夷族群中还存在用贝币、其他物产或狩猎捕获来代缴税赋的情况。例如,《南诏野史》下卷记载,蛮夷窝泥"每积贝一百二十索为一窖",怒人"每年贡麂皮二十张,山驴皮十张,黄腊八十斤,麻布三十尺,以代赋税"。此记载中,窝泥为哈尼族族群,怒人为现在的怒族族群。

2. 仓储

仓储是古代封建政权财计管理的核心内容之一,在职官中设置了仓曹、仓啬夫等官职,直接负责仓储的管理,可见仓储是各级政权维持其统治地位的重要基础。南诏国的仓储最初设置了仓曹,后纳入万爽的职责范围,其下还设置了仓官、监仓、仓子、谷判官等官职。2001年8月,南诏故都太和城遗址内白雀寺的管理人员为寺庙挖防护沟时,发现一块碑刻,后考证为《南诏仓贮碑》(见图3-3)。石碑保存基本完好,为一块扁平椭圆体青麻岩天然小石碑。碑体中段最宽,两头略窄,除右下角有一小段粗糙的加工断面外,其余几方均无加工痕迹。碑高57厘米,中段最宽处40厘米,两头宽17至20厘米。由于是利用天然石块刻碑,碑体厚薄不均,碑厚12至15厘米。碑体背面未作磨平加工,凹凸不平,无碑文。正面粗略磨平,但不是十分平整,阴刻正书汉字七行,每行6~13个字,共70个字,右起直排。因碑面不是十分平整,字体排列和间距不规整。碑文刻字较清晰,但碑刻出土时因碑面朝上,碑文第六行的第7个字"生"字的右侧被挖沟者的锄头刨出了一道

---

① 李晋昆:《浅论南诏对境内盐井的控制及其政治意义》,《大众文艺(理论)》2009年第19期,第12页。

竖条深痕。①

仓官立罗宽仓（一行）
子芝逻骡罗劝利罗勒颠（二行）
谷判官大宽仓壹所受戮玖仟（三行）
伍佰悚拾玖碩玖卧悚朕贰拾悚（四行）
钱监仓蒙舍大军将谢龙傍（五行）
白崖城户曹长生仲坚内侍（六行）
醋大羽仪加明（朋）首（七行）

图 3-3 《南诏仓贮碑》拓片及其释文②

经过考古专家对碑文内别字、异体字等的专业辨识后，按简化字对全文断句为："仓官立罗宽，（仓）子定罗骡、罗劝利、罗勒颠，谷判官大宽。仓一所受谷九千五百四十九石九斗四升二十四钱，监仓蒙舍大军将谢龙傍、白崖城户曹长生仲坚。内侍醋大羽仪加明（朋）首"③。碑文表述的内容可归纳为仓管人员、受谷数量、监仓官员和起草碑文内容者的官职和姓名几个部分。

第一部分为仓管人员部分。"仓官立罗宽，（仓）子定罗骡、罗劝利、罗勒颠，谷判官大宽"句，表述的是负责收缴、保管粮食的仓库管理人员为罗骡、罗劝利、罗勒颠，仓库管理人员的负责人由罗宽任。"子"字在古代是对男子的通称和尊称，古称士曰士子，舟人曰舟子，樵人曰樵子，仓人曰仓子。《周礼·地官司徒第二》载"仓人，掌粟入之藏，辨九谷之物，以待邦用"。"仓子"就是

---

①②③ 杨德文：《〈南诏仓贮碑〉的发现与考释》，《大理民族文化研究论丛》2006 年第 2 辑，第 55-63 页。

"仓人",是指管理粮仓的人。现在的白族语言中仍然保留有称"人"为"子"的习惯,如称"汉族人"为"汉子",称白族人为"白子"。南诏早在统一六诏之前就与唐朝有着密切的关系,其职官多仿唐制。"谷判官大宽"句,"判官"为唐朝地方行政机构——藩镇(也称"道")的幕府职官之一,据《通典·职官十四》记载:"判官,掌判仓、兵、骑、胄事。"各藩镇往往尽委钱谷支计于判官。碑文中的"谷判官",当为南诏立国初年仿唐朝的地方幕僚"仓判官"而设立的官职,为主管仓事的行政要员。其职位是否为王室属僚或是地方幕僚不得而知。①

第二部分为仓储管理部分。"仓一所受谷九千五百四十九石九斗四升二十四钱"句,记述了一所仓库收到并封存的谷粮数量。很明显,南诏初期的计量单位石、斗、升与唐朝内地的计量单位是相同的,只是升以下的计量单位唐制为"合",而碑文中记述的是"钱",不知何故。唐朝的度量衡,据《旧唐书·食货志上》记载:"量,以秬黍中者容一千二百为仑,二仑为合,十合为升,十升为斗;三升为大升,三斗为大斗,十大斗为斛。""调钟律,测晷景,合汤药及冠冕,制用小升小两,自余公私用大升大两。"说明唐朝主要实行的是大升大两制。南诏的仓贮量制不知是用小制还是大制,但是,仅一所粮仓就入存近万石粮食,说明南诏王室和朝廷机构消耗或拥有的粮食数量是惊人的,同时也表明当时洱海地区的农业生产已发展到了较高的水平。②

第三部分内容为监仓人员。"监仓蒙舍大军将谢龙傍、白崖城户曹长生仲坚。内侍酢大羽仪加明(朋)首"句,记述的是南诏王室内分管监督粮食缴库封仓的职官及姓名。大军将、户曹长均为南诏王室中的高级官员,南诏官制源于唐,但南诏立国前后的职官也有所不同。如"六曹"官制在立国后期

---

①② 杨德文:《〈南诏仓贮碑〉的发现与考释》,《大理民族文化研究论丛》2006年第2辑,第55-63页。

就更添为"九爽"。该碑记述的职名,当为南诏立国初期的官制职名。立国之初,南诏用发源地蒙舍诏大军将作为主要监仓官员亦为常理之事。而"白崖城户曹长"作为监仓官员则较为特殊,按史志记载的南诏官制,粮仓之事属仓曹长的职责范围,而不是户曹长的职责范围,这或许与该仓设立时仓曹未有合适人选的状况有关,或者户曹受到重用同被授予监仓之职。①

第四部分内容为碑文起草者落款,即"内侍醋大羽仪加明(朋)首"。《南诏图传》有"信博士内常侍"的职名。南诏官制源于唐,唐朝中央的事务机关中设有内侍省,《旧唐书·职官志》记载:"内侍省……内侍四员……内侍之职,掌在内侍奉、出入宫掖宣传之事。"南诏没有内侍省这样的专门机构,内侍之职实际上由羽仪来充当。《蛮书》卷九记载:"羽仪亦无员数,皆清平官等子弟充,诸蛮不与焉。常在云南王左右,羽仪长帐前管系之。羽仪长八人,如方内节度之衙官之属。"这似乎说明,羽仪相当于内侍,羽仪长相当于内侍长,如此,则碑文中将"内侍"与"羽仪"同列。由此可见,"内侍醋大羽仪"表述的是加明(朋)这个人的职官身份。而最后的"首"字则为恭谦语,有顿首、拜首之意,寓意着碑文内容是南诏王的意旨,或者是南诏王的决定,而由内侍羽仪加明(朋)负责办理刻石勒碑布告于众之事。

从《南诏仓贮碑》的考释来看,该碑应为南诏国向王室成员和臣民告布粮仓管事官员组成、仓储现存及监仓配备等情况,虽无银钱款项的核计,但有所受粮食数量的归总和核计,因此,其本质上是一份官仓编报的社会性公报,由于没有年号和布告时间,故无法考证该布告在粮仓管理中的公报时间归属。从该报告的职官列示来看,该公报应该是在某年年末已完成租税征收后所受粮食的总计数,或者是对该粮仓管事官员及监仓配备初始设置时

---

① 杨德文:《〈南诏仓贮碑〉的发现与考释》,《大理民族文化研究论丛》2006年第2辑,第55—63页。

的基本情况和仓储数量的报告,这也进一步证明了南诏国时期仓储管理的科学性。

3. 建筑与工事

南诏国的建筑技术和雕刻工艺在唐宋时期具有较高的水平,建筑方式、方法深受中原的影响。南诏大衙门"重屋制如蛛网,架空无柱"①,该建筑方式正是学习了中原的柱梁系统框架结构法②。昆明东寺塔初建于南诏时期,塔砖上印有汉字与梵文,说明建塔时南诏已经掌握了中原的烧砖工艺技术。据《南诏野史》记载:"宝历元年,重修大理崇圣寺……定立三塔高三十丈,佛一万一千四百,屋八百九十,铜四万五百五十斤……太和二年用银五千铸佛一堂。"从该历史记载来看,南诏在修建宗寺过程中,是有详细的核算与记录的,从用铜的数量来看,其不可能是后期一次性计重的,因为该时期还未有如此大重量的衡器,应该是通过将所有用铜记录进行详细登记、管理,在工程结束后汇总核算数目。而盖建佛堂的用银数量五千仅为一个汇总估算数或预算数,具体使用金额未能详细列示。

羊苴咩城是南诏国至元朝时期滇西重要的都城,城内之建筑布局分九重格局,《蛮书》中有详细记载:"阳(羊)苴咩城,南诏大衙门。上重楼,左右又有阶道,高二丈余,甃以青石为磴。楼前方二三里。南北城门相对,大和往来通衢也。从楼下门行三百步至第二重门,门屋五间。两行门楼相对,各有榜,并清平官、大军将、六曹长宅也。入第二重门,行二百余步,至第三重门。门列戟,上有重楼。入门是屏墙。又行一百余步,至大厅,阶高丈余。重屋制如蛛网,架空无柱。两边皆有门楼。下临清池。大厅后小厅,小厅后即南诏宅也。客馆在门楼外东南二里。馆前有亭,亭临方池,周回七里,水深数丈,鱼鳖悉有。"《大理县志稿》记载:"大理城(即阳直咩城)南诏所筑,今城(经明、清两朝

---

① (唐)樊绰:《蛮书》(卷五),聚珍本。
② 朱映占等:《云南民族通史》(上册),云南大学出版社,2016年,第270页。

数次重修后)形势;今城高二丈四尺,砖表石里,上置敌楼十五,座铺三十九所。周围七里三分,一千四百八十个越墙,垛口八十个,统计壹仟伍佰陆拾个。东门名洱海,西门名苍山,南门名双鹤,北门名三塔。四门城楼各高二丈二尺,宽四丈八尺,四隅为角楼,池阔四丈,深八尺。"从相关历史记载可以看出,南诏国在城墙建设过程中,规划均出自中原留驻云南人士之手,以"惟王建国,辨方正位,体国经野,设官分职,以民为极"为营都原则与建城宗旨,设置专门的管理官员和业务人员,如工曹、厥爽、监工、大匠、工匠等,按照城郭规划之预算,并扩大募集资金范围,就地取材选择原料,以降低建筑与工事成本。

4. 商贸与交易

虽然南诏中后期的市场交易仍带有原始意味,但市场体系是真正地建立起来了。《云南志》记载:"本土不用钱,凡交易缯帛、毡罽、金银、瑟瑟、牛羊之属,以缯帛幂数计之,云某物色直若干幂。""幂"是一个计量单位,具体为:"帛曰幂,汉四尺五寸也。"也就是说,以中原汉族的四尺五寸为一幂,并以这个计量长度的帛为一个货币单位。我们虽然不知道几幂能换取一只羊或一头牛,但知道那时在市场上交易的确有"牛羊之属",牲畜是市场交易的常见商品。南诏人还用盐和贝作货币,盐块生产的重量有定制,均作为颗状,"颗盐约一两二两,有交易即以颗计之"。颗为量词,一般为圆形,这大概是为了便于携带。市场上充当货币的贝也有定制,称为"觅",有"贝之大小若指,十六枚为一觅"的说法。显然,贝不像缯帛、颗盐那样具有商品身份,而是度量商品的"纯货币",应该出现得更晚一些,它是市场交易成熟的标志。

当时的对外贸易不像是政府行为,而是一些"行商"们的相互交往。《云南志》中有诃赕商人越高黎贡山至丽水做生意的记录。南诏与骠国(地处缅甸伊洛瓦底江中游平原)交往甚密,骠国人以银子为货币,常携江猪、白毡、琉璃之类商品与南诏人交易;昆仑国(地处缅甸南部萨尔温江入海地区)人将大象、犀牛、青木香、旃檀香、紫檀香、槟榔、琉璃、水晶、蠡（贝壳）等珍稀动物、药材携来与南诏人交易；小婆罗门国（印度东部孟加拉国地区）人则用贝齿、白（左虫右葛）、越诺到南诏交易。这些交易往来可能仍用以物易物的原始方式，但这毕竟也是古代市场贸易的一种，所以南诏与周边国家的贸易往来是存在的，在互通有无中，加强了民族间的联系，也搭建了文化交流的桥梁，增强了南诏乃至唐朝在东南亚地区的影响力。"通海以南野水牛一千二千成群，大羊多从西羌、铁桥三千二千博易。"①

值得特别说明的是，南诏时期市场环境的变化还得益于南方丝绸之路的发展，也就是被称为"安南通天竺道"的畅通。"安南通天竺道"也称安南道，为通过安南都护府与云南及中南半岛上其他国家进行交往的通道，与"广州通海夷道"在罗越国（今新加坡）等地实现了海陆对接和互动。②"安南通天竺道"在唐朝外贸中地位十分重要，与唐朝的西南边疆战略密切相关。唐朝通过安南都护府与云南各民族地区及中南半岛其他国家进行联系，而不是通过云南来控制西南边疆或与中南半岛各国交往。天宝末年，南诏摆脱了唐朝的控制，建立了多民族集合体国家，并四处扩张。经由该交通路线，南诏与唐朝展开了频繁的贸易活动，主要有官方和民间两种类型。

朝贡与赏赐是当时封建社会特有的政治交往形式，不仅对维护唐朝与南诏的政治关系起到了重要作用，而且也在和平时期成为双方经济交流的重要方式。"元和三年十二月，以异牟寻卒，废朝三日……仍册牟寻之子骠信苴蒙阁劝为南诏王，仍命铸'元和册南诏印'。七年十月，皆遣使朝贡。十一年五月，以龙蒙盛卒，废朝三日。遣使来请册立其君长……十二年至十五年，比年

---

① 李公：《大理南诏史稿》，民族出版社，2006年，第108页。
② 李魏巍：《"安南通天竺道"在唐代贸易中的地位与作用》，《河西学院学报》2013年第1期，第81—85页。

遣使来朝,或年内二三至者。"足见双方交往之频繁,而且大唐皇帝为南诏王异牟寻及龙蒙盛之死两次"废朝三日",说明南诏与唐朝保持了较好的藩属关系。朝贡是表达南诏对大唐的从属关系,赏赐则是唐朝对贡者政治态度的回报,从经济角度而言是一种物物交换。南诏对唐朝的朝贡物品不少,《蛮书》卷十记载:"……并献铎鞘、浪川剑、生金、瑟瑟、牛黄、琥珀、象牙、犀角、……皆方土所贵之物。"韦齐休在《云南行记》中记载"南诏遣使致南国诸果,有椰子",这些出产自热带、亚热带的物产应该是通过安南道和清溪关道运往长安的。《蛮书》卷七记载:"琥珀,永昌城界西去十八日程琥珀山掘之……南诏异牟寻进献一块,大者重二十六斤,当日以为罕有。"据此可知,该琥珀山距永昌(今保山)西十八日程,当在今缅甸境内,那么运往长安必走"安南通天竺道"云南段,这又一次证明安南道在唐、诏官方关系中的重要作用。唐朝与南诏经由安南道的民间商业活动也很活跃。在唐朝辖地,产自南诏的"赤藤杖"深受当地人喜爱,从一个侧面反映了当时安南道的繁荣兴盛,同时,来自中原的商品也进入到南诏境内,唐朝铜钱流入南诏就证明了这种交换的存在,1976年,大理发现了唐朝货币"开元通宝"则更加证实了该交换活动的存在性。

从历史记载来看,南诏国时期,云南与周边国家及中原地区的商贸结算货币存在诸多差异性,这使得账房结算过程存在一定难度,均需要找到一个兑换的中间货币形态。南诏与周边国家的交易主要以贝币作为主要货币,与缅甸、老挝、印度、越南、泰国等国家交易的主要媒介均为贝币,也有缯帛、食盐及其他以物易物方式。而南诏国与中原境内的商贸交易大多以金银、铜钱为载体,这就出现了同一货物商贩,其收到的货币有多种形式,其经济事项记录也不能进行统一。因此,货币的兑换成了该时期商贸交易的一项大事。

第二节　大理国时期云南少数民族会计发展

大理国建立于公元 937 年,即南诏国覆灭(902 年)后的第 35 年。从南诏国灭亡到大理国建立之前,云南地区政治动荡,白蛮贵族间为争夺政权几次发动政变,以致当地政权更迭频繁,其间先后诞生了大长和国、大天兴国以及大义宁国三个王朝。公元 902 年,唐朝官吏郑和的后代、南诏汉族权臣郑买嗣发动政变,弑南诏末代皇帝舜化贞,并在羊苴咩城(今云南大理)建立了大长和国。公元 928 年,权臣杨干贞杀死了当时的大长和国的国王,立清平官赵善政为王,改国号为大天兴国。仅十个月后杨干贞便将其废除并自立为王,改国号为大义宁。然而三代王朝都大多沿袭了前朝的旧制,未能彻底解决社会矛盾,使得落后的奴隶制度还留有残余,杨干贞的压迫统治则进一步激化了社会矛盾。公元 937 年,后晋通海节度使段思平联合当地三十七部贵族讨伐杨干贞,在曲靖会盟并立碑为誓(见图 3-4),提出"减尔税粮半,宽尔徭役三载"的口号,得到了各阶层百姓的支持和拥护,最终推翻了杨干贞的统治,建立了大理国。大理国的建立暂时结束了南诏国覆灭以来混乱的政治局面,

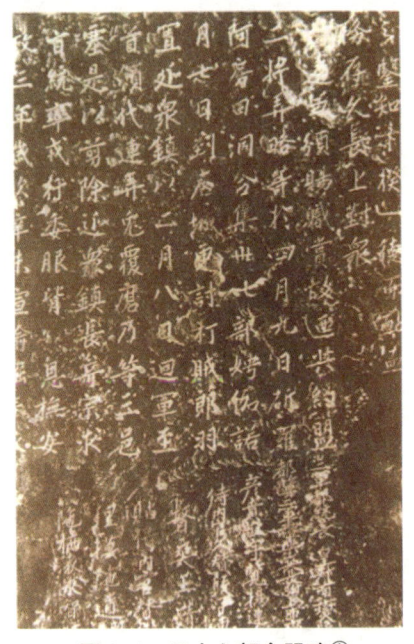

图 3-4　三十七部会盟碑①

---

① 段玉明:《大理国史》,云南民族出版社,2003 年,扉页彩图。

稳定了社会秩序,是云南历史上的一个重要时期。

一、大理国时期云南少数民族会计发展的经济社会背景

大理国幅员广阔,领土上生活着众多少数民族部落。作为一个多民族政权的国家,大理国国内民族间的经济文化发展程度并不相同。为了更好地稳固政权,统治者在发展过程中不断地学习和借鉴中原同时期的唐朝和宋朝制度。在前期,大理的行政区划基本承袭南诏后期,在首府之外设置了二都督、六节度为外府统治各地部族,同时委派贵族设郡、赕作为据点分守。首府之外的二级政区共有八个,宋人记载称之为"云南八国"。而由于都督亦称节度,《南诏野史》诸书合称为"八节度"。[①] 大理国作为农业国,土地是重要的生产要素,当时土地私有是比较普遍的现象。统治者会将所拥有的土地分封给皇室和官员,不同品级的官员按照官阶的大小被分到不同的土地,并层层向下分配,直到分至农奴手中。农奴对所属封建领主有提供劳役和实物纳贡的义务,而小封建主又有向大封建主提供劳役和实物纳贡的义务,层层相因,直到大理国王。[②]

南诏国后期至大理国建立初期,短时间内频繁的改朝换代、军事斗争和统治者的剥削,使得百姓流离失所,农业活动无法正常进行。为了恢复百姓正常的生产生活,稳定社会秩序,段思平履行了起兵时的诺言:减税宽役。这一举措使得百姓从繁重的粮税徭役中短暂地得以休养。境内的少数民族因段思平减免徭役的口号,也愿归顺于大理国的统治下。这些少数民族主要为白蛮、乌蛮、磨些蛮、和蛮等。白蛮是其中较大的少数民族部族,多分布于经济较发达地区。大理国的初创者段氏就来自白蛮族,说明汉族人在白蛮中占有一定比例。而白蛮族的汉化程度比境内大部分民族高,经济也较为发达。

---

① 林超民、段玉明:《云南通史》(第三卷),中国社会科学出版社,2011年,第245页。
② 林超民、段玉明:《云南通史》(第三卷),中国社会科学出版社,2011年,第271页。

大理国与周边的其他民族和地区保持着较密切的联系与交往,不仅促进了政治和文化方面的发展,也推进了经济社会长足发展。大理的土地制度、粮税徭役制度、水利工程等都促进了大理国的农业、手工业、商业的发展。

(一)农业

1. 兴修水利工程

今天祥云县的段家坝,就是段思平时期修筑的水利工程。① 郭松年在《大理行记》中曾记载:"云南州西北十余里,又西行三十余里至品甸,甸中有池名清湖,灌溉之利,达于云南之野。"这侧面印证了大理国时期云南境内的水利工程已经达到了一定规模。水利工程能有效调配水资源,抗洪排涝。兴修水利形成完善的灌溉系统,不仅有利于农作物的生长,同时也扩大了可耕种土地的范围,进一步促进农业发展。

2. 农作物种类增多

大理国时期除了继续扩大种植南诏时的粟、稻、麦、稷、谷等常规农作物品种,果、桑的种类和种植面积也有所增加。一些少数民族还栽培出了自己独特的经济作物,诸如红椒、荔枝等。②

3. 耕种方式改变

大理国时期耕种方式以"二牛三夫"为主。但有学者根据《高兴兰若碑》中关于寺院施舍的记载分析出,在部分地区可能已经出现了更先进的"二牛二夫"耕种方式,所减一夫即为坐杠踏辕之人。③"二牛二夫"的耕作方式有利于节约人力成本,提高耕种效率。

(二)畜牧业

云南地处高原,多山地地形,人口密度低,适宜畜牧业的发展。因此,从

---

① 朱映占等:《云南民族通史》(上册),云南大学出版社,2016年,第307页。
②③ 林超民、段玉明:《云南通史》(第三卷),中国社会科学出版社,2011年,第270页。

原始社会时期,畜牧业就是云南地区各族经济的重要来源之一。在南诏国的基础上,大理国的畜牧业得到了更进一步的发展,这种发展体现在养殖的规模以及品质的变化上。大理国的畜牧业由养殖牛、羊、马、鸡、狗、象等组成,而最出名的当是大理马。在古代交通闭塞的情况下,马既是重要的生产工具和交通工具,也是大理国对外贸易的重要对象。大理国产的马以耐力好著称,符合人们生产、生活的需要。高质量的大理马很快就吸引了各地的商客,尤其是当时宋朝政府的注意。北宋政府针对大理马的品质制定了一套完善的评级标准。到南宋时期大理养殖的马更加优质,使得南宋政府不得不提高标准。声名远扬的大理马,甚至能卖到黄金百两的价格。[①]

(三) 矿冶业

金属冶炼品应用广泛,如金、铜、铁的制品已普遍在佛教用具、对外交往贸易和日常生活中使用。在云南大理的崇圣寺三塔中,考古人员发现了迄今为止最丰富的大理国时期文物,塔内存有大量金、铜、铁制的金属造像及其他金属产品。这些金属工艺品、饰品等制品兼具实用性和美观性,说明当时的锻造技术非常成熟。继南诏国的"南诏三宝"之后,大理国时期还产出了著名的大理刀。周去非在《岭外代答》中曾称赞道:"今世所谓吹毛透风,乃大理刀之类。"

(四) 手工业

总体来看,大理国时期的手工业技艺相较于南诏国时期更为成熟,纺织、皮革、漆雕、玉石等制作的新品不断涌现。刺绣工艺的发展过程中,除丝织品刺绣外,麻织品的刺绣技术也开始流传,诸多少数民族开始将麻织刺绣用在日常衣物布料上,毛织品(如毛毡)也在对外贸易中广受赞誉。此外,大理国皮制品的材质由犀牛皮、牛皮,增加到象皮、鹿皮等稀有皮质;皮制品的样式

---

① (宋)周去非:《岭外代答》。

由皮甲发展为皮盔。南诏国时由中原工匠传入的漆雕工艺在大理国时期也开始走向成熟,漆雕的玉石产品工艺繁复,颇具特色。

(五)商贸业

大理国的建立结束了南诏国末期的混乱格局,虽有段、高两姓之争,但社会秩序和经济状况整体平稳。出于边防和物资的需要,大理国与宋朝建立了良好的商贸关系。大理国以畜牧产品(马、牛、羊等)、矿产品、手工制品(毛毡、漆雕器具、玉石珠宝等),换取南北宋的丝织品、瓷器、书籍、药物等。为了便于贸易往来,大理国的边陲地区出现了很多集市。著名的大理"三月街"的形成最早可追溯至南诏国时期。①

大理国时期的交易货币有通用的金银这类硬通货,也有当地特有的贝币、盐。李京的《云南志略》曾记载:"交易用贝子,俗称为贶。"后由于商品的进一步交换,贝币最后逐渐退出了流通市场。除此之外,盐也是大理国部分边陲地区交易的一种货币。马可·波罗曾在行纪中记载了大理国时期,云南当地人将盐制成一定分量与他人交换小型商品的见闻。

二、大理国时期云南少数民族的会计

(一)官厅层面的财计组织

大理国是我国西南地区历史上的一个典型的少数民族政权,前期行政区域划分以军事控制为核心,保持了南诏国后期以军设政的行政区划分特点,首府之外,置二都督、六节度以为外府统辖各地部落,同时委派贵族设郡、赕作为据点分守,从而形成了部、甸部族与郡、赕杂居的格局。从图3-5整体上看,大理国的行政格局与南诏国类似,结构与层级基本保持一致,具有中央和地方两类差异。

---

① 林超民、段玉明:《云南通史》(第三卷),中国社会科学出版社,2011年,第290页。

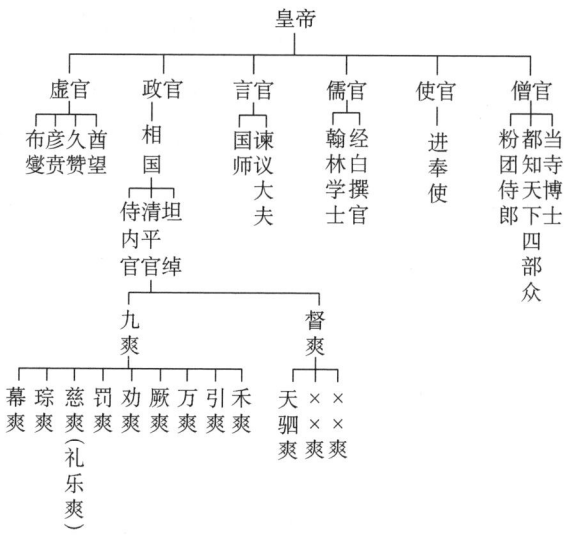

图 3-5 大理国中央层面职官结构图①

1. 中央层面官厅财计组织

在职官体系上,大理国中央层面整体上设置了政官、言官、儒官、使官、僧官等主要官员类型,与南诏的一般性体系之清平官为最高行政长官不同,大理国时期的最高行政长官自始至终均为"相国",而为了权衡各方势力,还设置了一些虚官,如布燮、彦贲、久赞等,该类职官均由皇亲国戚担任,虽有权势之名,但无权势之实。相国之下,设置了九爽和督爽,九爽体系与南诏国一致,督爽亦为南诏国旧有机构,主管马牛仓廪,一般由清平官、酋望、大军将兼任。值得注意的是,大理国时期以僧人为国师,参与机要事务,而谏议大夫一职也多由僧人充任,由此可知,宗教在大理国的政治体系、财计组织中有着重要的地位和影响。

2. 地方层面官厅财计组织

大理国地方官制的设置与其行政区划一致,在前期,以节度、都督行使地

---

① 段玉明:《大理国史》,云南民族出版社,2003 年,第 131 页。

方府州职权,故其地方行政长官以节度使、都督使最高,具体如图3-6所示;在后期,大理国改节度、都督为府、郡之后,地方官制也作了相应的改变(见图3-7)。在府郡层面,设置有大府、中府、下府、小府,大府下设演习、演览代替行使节度使和都督使之职责。府郡之下的县级郡县职官设置,主要有监郡和县尹两类,在民族聚居之地,还根据民族治理实际情况设置部长、甸长行使郡县职权。郡县以下则有监场、畿民长及土官、土酋之类。

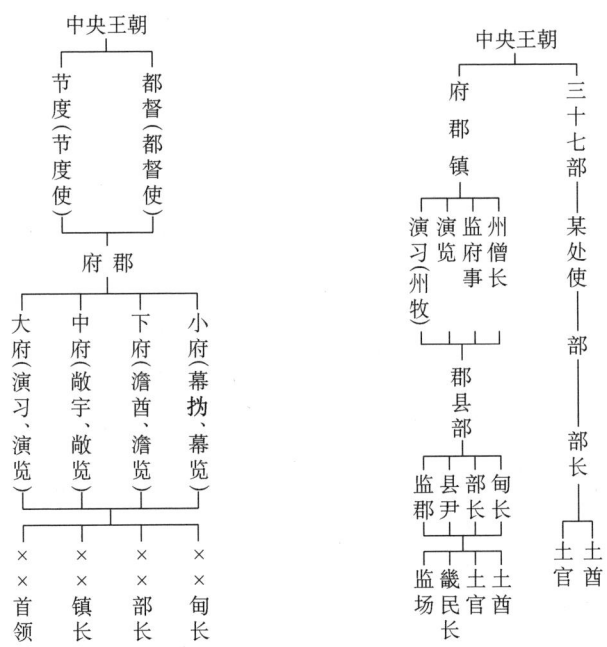

图3-6 大理前期地方官制图①　　**图3-7 大理后期地方官制图**②

(二) 经济事项中的会计

1. 田赋与租税

大理国时期,农业耕作方式广泛采用"二牛三夫"模式,粮食作物品种

---

① 段玉明:《大理国史》,云南民族出版社,2003年,第133页。
② 段玉明:《大理国史》,云南民族出版社,2003年,第136页。

齐全,农业经济发展迅速。在此基础上,大理国时期配合施行领地分配形式的土地制度,封建主从帝王处获得领地,然后划分为若干区域分配给臣仆进行管理,使其成为地方基层的世袭小领主,从而获得受贡和征收赋税的权利。

在纳贡和赋税的核算过程中,土地是一个基本的核算单元。大理国时期,"双"依然作为土地面积的计量单位被沿用,计量规范更加完备。在《高兴兰若碑》(见图3-8)中作了详细规范和解释,提出两种土地类型和两套面积计量单位:一类为"禾地",计量单位采用"双""脚""分";另一类为"骚地",计量单位为"禁"。碑文中各单位之间的换算有"一双十八分当三角"和"一脚当三双"的记载,而《南村辍耕录》有"犁一日为一双,以二乏为已,二已为角,四角为双,约有中原四亩地"的表述,因此,该计量单位具体的核算存在一定的表述差异性。汪宁生认为:"双"即碑文之"双","角"或为"脚","双"较"脚"大,与"四角为双"暗合;"乏"与"分"、"已"与"禁"音读接近,说明各种土地计量单位曾流行于滇池,但分属于两种不同的土地类型,换算原则应当是一双＝四亩＝四脚,一脚＝一亩＝二禁,一禁＝半亩＝二分。①

田租的计量与核算一般按照土地类型与收成情况进行计算与交纳,据《南夷书》记载,大理国时期"度亩……可得稻二石……输官半之",后元朝赛典赤担任云南行省后降低赋税比例为"亩输米二斗"。由此可见,大理国时期的田租征收采用的是分成制形式,比例为 $1/2\sim1/3$。

2. 商贸与交易

大理国时期,云南地区与城镇作为商业发展的区域单元,包括八府、四郡、四镇为核心的百座重要城镇,另辅以临时集市和村落临市构建触及城乡的商贸网络,被马可·波罗誉为"商工颇众""环墙之城村甚众"。南诏国末

---

① 汪宁生:《云南考古》,云南人民出版社,1992年,第256页。

图 3-8 大理国时期《高兴兰若碑》拓片①

期,贝币逐渐流行于商贸交易中,"交易用贝子,俗称为玑,以一为庄,四庄为手,四手为苗,五苗为索"②,另有"定云南税赋用金为则,以贝子折纳,每金一钱直贝子二十索"③,这表明在大理国时期,云南以金银、贝币作为商贸交

---

① 藏于云南省大理白族自治州博物馆,本图为该博物馆提供。
② (元)李京:《云南志略》。
③ (明)宋濂:《元史·世祖本纪》。

易的主要货币,而制盐也存在作为货币交易的情形,据《马可波罗行纪》记载,"其小货币则用盐……每块约重半磅,每八十块值精金一萨觉",因此,贝币应当是大理国时期区域内就近交易的主要货币,金银币是远途贸易与贵重交易的支付形式,盐币则仅适用于小型或边境贸易,而大理国时期的相关交易记录均依据具体交易形式选择不同的货币计量。

马、茶、盐、药是大理国与宋朝的商贸交易主要对象,一般在宋朝境内的关市进行。雍熙、端拱年间川峡开市,市马计有益、文、黎、雅、戎、茂、夔、永康八处州军,"买马路之未通,吴璘首开之,货以茶彩,抚以恩信"①,大幅扩大了大理国与宋朝的茶马互市规模。南宋时期,得马不易,遂命置使邕州买马,其买马机构分为三个层级,帅臣、经干为第一级,东、西提举为第二级,知寨、主簿、都监为第三级。由此可以看出,交易规模与数量受到了不同层级的控制,权限范围不尽相同,这是大理国与南宋进行市马交易的基本交易原则。在购马的过程中,往来交易价格历来有定,"每匹不下用茶七驮、准绢十匹"②,又"岁费黄金五镒、中金二百五十镒、锦四百端、绮四百匹、廉州盐二百万斤,而得马千五百匹"③,以及"岁额一千五百匹,分为三十纲赴行所"④。从该交易记录中可以看出,岁费、岁额是大理国与北宋市马交易过程中所使用的主要账簿结算总账的数额,该结算应该采用的是宋朝时期成熟的四柱结算方法,这一方法在大理国与宋朝商贸往来频繁的环境条件下,传播到大理国,对市马经营主体产生了影响。从茶、盐、药等层面的交易记载来看,大理国时期与宋朝边境贸易仍以"以物易物"为主,金、银、钱、贝子等交易手段为辅。

3. 买地券考证

1985 年,云南省文物工作队在腾冲来凤山发掘了 246 座火葬墓,其中的

---

①② (清)徐松:《宋会要辑稿·兵》。
③ (宋)李心传:《建炎以来朝野杂记》(卷十八甲集)。
④ (宋)周去非:《岭外代答》(卷五)。

M124 号墓出土了一件大理国时期的瓦片式买地券。板瓦大而厚,青灰色,上宽下窄,长 34 厘米、宽 25 厘米、厚 1.7 厘米。凹面有布纹,凸面从左至右有朱书文字 12 行,直行,行书,第 1、第 2 行文字保存完整,两行分别有 18、16 个字,从第 3 行起,文字有缺失,从第 7 行以后文字缺失更甚,文字内容为买地券,如图 3-9 所示。

图 3-9　腾冲来凤山 M124 号墓出土的朱书买地券①

节选部分内容,其释文为:

维广运二年岁次己未十一月戊寅朔廿九日	(1 行)
尔使者告墓中法主中兴内□今有大理	(2 行)
府□□女□好生□□□死□宅屯□□□	(3 行)
南里地□□亡人买墓□□用青钱□□九千九	(5 行)
□买得□□墓地东至青龙西至白虎南至朱	(6 行)

①　梁银:《古代大理国买地券探析》,《黄河·黄土·黄种人》2020 年第 2 期,第 42-47 页。

□□至玄□　　　　　　　　　　　　　（7行）

使者□青□□□□令　　　　　　　　　（12行）

从板瓦上的朱书文字看,包括以下内容:年号(广运)、年数(二年)、干支(己未)、地点(大理府)、买墓地(买墓□□)、钱数(青钱□□九千九)、四至(东至青龙西至白虎南至朱□□□至玄□)等。其中,买墓地、钱数、四至这些表述方式都是买地券的惯用格式和术语,由此可见这件板瓦属于买地券。最重要的是,第一行文字中的"广运二年,岁次己未"纪年,年代准确,广运是大理国的年号。

买地券是始于东汉墓葬中的迷信物,衍生于买地契约,从东汉至明清,历朝历代均有。买地券以铅、砖、石、木、玉等书写或刻画死者所买墓地的四至、地价、证人和不许侵占等语,置于墓中,实为一般买地的契约。买地券在汉墓中已有发现,宋元后甚为流行。买地券在东汉多刻于长条形铅板上,三国、西晋多刻于砖上,南朝到清朝常刻于石上,形制、大小和墓志相似。南宋多用木券,由于木券易朽,不易保存,保存下来的买地券仍以砖石为主。南宋时还有铁制买地券,随着时代的推移,逐渐从东汉的墓葬品向显性器物演变。

虽然买地券属于道教迷信范围,但也有真实的内容,即券文的前半部分,载有年代、墓主、籍贯等相关信息。这些信息对研究当时的社会经济、土地关系有重要的参考价值。买地券由土地契约演变而来,它的出现和使用,反映了土地私有制的发展和土地可以买卖的事实。

第三节　唐宋时期云南少数民族会计史证讨论

南诏国是云南历史上第一个具有统一少数民族特征的地方政权,在政治制度上效仿唐朝体制,沿用唐朝典章制度,并结合少数民族治理实际需求和云南区域特征,建立了以南诏王为中心的政治制度、以清平官为中心的官僚制度和以基层政权与官僚授田制度相结合的地方政治制度,形成了中央和地方分层治理的财计组织结构。大理国继承了南诏国的治理格局,财计组织结构和层级基本与南诏国保持一致,中央和地方分层治理更加细化。整体上看,唐宋时期,云南的会计业务相较以往时期有了显著进步。

一、会计组织与制度的史证讨论

从中国古代发展的历史来看,官厅会计的组织与制度设计最核心的目的是扩大各级官厅的财政收入来源,规范官厅的财政开支,落实"量入为出"的财政原则。南诏国先后建立了中央和地方多层级财计管理组织制度,并配套建立户籍制度、授田制度、赋税制度、商贾制度、财用制度和仓储制度,形成了较为完善的财计管理体系。在具体职官层面,"六曹九爽"制度能够有效保证中央层面的财计管理需求,"睑、节度、都督"的地方区域分置体系和"府、州、县"地方政权的设置能够保证中央对地方的有效统治,确保经济发展的同时增加地方财政收入来源,进而确保中央财政收入的稳定。大理国时期,基本沿袭了南诏国时期的中央和地方多层级的财计管理组织制度,建立"六官九爽"制度,其中相国为最高政官,虚官、言官、儒官、使官、僧官等分别执掌国府相应职责,并加强了对各级官员的监督工作,对地方政权设置和区域分置进行垂直统治。整体上看,南诏国至大理国时期,从中央到地方政权的官厅财计组织体系是科学和有效的,虽仿效唐制,但依然能很好地结合云南区域民族与边疆的特征,形成了有效的财政收支管理机制和官厅会计业务体系,实现国力的大幅增长。

二、会计计量与方法的史证讨论

唐宋时期,云南的经济得到较快发展,得益于唐朝对南诏国的扶持、宋朝对大理国的支持,以及两朝时期的边贸政策,云南与中原的经济往来和人文交流较前朝频繁,从而对会计方法和计量方式产生影响。南诏国时期,不同财物有不同的计量方式,土地、盐产、粮食、牲畜在买卖时均有不同的计量方式,交易货币也呈现出多种类型,贝币、颗盐、缯帛、铜钱、金银等均被使用,商贸结算存在换算程序,导致会计计量属性选择存在较大差异,产生中间货币的兑换需求,增加了会计结算的工作流程。大理国时期,土地、田租、贡赋的核算变得更加多样和复杂,不同性质的土地和不同类型的贡品,计量选择也不相同,与南诏国时期具有类似之处,中间货币的选择加强了会计计量的统一性要求。

会计结算的方法是大理国时期会计历史考证的重要内容,"岁费""岁额"的记载表明其结算方式采用四柱结算方式的可能性很大,主要理由包括宋朝时期四柱结算法的普遍性运用和大理国与宋朝之间的政治经济往来频繁。从会计结算方法引申至会计记账方法,虽无直接证据证明南诏国、大理国时期云南官厅会计所使用的是"入出记账法"抑或其他方法,但从整体会计记账方法的历史演进过程来看,采用"入出记账法"的可能性较大。

三、会计业务与管理的史证讨论

从现有史料的蛛丝马迹中可以看出,南诏国、大理国时期云南官厅会计与唐宋时期中原地区有一定相似性,记账方法的选择、账簿的设置与汇总、岁末的结算过程均能够证明该业务上的相似程度。此外,在大理国时期,该特征已经从官厅层面逐步转移到一般的商业主体层面,云南民间会计得以发展。在会计管理上,九爽职官中负责财用管理的职官对户籍、赋税、商市、贡赋等经济事项的会计业务保持高度重视,以强化官厅财用收支的稳定运行,进而形成制度上的一致规范。

总体上看,唐宋时期云南官厅会计的发展与中原封建政府的官厅会计具有较强的一致性,缩小了历史发展进程中的差距,该时期是云南少数民族会计发展历史上的重要阶段,不仅表现为区域少数民族政权对整个区域的统一,还表现为会计体系上的完善和统一,成为云南会计发展历史上的重要里程碑。

第四章

元明清时期云南少数民族的会计

元明清时期是云南建立并发展行省制治理体系的重要时期,对全国行政治理的统一性具有重要意义。虽然元朝历史较短,但其所建立的较为完整的行省治理体系为云南融入全国发展版图奠定了基础性条件,也开启了云南官厅会计制度的规范性发展历程,建立了完善的财政收支管理体系和执行组织,切实保障了从中央到地方治理体系的统一性。明清时期,云南经济得以迅速发展,整体经济规模不断扩大,在全国的地位显著提升,主要得益于云南作为该时期货币冶铸重地的区位优势。由此,官营的经济形态逐渐复杂,促使官厅会计进行适应性调整,形成了完整的簿记方法体系,而民营经济体的发展也逐步适应了该时期的经济环境需求,逐步改变会计方法和组织体系,形成了较为完整的中式簿记系统。

第一节 元朝时期云南少数民族会计发展

公元1271年,元朝建立。元朝前期,蒙古贵族的军事占领阻碍了云南经济的发展。公元1274年,云南行省建立后,忽必烈为改变当时的经济状况,推动农业、手工业、商业等的发展,采取了一系列措施,并委派重臣赛典赤坐镇云南,在他的治理下云南的经济社会进入了新的历史时期①。

一、元朝时期云南少数民族会计发展的经济社会背景

元朝时期,云南行省承袭大理国的官田,实行"安业力农"的政策,设立"劝农使",实施举办农贷、减免租税、赈济灾民、兴修水利等政策,颁发《农桑辑要》,推广农业技术,"招怀生民",并加强滇池水域治理,扩大滇池地区的灌溉面积,消除水旱灾害。在清理户籍之后,云南于1282年规定了税制,并设立管税官员,当地重视发展手工业、制盐业、矿业和商业,实现了云南历史上少数民族地区经济的重要发展。

(一)农业

蒙古贵族势力占领和圈占农民的农田,给当时云南的农业发展带来阻碍,为了改变这种现状并维护云南的安定,云南行省在农业上采取的措施有:召集农民开垦荒地,扩大耕地面积;从中原引进先进的生产工具和生产技术;对无生产工具和资料的农民给予借贷,并减免地税和地租;加强对滇池及其入水河流和出水口的治理,解决了水患问题,并将滇池周围的沼泽地开发成农田。另外,云南行省也修建了不少的水利工程,如姚安府修建了13处陂堰。

(二)手工业

由于朝廷的扶持,元朝时期云南的手工业取得显著发展,较突出表现在以下几个方面:一是瓷器的制造工艺在造型、色釉、花纹等方面体现了云南独特的乡土风情,曾在玉溪发现了青釉瓷和青花瓷;二是元朝为盐业的生产和

---

① 何耀华、夏光辅:《云南通史》(第四卷),中国社会科学出版社,2011年,第18—20页。

销售设立管理机构,生产规模和销售范围较前朝都有所增加;三是从中原引入蚕种,发展丝织业。

(三)矿冶业

元朝重视矿冶业的发展,政府对盛产金、银、铜、铁矿区进行大规模的开采,并对矿物进行加工,以增加政府工业税收。据《元史》记载,1277年,云南诸路课金数为105锭,1328年为184锭,较1277年增加了约75%,由此可见,冶金业在元朝时的快速发展。

(四)商贸业

忽必烈平定云南后,元朝在云南实行了一些促进商业贸易的举措,例如,《赛平章德政碑》里说赛典赤"薄征税以广行旅"并"兴市井",又"轻轴收以广商贾",使集市贸易在各地大量兴起,对云南商业的发展具有极大的促进作用。这一时期的商贸交易仍存在延续之前传统的贝币作为交易货币的情况。另外,随着交通路线的发达,如入缅驿道,云南对外贸易也相当活跃,对外贸易国主要有越南、老挝、缅甸、泰国等东南亚国家。

据《马可波罗行纪》记载:"此州亦产良马,躯大而美。"其所说的哈剌章州即今大理地区。"大理马为西南蕃之最"[①],大理向来以产良马而闻名。由此可见,元朝时期大理地区的物产中良马突出,是这一地区经济发展的主要特点。其中亦记载"产良马不少,多售与印度人而为一种极盛贸易"。说的是此地多有印度商贾从事转贩贸易,如印度商人自班加剌经景谷(威远)至阿僰(通海)贸易(见图4-1),从《马可波罗行纪》中,我们可以看得出,这条路线当为云南对外贸易的交通要道,唐朝已开通,宋朝有了发展,元朝则已成为通行大道,商贾往返频繁,贸易交换兴盛,把云南的对外贸易向前推进了一大步。

---

① (宋)范成大:《桂海虞衡志》。

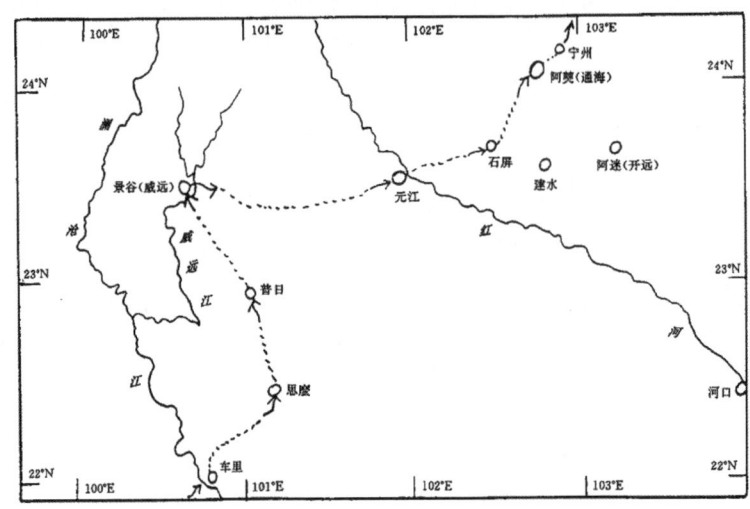

图 4-1　景谷至阿僰之路线

二、元朝时期云南少数民族的会计

(一) 官厅层面的财计组织

1. 云南官厅财计组织

蒙古征服大理国后参照蒙古军的组织形式,对云南实行了 20 年的军事管制。在云南行省建立之前,蒙古先在大理国立"元帅府",总制大理国原属地的官厅治理,后改为"大理鄯阐都元帅府",再后改为"云南诸路宣慰司",下辖万户、千户、百户府,任命原来的白族头人在原统治范围内充当万户、千户、百户长。任命赛典赤为平章政事,改万户、千户、百户府为路、府、州、县,云南从军事管制时期进入正常的行政管理阶段。1271 年,蒙古帝国改名元朝,后在全国相继建立 10 个行中书省,云南行省为其一。云南行省建立后,遵照元制,纳入全国财政管理范围。在财政体制上,由于元朝中央与地方政府的财政职能与地方治理模式的演变,中央与地方政府的财政关系、财权和事权的分配也进行了一系列调整。元朝的云南财政机构分为地方行政机构及中央派出机构。

中央派出机构主要由云南宣抚(慰)司、云南行省以及宣差等部组成,各个行政机构相互配合,共同完成地方财赋征调、钩考、理算地方钱谷等相关财政事宜。宣慰司是元朝较早在地方设立的行政机构,自设立之初,宣慰司便拥有执掌其辖区内的财赋征调和督办军马粮草等事宜的权力,随后元廷陆续赋予其掌管地方茶运司、营田司、转运司及地方诸色课税征收的财政职能。不难看出,宣慰司设立初期,在地方上的财政等各项职权广而重,甚至会出现与行省争权的现象,元廷为了维护行省的地位与权威,不断地削弱宣慰司的职能。至元二十二年(1285年),忽必烈在云南"命宣慰司兼行元帅府事,并听行省节度"①。至此,宣慰司由地方总司演变为行省的次级行政机构,行省的制度逐渐地方化与固定化,"自人民、军旅、赋役、狱讼、缮修政令之属,莫不总焉"②。辖区内的地方路、府、州、县政府财赋的上计与稽考、上供及经费出纳、地方各行省的财政收入等财权均归于行省统辖。行省具有为中央聚敛地方财赋的职责,其后将征集的各地财赋起运至中央,积极响应中央的财政需求。此外,在处理赋税征收和劳役摊派等财政事务之时,行省官员可以参与商议其辖区内的赋税定额与征收,并具备一定调整权,可以说具有部分财权。③ 至元二十三年(1286年),元廷曾下令规定:云南、陕西二行省的赋税征收由"二行省籍定"④,赋予了云南行省部分赋税自拟以及自行征收的财权。此时行省的权力大却不专,其在处理辖区内的事务之时往往多受中央掣肘,仅拥有部分自主处理政务的权力,在涉及钱谷等事宜之时,需尊禀"必何咨禀"咨文申禀中书省。⑤ 中书省是元朝最主要的向地方派遣使臣的行政机构。中央设立

---

① (明)宋濂:《元史·世祖本纪》。
② (元)虞集:《道园学古录》(卷五)。
③ (明)宋濂:《元史·哈剌哈孙传》。
④ (明)宋濂:《元史·世祖本纪》。
⑤ (元)许有壬:《圭塘小稿》(卷七)。

中书省的目的是控御和监督地方政府与官吏,以及管控地方事务决策与运行。此外,元廷派遣到地方的使臣常具有一定财政职能,例如,核查地方财政收支、钩考和理算钱谷等事宜的原始凭证、干预地方财政决策与运作、押运官物①。

从地方来看,元朝由各路、府、州、县对地方上赋科征及劳役摊派等履行主要职责,地方其他散府与散州辅之,采用逐级征收的方式,即"府科于州、州科于县、县科于民"②,在此方式下,地方路、府、州、县的政府作为管民机构,官员直接与民众对接来处理地方财政相关事宜,在路、府、州、县之上,元廷又设行省对管民机构进行辖制。蒙古国时期,为削弱地方汉人诸世侯的专民之权,元朝在中原地区设立了十路课税所,各路课税所除负责征收地方盐、酒、醋等税额,还承担转运地方钱粮物资的职责,此外,蒙古汗廷还颁布"诸路长吏专理民事,万户府总军政,课税所掌钱谷,各不相统摄"③等诏令实现军、民分治,加强中央控制。忽必烈中统建元之后,加强了对地方诸世侯及官员权力的削弱力度,元廷不仅收回了地方政府的人事调度权,还加设诸路总管府进行地方治理,并在实际执行过程中陆续扩大路总管府的职权范围,至元元年(1264年),"已将运司所管酒税、醋税、仓库院务、工匠造作、鹰房打捕、金银铜铁、丹粉、锡碌、茶场、窑冶、盐、竹等课,并奥鲁诸军,尽行并入各路总管府"④,至元十四年(1277年)后,地方各路的行政、财政、司法等权力均归于路总管府,路总管府之下,设佐贰官与吏官分理地方事务,对地方财政事务提出解决方案、进行审核、最终裁决的职能分别由吏官、佐贰官和路总管府长官负责执行。此时,虽然各地赋税的征收由路总管府统一掌管,按照固定数额分配到辖区内各州、县完成,但对于地方上一些收入较多的税目收入最终均会

---

① 许凡:《元代吏制研究》,劳动人事出版社,1987年,第13页。
② 《元典章》(卷三)。
③ (元)苏天爵:《元文类·耶律楚材神道碑》。
④ (元)王恽:《秋涧先生大全集》。

归入中央政府,而对于盐课、茶课等大宗榷卖,通常直属中书省,或由转运盐使司等其他机构直接代表中央征收或榷卖。地方管民政府尽管掌管地方钱粮仓库,但需定期向上级部门汇报,并不定期接受元廷派遣使者钩考,使得地方官吏对本地财赋的自主使用权受约束,主要表现在对于需要财政支出的地方事务,需由中央诏令分配使用,如元大德十年(1306 年)中央发布诏令:"各处赡学钱粮,令路府州县文资长官,提调关防知数,除廪给师生、修理庙宇外,不许破用。"①且在与税务相关的地方事务上,地方政府需严格执行中央政策及规定,如地方若遇灾祸,在辖区内施行减免税的举措需由地方向中央逐级上报,未经上级允许,不得私自施行减免税的举措,亦不可私自使用政府钱粮进行赈济。因此,地方政府通常会选择巧立名目来寻找新税源,向百姓征收额外钱款。

从云南行省的财计组织体系中可以看出,元朝财权体制为中央高度集权制,并逐渐向"财政集权中放权"模式演变,赋予了地方政府一定的财政自主性,使得元朝地方财政来源多元化,地方经费承担主体社会化。

2. 云南少数民族土司的财计组织

土司是古代封建政权为了巩固对边疆少数民族地区的统治,设立的少数民族治理机构。从历史上看,秦时置"道"②,汉时置"属国"③,三国的蜀国治理南中施行"皆即其渠率而用之"④,这些是土司制度的萌芽。南朝宋、齐王朝设置"僚郡""俚郡"⑤,到唐朝时期实行"即其部落列置州县(羁縻府州县)。其大者为都督府,以其首领为都督、刺史,皆得世袭"⑥。宋朝继承唐制实行"羁縻府州制"⑦,元朝时期初步形成了土司治理体系,在边疆地区对少数民族首

---

① 元官方编纂:《通制条格·庙学》。
② (宋)范晔:《后汉书·百官志五》。
③ (东汉)班固:《汉书·地理志》。
④ (晋)陈寿:《三国志·蜀书》。
⑤ (南朝梁)沈约:《宋书·州郡志》。
⑥ (宋)欧阳修、宋祁:《新唐书·地理志》。
⑦ (元)脱脱:《宋史·地理志》。

领实行"参用其土人"①,官职设置有流、土之分。土司制度在明朝达到鼎盛,在边疆少数民族地区普遍设置土官土司与羁縻卫所土司三千多家二万余人②,其授职、承袭、升迁、奖惩、抚恤均设有专门规定,对衔品、隶属、信物作了明确规定,明朝完善朝贡、纳赋之制,颁行征调、使用土兵办法,使土司制度不断完善。随着清朝"改土归流"政策的实施,土司治理体系逐步瓦解,势力影响逐渐削弱。民国时期,对残存的土司,继续推行"改土司为流官治理"之策,设置"设治局",一些大中土司转变为地方大小军事官僚,而小土司,则名存实亡,徒有其名。新中国成立后,国家在少数民族地区进行民主改革,实行各民族一律平等政策,土司制度便不复存在。

元明清时期,土司府为了维持正常的治理职能和政权体系,其衙署行政管理组织机构的建制也较为完备,涉及军事、行政、宗教的各个方面。不同级别的土司在组织结构上有所不同,以元朝为例,宣慰司一般设宣慰使、同知、副使司、经历、都事、照磨兼架阁管勾;宣抚司设达鲁花赤、宣抚使、同知、副使、经历、知事、计议、提控案牍架阁;安抚司设达鲁花赤、安抚使、同知、副使、经历、佥事、知事;长官司设长官、副长官以及其属吏目;蛮夷长官司,每司设长官、副长官。

从单独的土司治理层面来分析,不同民族、不同区位,其土司府对应的级别不同,治理组织也有所不同。从云南傣族的治理来看,元朝设立了傣族(西双版纳)孟连宣慰司。在该土司财计组织体系中,中央层级中设置有议事庭,由四大卡贞、八大官员及各类头目共三十多人组成。四大卡贞分别为:召景哈,即议事庭长,主持议事会;怀朗曼凹,或称都耄诰,掌管行政、财务;怀朗曼轰,掌管司法、户籍;怀朗庄往,掌管粮食。议事庭对土司的最高统治者——召片领负责,相关事项报请召片领批准执行。此外,下设的各级官员还有:召弄帕厦,主管宣慰使署的财政事务及水利;召弄那干,管弩;召弄那花(右将

---

① (明)宋濂:《元史·百官志七》。
② 龚荫:《中国土司制度简史》,四川人民出版社,2014年,第2页。

军),管军政;召弄那掌,管大象;召弄那镬①,管矛;召弄过,管饮食器皿;召弄那麻,管马匹,兼职御医;召弄那倭,管舆乘;召弄西养,管监督审讯罪犯;召弄那影,管处极刑;召弄赛(左将军,位次于右将军),管兵马;召弄火怀,亦称召火怀,管警卫;召弄那扁,管安全;召弄款,司翊卫;召弄真憨,先锋官(与左右将军共同负责军事);召弄榭网雷,管巡捕;召弄庄廪,管宣慰使病,司祈祷行礼;召弄那广,管仪礼;召弄那瓦,管船舶;召弄那郢,管刑罚;召弄康坎,管宣慰使出行用具;召弄献,文牍官,史官;召弄那雷,司祈年;召弄纳广,司鱼罟;波勐莽(外宾招待主官),司宾;波勐和(汉宾招待主官),司宾。

傣族孟连宣慰司地方行政层级组织中分为勐、陇、火西和村寨四级,相当于现在的地、县、乡、行政村。整个召片领辖区分为三十余勐,各勐设召勐。召勐是勐内政治、经济的最高统治者,享有独立征收钱粮赋税、征召军队、司法审判、任命官员和制定法规的权力。召勐在政治上绝对效忠于召片领,在经济、军事上向召片领承担义务。勐下设陇(又称播或卡马),由大头人叭龙管辖,设议事会。陇下设火西,由七八个或十多个等级相同但地界不连的村寨组成,火西既是承担封建赋役的单位,又是地方行政组织中的一线社会组织。

从云南傣族孟连宣慰司的财计组织体系中可以看出,土司府治理分工非常细,涉及少数民族治理的各个层面,各级官员各司其职,赋役钱粮和财产贡物的收支与管理都具有明确的责任主体,是少数民族有效治理结构的典型代表。

(二)经济事项中的会计

1. 商贸交易的货币计量

(1)贝币

据记载,元朝时期昆明地区"所用货印则以海中所出之白贝而用作狗颈

---

① 镬[huò]:无足的鼎。用以煮鱼肉,古代又作烹人的刑具。

圈者为之。八十贝值银一量,又银八量值金一量。等若物搦齐亚城钱二枚,或二十四里物"①,而大理地区"亦用前述之海贝,然非本地所出,而来自印度"②,又"其货币用金,然亦用海贝"③。这表明,元朝云南及缅国均以海贝作为货币,其间,俗称为𧴦子(或作蚆子、巴子),见于记录甚多。方国瑜先生在《云南用贝作货币的时代及贝的来源》一文中对云南用贝的历史发展作了详细论述:

① 元朝云南通用的贝子只作一般等价物进行交换。据《混一方舆胜览·云南行省》(元)记载:"交易用贝,贝俗呼作𧴦。"《元史·赛典赤传》卷一二五道:"云南民以贝代钱,是时初行钞法,民不便之,赛典赤为闻于朝,许乃其俗。"又《元史·世祖本纪》卷九道,至元十三年正月"云南贸易与中州不同,钞法实所未谙,莫若以交会、𧴦子公私通行,庶为民便。并从之"。故元朝仍通行𧴦子,至明朝袭之,现存多数碑刻及文献足以证明。

② 贝的价值与计数。《元史·世祖本纪》卷十二道:至元十九年九月己巳,"定云南税赋用金为则,以贝子折纳,每金一钱直贝子二十索。"所谓"索"者,景泰《云南图经志书》卷一《云南府》道:"俗呼贝为𧴦子,以一为庄,四庄为手,四手为苗,五苗为索。虽租赋亦用之。"《新唐书·南诏传》卷二二二上载"以贝十六枚为一觅,二十索值金一钱,则金一两当一万六千枚贝",这是唐朝规定的价格。马可·波罗所说:"八十贝值银一量,又银八量值金一量。"沙海昂于《马可波罗行纪》第九五章《注》说:"物搦齐亚银钱一枚等若铜钱百文,或银一钱。"则二枚值银二钱,亦即值贝八十枚,可见元朝时期云南地区以贝八十枚为一索计数。

③ 元朝在云南流通的贝是由沿海各国运来的。《马可波罗行纪》

---

① 马可·波罗:《马可波罗行纪》第一一七章。
② 马可·波罗:《马可波罗行纪》第一一八章。
③ 马可·波罗:《马可波罗行纪》第一一九章。

第一一八章《重言哈剌章州》说，波等所用海贝，"非本地所出，而来自印度"。由于沿海的印度、缅甸、暹罗诸国皆以海贝为货币，沿海各国与云南发展贸易，将海贝带进云南作为货币，因此云南用贝的计数方法，也与沿海各国一样，大抵以"索"为单位，一索合贝子八十枚。

④ 在云南限制贝子流通。忽必烈灭大理国后二十年，任命赛典赤为平章政事，于至元十一年（1274年）来云南开设行中书省。至元十三年（1276年）置路、府、州、县的统治机构，除布置所有的制度，推行中统钞的货币政策也是一项重要使命。然而，云南"以贝代钱"已较稳定，虽然元政府颁行中统钞，"私市金银应支钱物，止以钞为准"；中统三年（1262年）七月，在全国各省雷厉风行地推行通货政策，"违者治罪至死"，但对云南来说，统治者不得不在客观经济规律面前采取让步政策，准许"以交会贝子"。

《元史·成宗本纪》卷二一记载："大德九年（1305年）十一月丁未，以钞万锭给云南行省，命与贝参用，其贝非出本土者同伪钞论。"元政府为在云南推行钞锭，限制贝币继续增加，所谓"贝非出本土者"，并不是说云南本土出产贝子，而是指已在云南流通的贝，限定这些贝可以流通，不准再增加新贝。《元史·刑法志》卷一〇四说："诸云南行使贝法，官司商贾辄以他贝入境者，禁之。"就是限制新贝输入，有不惟命，同伪钞论罪。颁布此命令后，就有"真贝"之说，如《元史·食货志》卷九六所载惠民药局的事业费："云南行省，真贝一万一千五百索"；泰定二年（1325年）《永昌栖贤山报恩梵刹记》记载："捐真贝三千余索"；晋宁《盘龙寺常住记》记载："至正二十年十一月，用价真贝三千五百索买到水田地二角。"又如《盘龙寺碑》开列买田共十四笔，其中一笔为中统钞，余并用真贝买置田产。所谓真贝，别于伪贝，名称有别，实则同物。符合政令的、已在云南流通的为真贝；政令下达后，再从外地输入的就是伪贝。

⑤ 元初设云南行省，允许贝子照常流通。这种做法是与全国统一的货币政策相抵触的，它侵犯了钞锭的发行，政府也曾采取措施加以限制，并企图逐

渐淘汰贝子货币。元朝全国币制统一,而准许云南以贝子支付,还有另外值得注意的原因。按元制,在各省赋税以钞锭为准,在云南以金为准,当时的金价据《元史·食货志》卷九三载,至元二十四年规定:花银一两价值元钞二贯,赤金一两二十贯;以中统钞折算,花银一两十贯,赤金一两一百贯(或二锭)。为何元朝在云南以金为准?这是可以推测的,因云南产金多,金价贱。照官价收贝子后,照市价兑换金子,有厚利可图。如《马可波罗行纪》所载云南金银兑换的价格,在押赤城(今昆明)为八比一,在哈剌章(今大理)为六比一,在金齿(今保山)为五比一。而市场上一般以银兑贝子,所以用金齿银一两兑贝子三千二百枚,折官价金一钱,但市价可以买到二钱金子,从差价中牟取到更多的利益。同时也相应地使贝子作为一般等价物在云南得到进一步巩固和发展。此外,由于云南的商品经济活动与沿海各国紧密相联,终元之世,直到明朝的正德、嘉靖年间,云南一直没能"废贝行泉"。

(2) 金币

马可·波罗行经云南的地区,大多产金,并以金为货币,"至其所用之货币,则有金条,按量计值,而无铸造之货币"[①],"此地亦产金甚饶,川湖及山中有之,块大逾常,产金之多,致子交易时每金一量值银六量"[②],"其货币用金……其境周围五日程之地无银矿,故金一两值银五两,商人多携银至此易金而获大利"[③],另有"彼等有金甚饶,每精金一两,易纯银五两;银价既高,所以各地商人携银来此易金,而获大利"[④]。由此可知,当时云南各地产金较今日为多。此外,云南产金之所在,"威楚、丽江、大理、金齿、临安、曲靖、元江、罗罗、会川、建昌、德昌、柏兴、乌撒、东川、乌蒙"[⑤],与马可·波罗所说相符。

---

① 马可·波罗:《马可波罗行纪》第一一六章。
② 马可·波罗:《马可波罗行纪》第一一八章。
③ 马可·波罗:《马可波罗行纪》第一一九章。
④ 马可·波罗:《马可波罗行纪》第一二三章。
⑤ (明)宋濂:《元史·食货志》(卷九四)。

云南因产金多,曾设打金洞达鲁花赤及造卖金箔规措所,云南金课至元十四年(1277年)时为一百五锭(每锭50两),天历元年(1328年)为一百八十四锭一两九钱,为全国之冠。若以天历元年全国的金课算,云南金课约占全国全课的百分之三十三。元朝规定金银兑换比例为一比十,由于云南产金多,故金银兑换比例为一比八,或一比六,甚至为一比五。

(3) 盐币

马可·波罗曾记载:"其小货币则用盐,其盐煮之,然后用模型范为块,每块约重半磅,每八十块值精金一萨觉,则萨觉是盐之一定份量。其通行之小货币如此。"①由此可知,云南除通用海贝、黄金、白银为货币,有用盐块等实物作一般等价物,亦见"境内无纸币,而以盐为货币"②。沙海昂注说:"用盐作交易货币,在缅甸、掸种诸国及云南等,昔颇风行。"可见用盐块作货币在西南各地通行。

云南自唐朝以来就有关于以盐为货币的记录。李京于《云南志略·诸夷风俗》记载:"金齿百夷,交易五日一集,旦则妇人为市,日中男子为市,以毡布盐茶互相贸易。"李京作书于元大德五年(1301年),所记录的是滇西南地区的情况,想来其他各地也如此。明朝景泰六年(1455年),陈文修纂的《云南图经志书》所载有关改盐为币数事,"土人懋迁有无,惟以盐块行使"③,品种和质量可谓"盐色白黑相杂,而味颇苦,俗呼之曰鸡粪盐,交易亦用之"④,其他地区也存在"黑盐每块重二两,军民交易皆用之"⑤。而这种货币是日用生活必需品,得者随时食用,由其使用价值作一般等价物,可推论为原始货币的产生与使用。

---

①② 马可·波罗:《马可波罗行纪》第一一四章。
③ (明)陈文:《云南图经志书》(卷二)。
④ (明)陈文:《云南图经志书》(卷三)。
⑤ (明)陈文:《云南图经志书》(卷四)。

2. 田地买卖与税赋核算

昆明晋宁区盘龙寺立有一碑,记录了诸多元朝时期至正年间盘龙庵常住诸人之田地交易与赋税事项,是研究元朝时期云南田地、户籍、赋税的重要史料(见表4-1)。1939年,方国瑜先生在位于今昆明晋宁区晋城镇东南盘龙山上的盘龙寺祖师殿内壁间访见一碑,碑阳为《大盘龙庵大觉禅师宝云塔铭》(简称《塔铭》),碑阴为《盘龙禅庵诸人舍施常住记》(简称《常住记》)。方先生发现,"碑载盘龙庵常住,分项记舍施人田地坐落四至、面积、丘数、买价,以及置产年月诸事,有详或略"①,虽无立碑年月,但记录了买田时间,以元朝至正二十九年(1369年)为最晚时期。

尽管云南的大规模开发,特别是政府推动下的大规模移民、土地垦殖、城镇扩张以及工矿业开发等都是明清以后的事情,但这不意味着此前云南的经济生活完全缺乏商业性,相反《马可波罗行纪》中已经提到中庆(押赤)城里"商工甚众"。元朝以前的许多个世纪,云南一直以马匹、白银和海贝等重要商品为媒介,与川藏、江南,以及东南亚、南亚乃至更广泛的区域,保持着日益深入的经济交流,尤其是10世纪以来贝币流通的繁荣,充分说明了云南与印度洋地区经济的密切联系。主要产自马尔代夫的海贝被商人们运到了老挝、孟加拉国、印度,以及非洲的广大地区,并在许多地方被用作货币,云南也是这个世界性贸易网络的重要一环。作为贝币流通核心区的滇池周边,实际上也就是云南东部对外交通与贸易的枢纽地带。这种商业经济的活跃反映在该碑文中,说明土地交易的频度已经很高,涉及的空间距离也很大。

盘龙寺买入地产的时间可以说明当地土地交易的频数。根据盘龙碑碑阳"塔铭",崇照和尚在至正元年(1341年)云游江湖,七年后返回中庆②,至正

---

① 方国瑜:《云南史料丛刊》(第三卷),云南大学出版社,1998年,第345页。
② 原云南行省中庆路府,今云南省昆明市。

十年(1350年)左右"与无文等七道友开盘龙庵于晋宁之东峤",又九年之后改住圆通寺。从创寺到立碑总计二十余年,盘龙寺已经获得了多达35笔地产,其中买入地产16笔。全部买入地产中,第17号为"本庵开山住持"购买,第26号为至正十五年购入,都是崇照住持期间买入,第15号买入时间不明。其余13笔地产都在至正二十年至二十九年购入,其中至正二十四年各有两笔,至正二十六年、二十九年各有3笔,由此可见元末晋宁州(今昆明市晋宁区)地区土地流通的经常性。

表4-1 盘龙碑所见土地购买记录(节选)

编号	时间	地名记录	推断位置	土地类型	面积	价格(贝子/索)
9	至正二十年	摩登甸内	安湎亦摩登	禾地	1双	3 500真*
27	至正二十四年	安湎矣摩登甸内	安湎亦摩登	水田禾地	3角	1 000真
29	至正二十七年	安湎易摩登尾甸内	安湎亦摩登	种子地	1己	650真
15	—	安湎矣摩登甸内	安湎亦摩登	水田禾地	3双	中统钞40定(锭)
25	至正二十五年	安湎关门斗甸内	安湎	水田地	2角	2 000真
30	至正二十三年	—	安湎+	种子地	—	230真
31	至正二十四年	—	安湎+	种子地	1乏	300真
32	至正二十六年	沙登	安湎+	无税种子地	1己	500真
33	至正二十六年	沙登甸内	安湎+	无税种子地	1乏	225真
28	至正二十六年	雁伽场甸内	晋宁雁伽场	水田地	—	2 600真
34	至正二十八年	罗伽场甸内	晋宁雁伽场	水田地	2角	1 300真
10	至正二十九年	雁伽场甸内	晋宁雁伽场	禾地	1双	2 000真
35	至正二十九年	雁伽场甸内	晋宁雁伽场	水田地	2角	1 600真
17	—	雁伽场山脚	晋宁雁伽场	种子地	—	—
11	至正二十九年	东甸珊前	晋宁	麦地	1双2角	1 600真
26	至正十五年	永场甸内	晋宁	禾地	2角	中统钞10定(锭)

* "真"代表碑文特地注明为"真贝"。

+ 表示存疑。

从该记载来看,土地面积依然用"双""角"作为主要计量单位,与前朝相关历史习惯保持一致。所有舍施常住之田地,当有字据为凭,交割管业。关于土地出卖人,当时有记录出卖人名的情况,但大多均记录其户籍,有僧户、站户、寸白军户、军户、当差户,这些是里甲编籍以外的专业户籍,各有专供,因与田地负担有关,故表明还存在其他专业户籍。

该碑还记录了很多交易相关赋税的数量和类型。例如,关于第24号交易的记载,"至正二十年十月初四日,用价真□贰仟卉于禄脿站户杨升男杨宗等处,买到安湘□□甸内水田池贰角,舍施壹角,同计地叁角,计陆□……每年税米壹斗捌升柒,合半纳念"①,另有关于第26号交易的记载"至正十五年十二月初六日,用价中统钞壹拾定,买到晋宁州江头村(寸)白军户袁军主贤、男袁宝等处永场甸内,本户自己禾地贰角,计柒段……每年税谷贰斗伍升纳仓"②。此两项记载有较大不同,前者为向站户买地,后者为向寸白军户买地。站户出卖田地,多源于苛政,当不能解决赋役和苛捐杂税等事项时,只能卖地以求保身。而寸白军户,则为军屯之事将"土著之民编为寸白军户"③,将田地转卖后,税粮依然需要交纳。两项交易的计量货币也存在不同之处,站户卖地用真贼,而寸白军户卖地用的是中统元宝钞,由此可见,不同户籍,纳税标准不尽相同,相关计量形式也不相同。

3. 建筑与工事

元朝时期,云南修建了诸多桥路和寺庙等大型工事。根据古代例行事则,修建工事后均会刻建碑记。至元十一年(1274年),中庆路建大成庙,为赛典赤倡导,张立道经理其事,"均赋金以息民,广屯田以积谷",修庙所耗费均"例割己俸以资之,其木石之价,工役之费,不取于民而用以足"④,可看出该建

---

① 方国瑜:《云南史料丛刊》(第三卷),云南大学出版社,1998年,第349页。
② 方国瑜:《云南史料丛刊》(第三卷),云南大学出版社,1998年,第347页。
③ (明)宋濂:《元史·兵志》。
④ (唐)樊绰:《云南志》(卷一)。

筑工事以体恤民情为本意,相关耗费均由张立道亲自经理,未摊派至臣民之处。

另有大德桥(今昆明市拓东路德胜桥)于大德元年(1297年)六月落成,营缮时刻有碑记以记录该桥的修缮事宜。其中记载了建设该桥的相关材料和工事数量,"总其工役一千有八十,铁以斤计一万一千二百,木石各十余万"①,由此可以看出,在建造该桥时,必有专门的主管人员负责核计工事及材料数量,相关记录应有草流、流水等记载形式。

第二节　明朝时期云南少数民族会计发展

1368年明朝建立,为全国的统一稳定,明太祖朱元璋于1381年派兵进攻云南,1382年征讨胜利后派沐英镇守云南,并在云南实行土司制度,设置云南都指挥使司和云南布政使司,颁布了明王朝中央关于安定云南社会秩序的法律,其目的是维护少数民族地区的稳定。

一、明朝时期云南少数民族会计发展的经济社会背景

明朝时期,沐英政权治理云南时总结了过去封建王朝在少数民族地区所实行的"羁縻政策"的经验,并加以改造,对各地土司采用"随宜剿抚"策略,进一步加强了中央集权,对云南的社会稳定和经济发展有效实施了系列性政策措施。在沐英政权的治理下云南的农业、手工业、制造业和商业的发展取得突出成就,这些产业的发展也促进了跨境贸易的繁荣。

(一)农业

明王朝总结、继承和发展了历代(特别是金、元)的屯田制度,把封建的屯

---

① (唐)樊绰:《云南志》(卷一)。

田制度推向历史的新高潮,在全国各地普遍开设屯田。屯田按性质不同主要可分为三类,即军屯、民屯和商屯。其中,军屯是为供应军粮而开设的,民屯也可以说是军事的后备力量。明朝统治者试图通过屯田,建立一支庞大的军队以维护封建统治政权。初步统计,当时来云南屯田人数达 40 万~50 万(其中军屯 29 万),屯田面积占当时全省总耕地面积(不包括边远地区和山区)的一半(其中军屯即占总面积的 43%)。大量的中原劳动人民带来了先进的生产技术和生产资料(包括大量耕牛)在各民族地区中屯田,改变了原来落后的处于封建农奴主统治下的农奴制和奴隶制经济,卓有成效地促进了云南边疆地区的经济发展。大量军户"数传而后化为农桑"[①],他们与当地各族人民处于共同的经济生活之中,其影响更日益深远。随着农业的发展,手工业、商业也相应地发展起来,明朝中期以后,屯田已开始买卖、租佃,甚至有集中的趋势。

(二) 手工业

随着社会的不断进步,明朝时期云南的手工业获得较显著的发展,首先是纺织种类的增加,丝织品有绫、罗、绸、缎;棉织品有棉布、桐花布、火麻布等。另外,云南少数民族居民还发明了"火草布"。其次是纺织生产技术的提高,中原汉族移民带来的先进生产技术与土著民族的原始技术相互融合,使纺织的生产技术有了进步。与此同时,随着畜牧业的发展,部分地区的居民利用牛和羊的毛来制作毛毡。云南制盐业也不断兴盛,明朝盐税在国家财政中处于举足轻重的地位,所谓"国家财赋,所称盐法居半者,盖岁计所入止四百万,半属民赋,其半则取给于盐荚"[②]。云南由于几十万中原汉族移民的进入,人口迅速增多,张泓的《滇南·盐政》里记载:"食盐岁需三千六百余万。"可见盐的需求数量之大,为此云南开采了四个新盐井(黑盐井、白盐井、五井

---

① (清)刘昆:《南中杂记》。
② 李汝华:《户部题行盐法十议疏》,载《明经世文编》(卷四七四),北京古籍出版社,2021 年。

和安宁盐井),并设立了四个盐课提举司,以加强对盐业的管理。

(三) 商贸业

明朝手工业的发展带动了商贸业的进步,各地普遍出现了集市,居民定期在固定的地点进行交易。人们按十二生肖的顺序作为集市交易的日期,交易商品多为当地盛产的产品或与当地风俗习惯有关的产品,如丽江集市的骡。大理的观音街在当时已然成了滇西和邻省的主要交易市场,根据《滇略》记载:"高皇帝既定滇中,尽迁江左良家闾右以实之……衣冠礼法,言语习尚,大率类建业。二百年来,熏陶所染,彬彬文献,与中州埒矣。"明朝时期大量中原移民进入云南,中原地区的政治、经济制度对云南边区原有且落后的社会制度和经济运作方式产生了深远的影响。中原地区赋役改革的深入和白银货币化程度的加深,对云南的货币流通和财政运行产生影响。根据《滇志》记载,随着云南地区与中原汉族之间的商品贸易往来逐渐频繁,云南地区的财政制度不可避免地受中原地区的渗透,铜钱、白银逐渐代替贝币成为商品流通中使用的主要货币。此外,明朝茶马互市的主要市场逐渐向西南转移,也促进了云南茶叶贸易的发展。因藏族人民对茶的需求量巨大且对普洱茶的喜爱日益增加,使滇茶进藏的规模和数量不断扩大,滇藏间的茶叶商道逐渐发展成熟。与此同时,明朝政府大力推行茶引制,把滇茶列入茶法进行管理,进一步规范和发展了云南的茶叶贸易。随着商贸业的不断发展,云南地区的经济关系日益复杂,使得很多所处环境较开放的少数民族逐渐地接受中原地区的商品观念、市场意识,以及会计处理方法。

(四) 冶炼业

明朝时期,为了适应社会的需要,政府允许民间开采矿产资源,采矿业迅速发展起来,采矿方法也较先进,在洞内采用"上楮横板架顶"[①]。另外,农具

[①] (明)宋应星:《天工开物》。

的大量使用使铁的冶炼规模大幅增加;准许金属货币在市场上流通使铜和银的冶炼需求也增加。根据《明英宗实录》记载:"命中官于浙江、福建、云南三布政司闸办银课。浙江岁办银二万千二百五十两,福建一万五千一百二十两,云南五万二千三百八十两""永闸办浙江各银场,银三万八千九百三十两;珪闸办云南各银场,银十万二千三百八十两。"明朝时期,浙江、云南、福建三省在全国而言是产银大省,但云南地区的产银量比其他两省的总和还多。到了明朝中后期,云南银的产量已然长期居于全国首位,檀萃的《滇海虞衡志》里提到"中国银币尽出滇",可见云南银矿已然成了全国最重要的银的来源。除了银矿、铜矿、金矿,明朝云南的铁矿、煤矿、铅矿、锡矿等矿产资源也得到了一定程度的开采,云南矿产贸易经济空前兴盛。

二、明朝时期云南少数民族的会计

(一)官厅层面的财计组织

1. 官厅治理体系

明王朝建立后为了加强中央集权,朱元璋对中央的政权机构进行了变革。根据《明史·职官志》记载:"自洪武十三年罢丞相不设,析中书省之政归六部,以尚书任天下事,侍郎贰之。"朱元璋废除中书省和丞相制度,分丞相之权于吏、户、礼、兵、刑、工六部,六部直接为皇帝负责。通过提高六部的地位把军、民、财三权集中于皇帝一人之手。自此,秦汉以来有千余年历史的丞相制度被废除,封建专制主义的中央集权统治发展达到了最高峰。

元末明初时期,虽然滇池地区的封建地主经济得到一定的发展,但云南绝大部分地区奴隶制经济仍占主导地位,甚至一些边远的山区还继续着原始经济活动。基于云南少数民族政治经济发展极不平衡的情况,朱元璋在前朝设置的行省制基础上,在云南地区采取改路为府,更置州、县的政治措施。采取的方针措施是"三江(指澜沧江、潞江、金沙江)之外宜土不宜流,三江之内宜流不宜土",在云南重要地区以建立一般政权机构的府、州、县为主,在云南边远地区则建立宣慰司、宣抚司、安抚司、长官司以及名为"御夷"的府、州。此外,明朝时期,朱元璋还实行"土、流兼治"和"府、卫参设"等政策,以进一步加强明朝中央政府对云南的统治。

"土、流兼治"是指根据云南各地区不同的政治、经济情况,将各级政权机构设置分为:只设流官、土流并设和只设土官。"流官"是指皇帝直接派任官吏到云南行使治理权,有任职期限。"土官"是指中央任命当地的"土酋"或有"威信"的人(包括少数汉人)为官吏,经过中央王朝批准可以世袭,通过他们或者在他们的协助下进行统治。根据《明史·地理志》记载,当时云南内地共设有二十个府,加上四川所辖的乌蒙、东川、芒布三府。在这二十三府中,只设流官的有六个府;土、流并设的有十六个府;只设土官的有一个府。土、流兼治政策的实施,起到了相互制约的作用,进一步巩固了明朝土官制度的施行和发展。

"府、卫参设"是指以地方军事指挥机构的"卫"与地方政权机构的"府"配合设置,简单来说就是以军事支持政治。在实行军事管制的地区,设立"军民指挥使司",实行府、卫结合,统领下属州、县。例如,澜沧军民指挥使司(统领永宁、北胜、蒗蕖等府州)。明朝时期,云南土司地区的卫、所领导进行了大规模的军屯。卫、所与军屯的建立,不仅加强了云南少数民族与中原地区之间的经济交流与商品贸易,促进了当地的经济发展和社会变革,还进一步巩固和加强了明政府对云南边远地区的统治。

2. 屯田

根据《明太祖实录》记载:"南安侯俞通源(奏)云南新附官、军土、田粮、马牛之数。都指挥使司所属官计一千三百一人,军士六万四千二人,马三千五百四十五匹,屯牛一万二千九百九十四头,田四十三万五千三十六亩,粮三十三万六千七石。布政使司所属军民凡六万三千七百四十户,粮七万六千五百六十二石,马驿六十七所,马九百九十三匹。"屯田的收入超过全省田赋的收入四倍以上,以屯田的收入供给当时的驻军是绰绰有余的。屯田制度既满足了入滇军队自给自足的需要,也满足了屯兵守卫边疆的目的。军屯不仅为云南边远落后地区带来了先进的生产技术和生产工具,还改进了耕种方式,使牛耕技术得到普及和推广,由传统的"二牛三夫"的耕作法变成一牛或二牛牵引,由一人或二人驱犁的方法,农产品的产量因此得到普遍提高,解决了当时粮食短缺的问题。此外,屯军和当地人民一起兴建和修整了许多水利工程,使大片荒田得到灌溉而成为绿野,卓有成效地促进了云南农业经济的发展。

公元1384—1398年,江南、江西和南京等地的百姓通过政府组织向云南进行大规模的移民垦荒运动。由"(沐)春镇滇七年(1392—1398年)再移南京人民三十余万(入云南)",可以看出当时进行民屯的人数相当可观。从中原带去的农作物丰富了全省农作物的品种,大大提高了土地的利用率,许多少数民族地区和山区的荒山野岭被开辟成田土,耕地面积迅速扩大,农业发展水平得到显著提升。公元1370年,明朝首创商屯,用盐商代替政府运送粮草供应边地军需,商人可以用粮食换取盐引,以此获得食盐的销售权,也就是"招商输粮而与之盐"。商人们发现从中原运送粮食到边关花费的成本太高,于是就雇佣农民到边关开垦荒地种粮食,然后商人就可以直接向边军换盐引。从公元1382年开始,明朝就陆续在云南昭通、曲靖、昆明、建水、沾益、普安、玉溪、红河、楚雄、大理、宝山、德宏等地区实行商屯,给云南边疆地区经济的发展带来了深远的影响。根据《明史·食货志》记载:"(洪武十五年二月乙亥)上以大军南征兵食不继,命户部令商人往云南纳盐粮以给之。于是户部奏定商人纳米给盐之例:凡云南纳米六斗者给淮盐二百斤,米五斗给浙盐二百斤,米一石者给川盐二百斤。"可以看出,明朝时期,淮浙、四川等地的盐商来云南开中①,而云南的盐商也到贵州、甘肃等地开中,它们支援了云南,云南也支持了其他地区,在经济上已与全国融成一体。随着全国商品经济的发展,盐商开中也由缴纳谷物而变为缴纳货币,促进了云南封建的商品经济的发展。

3. 黄册

根据《明史·赋役志》记载:"(洪武)十四年,诏天下府、州、县编赋役黄册。"1381年,明政府正式在全国推行黄册编报制度。黄册编报制度是明政府管制户口、控制田土、征收赋役的重要财政会计制度,黄册是明王朝的重要经济档案,也是进行会计预算、核算的重要依据。黄册编报制度的推行是以里甲制度作为保证的。里甲是明政府建立的基层乡里组织,主要管理基层事务,如征发赋税和徭役。当时规定以一百一十户为一里,推举丁粮缴纳多的地主十户为里长,其余百户分为十甲。因为黄册以里为单位编纂成册,里一级是全国黄册编制汇总的基础,所以明朝中央财计部门将全国赋役黄册的编制重点放在了里一级。明朝时期,中原地区广泛实行黄册和里甲制度,云南地区也不例外。根据《明会典》记载:"凡免造地方,洪武二十四年奏准,凡云南各府攒造黄册,除流官及土官驯熟府分,依式攒造外,其土官用事,边造顽野之处,里甲不拘定式,听从实编造。"由此可见,按照当时明政府的法律规定,不管是流官府、土官府,还是边野地区,都应编造黄册。《寻甸府志》记录民户共编黄册 7 里 1 150 户、20 834 口;《读史方舆纪要》记载楚雄府两州五县共编 35 里。此外据考证,云南黄册的编报数量与中原地区相差甚远,洪武初年云南黄册仅编 219 册,而经济发达的南直隶为 10 155 册;弘治十五年(1502 年)云南黄册编报数量增至 641 册,而南直隶有 13 385 册之多。究其原因,这可能是受当时云南偏远的地理环境、落后的经济发展水平、里甲"不拘定

---

① 开中是中国历史上一种特殊的盐业经营制度,主要出现在明朝时期。政府允许特定商人(盐商)在特定地区(开中地区)内进行盐的开采和销售。

式,听从实编造"等综合因素的影响。

4. 赋役

明朝之前的云南与中原政权若即若离,货币流通以贝币为主,运行实物财政。朱元璋平定云南后,明中央政府对云南采取了与中原地区相同的治理举措和财政政策,全方位促进了汉族移民与云南少数民族的融合。明朝初期,税制仍沿用唐宋以来的"两税法",每年分夏秋两季,征收夏秋二税。根据《明法典·食货二·赋役》卷七八记载:"赋役之法,唐租庸调犹为近古。自杨炎作两税法,简而易行,历代相沿,至明不改……万历时,小有所增损,大略以米麦为主,而丝绢与钞次之。夏税之米惟江西、湖广、广东、广西,麦荞惟贵州,农桑丝遍天下,惟不及川、广、云、贵,余各视其地产……洪武九年,天下税粮,令民以银、钞、钱、绢代输……十七年,云南以金、银、贝、布、漆、丹砂、水银代秋租。"《明法典·户口二·赋役》卷二十记载:"国初,因赋定役,每十年大造黄册,户分上、中、下三等,差役照册佥定。迨法久弊生,历朝每有厘正更创,如银差、力差、听差、十段锦、一条鞭,及南北派田之异。凡优免差役,……(正统)四年,令云南土马军,自备鞍马、兵器、粮食听征者,免本户差役四丁。"由此可见,明朝时期,云南地区也贯彻了与中原地区相同的赋税制度。

中央政府根据云南各少数民族地区的户口、人丁和田亩的多寡,直接征收田赋、课税和差发作为国家地方财政的常年收入。税赋、差发不同于进贡,进贡是土司按照规定时间(一般三年一贡)直接贡献给皇帝,供品收入内库供皇帝使用。根据《明太祖实录》记载:"寻甸土官安阳等来朝,贡马五十五匹及虎皮、毡衫等物。诏赐衣服、锦绮、钞锭。""云南丽江等府诸部酋长来朝,贡马一百二十七匹。"从上述记载的数字可看出,土司进贡的数额是很大的。税赋、差发则是封建国家财经制度的重要组成部分,是庞大国家运行所依靠的主要收入来源之一,由地方政权逐年征收。《明太祖实录》还记载:"(洪武十七年五月辛丑),割云南东川府隶四川布政使司,改乌撒、乌蒙、芒部为军民府,而定其赋税:乌撒岁输二万石、毡衫一千五百领;乌蒙、东川、芒部皆岁输粮八千石、毡衫八百领。又定茶盐、布匹易马之数,乌撒岁易马六千五百匹,乌蒙、东川、芒部皆四千匹。凡马一匹,给布三十匹,或茶一百斤,盐如之。"明朝时期,云南边远地区虽无赋税,但仍岁征差发,上缴布政司,作为国家地方财政收入的一部分,进一步拉近了边疆与明朝政府的政治关系。根据《云南通志》卷一六《羁縻志第十一·羁縻差发》记载,这些边远地区有"车里宣慰使司,额征金五十两;孟定府,额征银六百两;南甸宣抚司,额征银一百两;干崖宣抚司,额征银一百两;陇川宣抚司,额征银四百两;威远州,额征银四百两;湾甸州,额征银一百五十两;镇康州,额征银一百两;大侯州,额征银二百两;钮兀长官司,额征马四匹,折银一十两;芒市长官司,额征银一百两;孟连长官司,额征银二百两"。由此可见,明朝云南土司的税赋、差发与进贡有着本质的不同,这也从侧面反映出明王朝封建的中央集权政治、经济制度和法令已经深入贯彻到云南土司地区。

(二)经济事项中的会计

1. 货币计量

明朝初期,朱元璋发行了统一纸币——大明宝钞。由于朱元璋连年用兵,大量印纸币以充军费,导致纸币贬值、通货膨胀严重,纸币逐渐被铜钱所代替。根据《明法典·食货五》卷八十一记载:"万历四年命户工二部,准嘉靖钱式铸'万历通宝'金背及火漆钱,一文重一钱二分五厘,又铸旋边钱,一文重一钱三分,颁行天下,俸粮皆银钱兼给。云南巡按郭庭梧言:'国初京师有宝源局,各省有宝泉局,自嘉靖间省局停废,民用告匮。滇中产铜,不行鼓铸,而反以重价购海𫗦,非利也。'遂开局铸钱。"《罪惟录·钱法志》卷三十也有相同的记载:"万历四年,题准行云南布政司督令所属开局铸钱,遵照新制万历通宝,与国朝制钱相兼行使,以佐海𫗦之用。"可见,云南地区的货币流通变迁历程与中原地区不尽相同。此外,在云南红河州的泸西县和尚塔火葬墓群的随葬品里发现的明朝海贝三百余枚和"弘治通宝""永乐通宝"铜钱两枚,佐证了明朝中期以前,中央货币制度难以在云南推行,贝币仍在流通中占据主导地位。明朝后期,云南地区生产力逐渐提高,商品种类逐步增多,经商意识更为强烈,需要计算和记录的事项也越来越多,商品经济的快速发展推动了货币计量的进一步改变,方孔圆钱逐渐取代贝币成为主流货币。

2. 会计账簿

明朝官厅把会计账簿通称为"簿"或"簿籍",如《明会典》中记载的"底簿",《明史·食货志》中记载的商票"登簿",以及《明经世文编》卷一七五中说的"明立簿籍,作正支销",由此可见当时明朝合计账簿的设置。由于当时把会计簿籍划归国务文册一类,故会计簿籍又有"文簿""文册"之称,如《宛署杂记》中的"钱粮文簿"、《天府广记》中的"稽考文簿"等。明朝官厅把会计簿册划归国务文册一类,与黄册以及其他公文册籍并列,被看作国家的重要经济档案。

明朝官厅会计簿籍的设置和分类,与唐、宋官厅的情况大体相同。在会计账簿设置上分为草账、流水账与总清账。"三账"的设置,是中式会计账簿设置的基本组织体系。由于民间工商业的发展,尤其是商业性质的传统贸易的发展,明朝以"三账"为基础的账簿组织建设已达到较为完善的地步。当时,一般中等以上的工商之家都有这三种主要账簿的设置。草账用于临时赶急暂记,如征收夏秋二税时,由于事务繁忙而无法按照上级的要求工整书写正式簿账,只好先用草书速写编造出底账,等闲暇之时再誊写到正式簿账上,另外草账也起着原始凭证的作用;流水账是序时地、连续地登记所发生的收支事项,通过流水账可以掌握每日各类财务收支变化的具体情况,起着整理账目的作用,它是当时各部门的基础账簿;总清账是在各明细簿账的基础上进行的归类汇总,归类汇总的标准是国家所规定的收支项目,起着分类核算和盈亏计算的作用,且总清账中各类账目的布局仍采用四柱式,旬结、月结和年结都是运用四柱结算法。

根据明朝查继佐的《罪惟录·屯田》卷十八的记载:"云南都司原额屯田一万八百七十七顷四十三亩三分,见额屯田一百一十一万七千一百五十四亩一分八厘零,粮三十八万九千九百九十二石三斗三升三勺零。"其中原额即期初数,现额即期末数,可见当时云南地区已经采用了和中原地区相同的四柱结算法。此外,明朝成化年间,根据《快园道古》卷五记载:"杨石淙五六岁,聪敏绝世,人欲试其心智,戏取铺家日了账,杂记各姓所买米、盐、鱼、鲞之数,令目一过,用别本写出,半字不讹。"杨石淙(1454—1530 年)是明朝云南安宁的进士,"日了账"即日清的流水账,由此可以看出当时云南地区商铺的日清账簿里面杂记着各户所买的米、盐、鱼、鲞的数目,可见当时云南地区的会计账簿与中原地区的账簿设置是大体相同的。

3. 会计报告

据明朝查继佐的《罪惟录·会计一》卷二四记载:"天下粮草等项,国初,命有司按季开报,后以季报太繁,令每岁会计存留起运,申报上司,转报户部,俱从户部定夺。""正统三年奏准各处岁报、钱粮文册,……云南都司限六月终到部。""税粮一。国初,官民田税粮俱有定额,其后拨给亲王、功臣,及地土肥瘠、退滩开垦、坍江、灾伤等项,或增或减,岁无常数。今以诸司职掌所载,并弘治十五年至万历六年,实征数开具于后。云南布政司夏税:麦一万八千七百三十石,秋粮:米五万八千三百四十九石;弘治十五年,十三布政司并直隶府州实征夏税秋粮总数。""云南布政司夏税:小麦三万三千七百八石二斗八升七勺零,秋粮:米一十万六千九百一十三石一合零。税粮二。万历六年,十三布政司并直隶府州实征夏税秋粮总数。""云南布政司夏税:麦三万五千五百六十七石二斗六升一合五勺零,秋粮:米一十万七千一百二十三石三升七合一勺零。"从以上记载可知,云南财政赋税的报告形式和时间要求一般以"每岁"制的岁报和文册为主,形成了既定式的规范格式和报告流程,是明朝云南少数民族会计发展的重要成就。

4. 云南商帮的会计

明朝时期,云南马帮运输的繁荣,大大改善了交通运输条件,提高了运力,扩大了商品交换的地域范围,也使云南对外贸易成为可行的商贸活动。云南马帮承揽的主要运输任务是铜、盐、茶,每年滇铜外运万余斤,加之全省常年食用盐万余斤、茶叶每年外销万余担以上。当时知名度较高的当属回族马帮,回族自元朝起大批进入云南定居,由于他们擅长商业活动,所以很快在沿西南丝绸之路的对外贸易中占据了一定的地位。元朝在中国西南地区及邻近东南亚地区设置了驿站,到了明朝,商道和驿站更加普遍和完善。以回族为主的各族马帮主要沿昆明到贵州、广西、四川,丽江到西藏,大理到缅甸等路线开展贸易活动。

明朝中后期,由于交通条件改善,商品贸易日益频繁,商品流通愈加发达,白银逐步货币化,商人社会地位得到提高,全国各地陆续兴起的地域商帮,成为中国近世社会转型的具体标志。随着明政府移民及屯田等政策的实施,云南边关农业垦殖事业不断发展以及矿冶业的兴盛,加速了云南山区经济的开发,云南社会经济迅速发展,在政治权力和军事统治中心所在地以及水陆交通要地形成了众多的城乡市场。云南地区的城乡商业逐步活跃起来,昆明、永昌、大理、腾越等城市逐渐发展成为交易繁盛的商业中心,与此同时活跃的商业资本逐渐向农业、手工业生产领域渗透。随着商贸业的兴盛,商品交换中的商人资本也活跃起来,专业性商人的不断涌现,使得商业资本大量积累。而资本的积累,又驱动着富商巨贾进行更大的商业投机和营利活动,从而先后形成众多商号和商帮。当时,商人资本活动的领域主要涉及铺户、堆栈、货庄、对外贸易、商品运输、典当、票号和钱庄,也有一些商人资本转向农业、矿冶业和手工业生产。

明朝中后期,云南对外贸易各条干线及其各主要站口、货物集散地和中心城市,兴起了一批从事国内贸易和对外贸易的商帮,较为著名的有丽江纳西族商帮。作为滇藏贸易的中心和枢纽,纳西族从事商业贸易已有久远的历史,早在唐宋时期,纳西族就与吐蕃、南诏、大理等地有着频繁的贸易往来,形成茶马互市枢纽地,特别是在明朝时期,丽江木氏土司为木土知府开疆拓土,并且大力发展木氏专营的茶马互市贸易,拓展茶马古道南路。纳西族商帮以贝币为流通货币的时间最久,直至明朝末年才停止使用。此外,明朝中期,业绩兴旺的石屏商帮也逐渐强大,同庆号普洱茶创始人刘汉成是明朝石屏商帮的代表人物。石屏商帮不仅培植出了举世闻名的普洱茶,还进一步开发了银矿。石屏商帮很早就有"走西头"的说法,所谓"走西头"就是"走夷方",由石屏去元江、宁洱、普洱,去六大茶山,去普思沿边,甚至去越南、老挝、缅甸、泰国等国,有力促进了当时中国与邻国的友谊。

明朝时期,云南商帮计算长度以寸、尺为基础单位,有铜尺、木尺、竹尺。五尺、十尺木制的尺叫五尺杆、丈杆。计算重量多为木制杆秤,以十六两为一斤,有百斤、五十斤、二十斤、十斤杆秤。最大称一斤最小称至厘的秤叫戥,多为骨制。计算容量用斗、升、合制,多为木制容器,民用斗称市斗、市升、市合。但云南各地方约定俗成的民用计量单位纷杂,公私交往或民间贸易往往需要折算。

由于云南地处边疆,经济基础薄弱、生产力水平相对较为落后,且云南民族众多、曾一度脱离中央王朝政权统治范围,云南经济发展总体处于落后状态,明朝前期云南曾有过许多便商措施和商贾之法。

一方面是减税。朱元璋在实行轻赋休民政策时,对元朝的课税作了一些调整。税率由二十取一减为三十取一,超过的以违令论处。明初,政府设置的税课司局有四百余所,公元1380年,裁减了三百六十四处。《明史·食货志》记载:"军民嫁娶丧祭之物、舟车丝布之类,皆勿税。""嫁娶丧祭时节礼物、自织布帛、农器、食品及买既税之物,车船运已货物、鱼蔬杂果非市贩者,俱免税。"

另一方面是整顿市场秩序。公元1368年,朱元璋命令由兵马司兼管市司,规定对街市贸易使用的权衡等器"三日一校",并以时估定物价,按月向州县衙门从实申报,不许高抬或低估。公元1522—1566年,明朝政府又制定了市场诸法,据《续文献通考·市籴考》记载:"诸物行人评估物价,或贵或贱,令价不平者,计所增减之价论罪;买卖诸物,两和不同,而把持行市,专取其利,及鬻贩之徒,通同牙行,共为奸诈者杖;若见人有所买卖,在旁高下比价,以相惑乱而取利者笞;凡私造斛斗秤尺及作弊增减者,官降不如法有,提调官失勘者,其在市行使不经官司校勘印烙者,仓库官更私自增减官降,收支不平者,监临官知而不举及失觉察者,凡造器用之物不坚固、真实,及绢布等纰薄短狭而货卖者,各定罪有差。"

由此可见,明朝施行的较为宽松的商税政策直接刺激了云南商帮的发展,对云南商品经济的发展和商品流通的扩大起了积极的作用。

第三节 清朝时期云南少数民族会计发展

明朝末年,由于官厅腐败与社会动乱,官僚、地主对普通百姓的剥削和压榨,占用大量田地,百姓生活疾苦,屯田制度遭到严重破坏,军户转为民户,军田转为民田,并集中于少数豪强手中,特别是以沐氏家族为代表,占有大量庄田,而各级官吏也竞相效仿,最终导致贫富悬殊和阶级矛盾加剧。公元1644年,清朝建立。该时期,大西军在云南抵御清军。清政府为巩固政权,特派吴三桂为平西王发兵开拓云南,大西军因与清军实力悬殊而战败。而此时的平西王却趁势对云南进行藩镇统治,对地方经济实施专权统治,势力不断扩大,导致"三藩之乱",后清军入关,胜利平定叛乱,终使云南纳入大清王朝的统治版图。此后,清政府变革土地制度、鼓励开垦田地;积极促进冶炼、手工业和商业的发展。

一、清朝时期云南少数民族会计发展的经济社会背景

为了对云南实施有效的控制,清朝政府沿袭了元明以来的各级行政机构,设置云南行省,对少数民族上层施以旧职封授,加强政权稳定,减少社会动荡。随着经济社会的发展,清朝政府逐步调整和完善各级行政建制的内容体系,主要包括对各府州区域结构和数量的调整、政区设置的调整,实施改土归流政策。

(一)清初云南经济社会发展政策的变化

清王朝在顺治年间先后攻下贵州、云南后,针对两省民族众多、自然环境险恶、社会情况复杂的状况,以降将吴三桂驻镇云南、兼辖贵州。顺治十六年(1659年)正月,为了管控云、贵两省,清朝又设置云贵总督,组建云贵绿营兵,让"久历岩疆,堪胜此任"的贵州巡抚赵廷臣升任云贵总督。鉴于云南情势复杂,康熙二十二年(1683年)命云贵总督由贵阳府移驻云南府,自此确立了云南督抚同城的体制,直到光绪年间裁撤云南巡抚,以云贵总督兼治云南巡抚事。乾隆十二年(1747年)六月,云贵总督正式成为专为处理西南少数民族事务而设置的机构。光绪二十四年(1898年)七月,清朝裁云南巡抚,十月又恢复,光绪三十年(1904年)又裁,以云贵总督兼任云南巡抚。云贵总督和云南巡抚的设置和调整,是清王朝在云南的一项重要统治内容,是清王朝对边疆民族地区统治政策的完善和深化。清王朝实行总督巡抚制度,目的是加快边疆与内地一体化的进程,紧密其政治上与中央的关系,加强中央集权,试图以此实现由内地到边疆、由平坝到山区的统治,加强封建中央集权在云南少数民族地区的影响。

清朝对云南的治理经营,就其政治、经济制度的实际内容及其所采取的

各种政策措施来说,都是明朝的继续和发展。在政权机构设置方面,与明朝一样设置了承宣布政使和提刑按察使分管行政和司法,但不是最高长官,而是总督和巡抚的下属官员。按清朝官制,全国划分为若干大片,每个大片设有总督一人,总督是地方政区掌管军政大权的长官,管辖一省或二三省。各省设巡抚,巡抚是一个省的行政长官,与总督地位平行,但地位略低于总督。省以下机构是府、州、县。

明朝,耕种沐氏勋庄、官庄田地的农民,对土地没有所有权,只有占有和使用权,且人身也依附于官僚庄主。大小官僚庄主们的收入既不向布政司交纳粮赋,还与中央对抗。同时由于剥削太重,农民便逃亡并把土地抛荒。这一情况一直持续到康熙年间。这时,被抛荒的庄田占可耕地的一半以上。如果这种情况再持续下去,土地将无人耕种。因此,清朝时期,这些庄主不得不做出改变。公元1685年,云贵总督蔡毓荣报请清廷批准,将过去的沐氏勋庄田地变价,归并到各自所在府、州、县的民田中,废除了明朝遗留下来的庄田制度。凡过去耕种庄田的农民,交出一定数量的地价之后,便获得对土地的个体私有权,自身也就成为各府、州、县的自由农民,直接对官府负担田赋和徭役。这种变革,在一定程度上具有历史的进步性。但它的目的在于方便朝廷所委派的流官对农民的直接统治,增加国家的田赋收入。原来的庄园农民虽然在形式上得到了土地和一定的人身自由,但却要付出大量的地价,甚至是早已抛荒的庄田,原耕种的农民也遭到地价的勒索。直到康熙三十二年(1693年),还有五百八十余顷的庄田地价无法收取,清廷最终不得不宣布免除,让这部分土地有人耕种,以增加赋税的收入。而这一变革的结果,使各府、州、县民族地区的经济制度趋于一致,政治上更有利于通过流官来对各民族进行直接的统治。

清朝除了对勋庄、官庄进行变革,对作为一种土地制度的屯田也进行了改革。明朝所有的军户对土地都没有所有权,只有占有和使用权,他们所交纳的屯粮,有如"佃民之纳租于田主",而且还要负担繁重的军事徭役。军户被附着在土地上,不能随便迁徙移动,世代为军户。所以,明朝中期以后的军户,实际上成为国家的农户。尽管明朝中期以后,许多军田已被军官盗卖,但军屯制度仍然保存着,成为军户的枷锁。清初,仍然按照过去的档册把军屯田地登记起来,军户仍然被束缚在土地上,与民户有区别,没有改变其国家农户的地位。由于军屯的收入较之民田的赋税收入高出多倍,所以清朝不愿轻易放弃这种方式。但是,当清朝的绿营兵制代替明朝的卫所军制后,明朝遗留下来的军户已不是军户,所以军户纷纷放弃了军田而争种民田,将军屯田地大量抛荒,而且情况发展越来越严重。最终,清廷迫不得已才允许废除军屯制,将军屯田地并入所在府、州、县的民田之中,无论是军户还是民户,凡耕种军屯田地的人,都按照河阳县(今玉溪澄江市)上则民田的税额向国家交纳田赋。这样,明朝遗留下来的军屯土地也就成了私有,取消了军户与民户之间经济负担上的差别,而在政治管理上也就与民户完全一致了。军田改为民田之后,使军田不再被抛荒,从而扩大了耕种面积,增加了赋税收入,以此加强中央在云南地方的经济力量,使云南经济社会发展政策与全国渐趋一致。

(二)清朝初期和中期云南少数民族经济社会发展状况

明朝以后,汉族成了云南人口最多的民族,此后亦不断有汉族迁徙进入云南,如江西、广东、贵州等省的农民相继进入云南开垦土地,还有更多的人从事采矿业和商业,因而出现了许多外省会馆。在此背景下,云南人口增长很快,从乾隆四十年(1775年)至道光二十年(1840年),65年间云南人口增加了一倍多,由308万余人增加到701万多人,占全国人口的1.71%。到了清末,云南人口已突破千万,达到1250万人,这都与经济发展分不开。

1. 农业

清朝初期,新王朝的建立及土地所有制的变革,使云南的农业得到较大发展,具体表现在人口大量增长带来的耕地面积增加,水利建设的加速以及新作物的推广种植。

明朝时期,云南地区的土地政策包括庄田制度、屯田制度,清朝初期这些土地政策都被纷纷废除。由于耕种庄田的农民受到吴三桂集团的官僚地主剥削和压迫,选择"弃地逃亡",清政府为增加政府的直接经济收入和加强政治上的直接统治,1685年决定废除庄田制度,把土地卖给地主和农民。屯田的记录从明朝沿袭至清朝,清政府对军田的剥削比民田的高十多倍,导致军田被大量抛荒,政府无法按时收取租税,1694年屯田制度被废除,军田被并入民田。明朝时期,云南地区有众多的土司,土司辖区的土地属于土司所有,实行农奴制或奴隶制。清朝时期,清政府将土司辖区的范围缩小至边疆地区,云南土司辖区的土地归地主或农民所有。土地政策的改革,使得自耕农田的范围扩大,促进了农业生产的发展。

清朝初期,云南边疆人口增加,清政府鼓励开垦荒地,带动了云南田地面积的增加。由于汉族人口的不断迁入,滇东南的广南府和开化府、滇南的普洱府、滇西南的临沧地区、滇西的德宏地区等云南边疆地区的土地得到大量开垦。外来的汉族人在这些地区开垦农田、种植茶叶、开矿经商等,取得显著成效。

农业的发展离不开水利建设,清朝期间云南各地都修建了水利工程,对滇池及其六条河流进行了大的整治,疏浚河口,建坝闸,修渠道,使河口水流易退;泄洪水,灌农田,促进了云南地区的农业生产,以雍正年间和乾隆年间的成效最为显著。其中雍正年间,由于水利工程的修建,嵩明嘉丽泽涸出田地一万余亩;宜良县开河五道,解除洼地多淹等隐患;寻甸州寻川河涸出田地二万余亩等。由于清政府积极建设水利工程,在清朝前期的两百年间云南地区农业发展迅速,并产生了良好效益。

明朝以前,云南地区人口稀少,且大多居住在盆地和河谷地带,云南地区所产粮食多在盆地和河谷地带的坝区,以水田为主。清朝前期,由于人口的增加,居住至山区的人口数量也大增,推进了山区的开发,旱地作物开始有较大发展,玉蜀黍和马铃薯开始在山区广泛种植,但产量占比较低,水田种植作物仍占主导。

2. 矿冶业

云南地区的矿冶业在清朝初期有了很大发展,具体表现在铜矿冶业的兴起,以及银、铅、锌矿冶业的发展。清朝云南地区的货币由贝币转换为有色金属制造的"纹银"和"制钱",这两种流通货币的原料主要是银、铜,以及铅、锌、锡。因此,在铜的生产大发展的同时,铅、锌、锡的产量也有所提高。清朝前期,战争频繁,平定动乱、收复失地等都需要巨额开支,建立且稳定新政权也需要大量费用,货币需求量的大幅增加导致矿冶业受到清政府重视,开始繁荣发展。此外,开发矿冶业铸造钱币,清政府可从中牟取暴利,一千文制钱的成本只需要几钱纹银,这也是云南地区矿冶业发展的重要原因之一。康熙二十一年(1682年),云南总督蔡毓荣向清廷提出4条理财方法:开矿藏、广铸钱、卖庄田、垦荒地。前两条就是通过矿冶业增加清政府财政收入。具体政策是招民采炼,采炼所得政府收取20%的课税,其余80%准许商民买卖,根据采炼的数量及上税额度,还可以升级和授予官职,该政策的实施也同样刺激矿冶业的发展。

后来,清政府为取得更多收益而改变政策,实行"放本收铜",即商民不再被允许私自买卖,而是要以低价将矿冶产品卖给政府,政府再高价卖出获取厚利,这也是云南矿冶业开始走向衰落的一大原因。矿冶业开始衰落的另一原因是市场表现为"银贵钱贱",导致铸钱减少。加之英国、美国等资本主义国家为改变中国对外贸易地位,遏制贵金属流向中国,向中国大量输入鸦片,严重破坏中国经济,使得大量白银外流,造成了严重的银荒,银价上涨,钱价下跌,云南矿冶业也随之走向低谷。

3. 手工业

清朝初期,云南地区的手工业随着农业和矿业的发展也有较大进步,重点表现在制盐业、金属加工业、纺织业和制茶业。

云南自古产盐,清朝更是得到了较大发展。清朝道光前半期,云南盐的年产量达到 3 500 万斤以上,平均每人每年产盐 5 斤多,而在明朝末期,平均每人每年只有 1 斤左右。当时产盐的地区分布在昆明、楚雄、大理、丽江、思茅 5 个地区的 10 个县。制盐方法是"打井汲卤"、砌土灶、安铁锅、烧柴火、"煎卤成盐",全属于手工操作。即使清朝初期云南地区的制盐量有大幅提高,但产盐量还是不抵需求量,仍需要购买川盐、粤盐等。

云南地区少数民族众多,而少数民族手工制品极具特色,推动其金属加工业的发展。金银制造器具和装饰品是傣族的重要手工制品,在唐朝已很著名,经宋、元、明三朝的发展,到清朝日益繁盛。纳西族的铜器也久负盛名,尤其以铜锁最为出名。从明朝开始,阿昌族的铁器一直闻名于世,以各种刀具为代表,俗称"阿昌刀"。

云南地区虽不种植棉花,却是棉花贩运的重要必经地,因此云南地区的手工织布遍及全省各地,纺织业得到大力发展。滇中的新兴(今玉溪市)和河西(今属通海县)所生产的手工棉布最为著名。新兴产者除白布外,能染各种颜色。河西产者,白色为多。晋宁州头塘所产的"头塘布",以细密著称于世。洱海地区的"大理布"和"喜州布",质量上好,除家庭自用,还畅销滇西各地。昆明郊区官渡的丝织品在当地十分出名,生产的滇缎被认为"质地虽粗,坚牢耐用",官渡纺织的纱帕也是"用于裹头,行销各县",还有供装裱和装饰的绫罗、供制筛用的罗纱,纺制的丝线、绒线、弦绒,行销市场。昆明东寺街一带的染色作坊,用本地染料和传统方法(土法)染纺织品,是当时云南较为密集的手工染色作坊群,染色能力居当地之首。

云南茶叶从古至今都是名产品,因此云南地区的茶业一直发展良好。哈尼族、基诺族、布朗族、傣族、拉祜族、白族等少数民族的祖先,是云南茶叶最早的栽种者和加工者。清朝时期,云南的茶叶以普洱茶闻名于世,普洱茶的产地在今思茅、临沧、西双版纳地区。由于普洱茶的质量好,清王朝每年都要征收一些运到京城,名为"贡茶",除作为进贡佳品外,普洱茶还通过商业渠道,运销省外乃至国外,受到各地人民的喜爱。

4. 商业

清朝初期各类商品的增加,促进了云南地区的商业发展。昆明在当时不仅是云南的政治中心,而且也是云南的商品贸易中心。云南各府、州、县的商品都汇聚在昆明市场,运输向省内、省外、国外。外省商品进入云南后也在昆明地区聚散,造就了昆明商业市场的繁荣。昆明城周围同样兴起了各种商业贸易的集市和街区,例如,呈贡有龙街、归化街、安江街等。晋宁有州街、新街、河泊所晚街等。不同的街区主营商品不同,规模也不同。除了昆明,各府城、州城、县城也都是本府、本州、本县的商业中心。无论规模大小,商业中心拥有的商业种类多样,有票号,经营存放款及汇兑;有铺户,销售棉布、纸张、金银首饰等;有转运业,以马帮为多;此外,还有堆栈业、典当业等。清朝初期,云南矿业处于大发展阶段,矿产品的交易和茶叶的销售同样也是云南地区的重要商业活动。

5. 交通运输业

清朝初期,承担公文、军用物资、铜、盐、粮、商品、私人信函等方面运输的,仍然是传统的驿道。陆驿用人力和畜力,水驿用舟船。云南驿道建设始于远古,唐宋时期趋于完备,盛于元明,鼎盛于清朝。云南建为省之后,云贵总督和云南巡抚驻扎于昆明,加之矿冶业、农业、手工业、商业的发展,各种物资和商品需要通过驿道运输,昆明成为西南地区重要的政治、经济中心,同时还是云南的交通枢纽。

清朝云南地区的驿道和驿站主要沿袭元明两代,并发展得更为完备,驿道的首要任务是为政治和军事服务。清朝对云南地区的统治比以前任何朝代更加深入,不仅政治和经济要地建立了道、府、州、县,有驿道相通,山乡僻壤也建立了汛、塘、关、哨。清朝驿道仍然是传送公文的主要通讯道路。驿道在中央层面由兵部统管,地方有驻防各地汛、塘、关、哨的清兵保护,这保障了传送过程的安全与畅通,同时增强了云南各地之间、云南与封建统治中心及各省之间的密切关系。云南将丰富的铜、银、锡等矿物运往其他地区,多种多样的商品也在省内外的驿道上流通,这使得驿道上的物资运输量和频繁程度也大大增加。清朝云南的驿道,以昆明为枢纽,通往各府州县,辐射全国各地,甚至通往缅甸、越南、老挝、泰国。

(三)晚清时期云南少数民族经济社会发展状况

晚清时期,云南各地区经济发展延续了清朝中期的基本模式,农业和工矿业依然占据重要组成部分。然而,随着西方殖民者侵略的不断加剧,云南少数民族经济社会状况发生了重大转变,传统自然经济为主导的经济结构逐步瓦解,形成了对外贸易、商业、机器工业、金融业等多种形态为一体的经济发展格局。

1. 农业

元明以来云南山区持续开发,农业获得了很大发展,但是随着西方殖民经济的介入,云南农业和农村经济受到严重破坏,主要表现为劳动力的急剧减少,耕地大量荒芜。农业生产中鸦片种植泛滥更是阻碍云南地区农业发展的重要因素,也导致了农业积累严重下降。在西方殖民势力的侵略下,鸦片种植、加工、贩运在云南地区愈演愈烈。在清政府无法控制鸦片产销的情况下,以夷制夷、制造民族矛盾的封建政策得到全面推行,激化了云南地区的内部阶级矛盾、民族矛盾,云南地区农业生产到达崩溃边缘。与此同时,农业衰退、粮食供给不足导致了粮食价格不断上涨,广大农民遭受政府当局及封建地主阶级的剥削日益加重,农业生产的收入大量被转移到非农业生产领域,严重影响了农业生产的自身积累。

2. 工矿业

由于战乱和殖民主义侵略不断加深,大量白银外流及洋货输入,导致了银贵钱贱的现象,云南矿业同时面临有效投资不足、资金链断裂的危机。加之部分矿产资源的枯竭,矿区生态恶化,导致传统矿冶业几度陷于停顿状态。此外,云南各地农村家庭手工业也受到战乱冲击,云南传统工矿业经济开始全面衰落。

清末云南工矿业在激烈的结构调整中,开始了艰难的近代化步伐。首先,部分传统手工工场得到了一定程度的恢复和发展。其次,洋务运动之后,云南创办的官商合办、官督商办及官办企业,构成了当时工业的重要组成部分。云南大锡出口量的迅速增加,推动了当时云南地区矿冶业的恢复和发展。后来,云南一批拥有一定资金的商人、官僚、地主,投资创办了若干小型工矿企业。同时,电力、煤炭、火柴等领域也获得一定发展。

3. 对外贸易

嘉庆、道光年间,云南地区的对外跨国贸易形成了传统供赐贸易与边境小额贸易并存的格局,但这一传统格局被西方殖民者用鸦片和战争终结,边境贸易更被直接纳入近代国际贸易的体系。云南传统对外经济贸易关系以约开商埠为起点,逐步形成"以通商口岸为依托,以全球性、综合性的世界贸易为主体,以边境贸易、边民互市和走私贸易为补充"的格局,对外贸易被迫急剧转型。西方殖民者强迫清政府签订一系列不平等条约后,凭借条约在云南地区设立多个海关,导致与云南地区开展商品贸易的对象国增加,主要贸易对象也由周边国家变为英、法等西方国家,这使云南地区的对外贸易长期处于被动地位,主权严重丧失。

4. 商业

随着云南地区对外贸易的转型,云南城乡市场发生重大变化,商业也随之面临被迫改变的境况。在国际、国内市场波动的影响下,铜、茶、盐的专卖走向衰落,粮食、布匹和牲畜这三种大宗商品的流通获得了一定发展。此外,云南地区与进口商品有替代性的传统商品的销售受到强烈冲击,而出口的商品流通却大幅增长。云南集镇的兴衰与商品流通的变化相照应。在云南商业的发展中,商人组织也经历了由商业帮会、封建行会向近代商会的转变。主要从事长途贩运贸易的云南各大商号,更多地通过业缘关系和地缘关系,自发地组成了较为松散的地域性商业帮会,与此同时商人队伍也获得一定发展。

5. 机器工业

鸦片战争之后,棉纱、洋油、燃料等以大机器工业为后盾的洋货大量输入云南地区,直接摧毁了已受到严重冲击的民间手工业和其他手工业。随着清末云南工业开始向近代化发展,部分传统手工工场开始采用一些简单的机械,同时出现了一些使用机器设备和采取资本主义经营方式的工矿企业。此外,一些私人开办的小型工矿企业也使用了机器生产。1884年,云南地区开办了云南机器局,试制铜帽、笔码等件,云南官营军事工业也由此开始出现。

6. 金融业

在金融领域,云南传统金融业兴而复衰,近代银行业及汇兑业务迅速发展。随着云南与其他地区经济联系的加强,跨地区的资金调拨、民间借贷逐步发展,形成了官府调拨钱粮、生息银两、民间賨会①融资与高利贷并行、钱庄兼营存放款、当铺主营质押抵当、票号主营汇兑和存放款等多种金融方式并存的格局。近代前期,云南民间直接金融广泛存在,既有自发集资的民间賨会,也有个人间的各种货币借贷和实物借贷。民间间接金融也形成了一定规模,以典当和汇兑为主。到了清末民初,作为国内外近代专业金融机构的银行在云南地区相继设立,云南地区金融业逐步成为独立的行业。

7. 交通业

道光二十年(1840年)是中国社会由古代进入近代的一年,然而铁路、公

---

① 賨[cóng]:中国古代四川、湖南等地少数民族对所交赋税的称谓。賨会,亦称合会,为民间传统的借贷往来组织。

路、航空、轮船为标志的近代交通在云南发展较慢。清朝初期建设的云南驿道沿用到清朝晚期，才有滇越铁路一线的突破，1910 年，滇越铁路通车，云南境内有 465 公里的铁路。云南广大地区的驿道，直到 20 世纪 40 年代以后才逐渐被公路和铁路代替。清朝云南地区的交通，主要发挥了物资运输作用，其中铜运、盐运、茶运最为突出。其中铜运在云南交通运输史上具有重大意义，清朝初期云南的铜产量位于全国之首，主要供应全国各地铸造钱币，中间环节的交通运输则是头等大事。清政府对云南所产的铜实行统一分配：运送京城的称"京铜"；运送云南以外各省的称"采买铜"；供云南省自用的称"省铸"。因此，云南地区的铜运促进了云南道路交通的发展，也是云南运输史上由中央政府与地方配合，有计划、有组织、有严密制度的大规模运输活动。

二、清朝时期云南少数民族的会计

（一）官厅层面的财计组织

1. 中央层面官厅财计组织体系

清王朝统一全国之后，构建了中央集权的封建治理体系。皇帝依然集一切权力于一身，而宰相、议政王大臣、军机大臣行内阁实权，行政部门则参考隋唐时期六部之法设置吏部、户部、兵部、工部、刑部等六大部门，大理寺、刑部和都察院行司法职权，合称"三法司"，而都察院职掌监察权，翰林院则管人才与顾问事务。从财政经济管辖职权范围来看，户部为钱粮直管部门，是清王朝财计组织体系的核心。为做好财政经济事项的监督与监察工作，刑部、都察院具有监督监察的职权，对户部的财计管理与组织工作进行监督。

2. 云南省级层面财计组织体系

清朝行省制度在元朝的基础上作了一定的变革，初始阶段设置了特别行政区和十八行省的治理结构。云南作为十八行省之一，省下设道、道下设府、府下设县,另还有州、厅的设置形式,其中厅的设置多为边疆和少数民族地区。在省级层面,设置了总督和巡抚作为省级长官,其中,总督为省最高长官,巡抚则掌一省之权力,职权范围略低于总督。

总督只设1人,没有副职,府衙职官设置了6个,包括中军、武巡捕、文巡捕、监印、收呈委员、戈什哈。其中中军为副将,是总督府的护卫官,执掌中军营务,负责整个总督府的安全护卫工作;武巡捕为总督贴身武官,职掌督署秩序,文武官员谒见总督时,在旁陪伴与护卫;文巡捕为政事参谋,总督在执行公务时,伴其左右供使令者;监印为督府委员,管理督府相关印章,实为朝政管控之核心职官;收呈委员为政堂与百姓对话之窗口,职掌收受呈诉,负责调查与整理诉状;戈什哈为侍奉总督的侍从武弁,全面负责总督的寝居、出行之安全。而巡抚也只设置1人,没有副职,府中职官设置与总督府相同,其中巡抚护卫官为中军参将,比总督府的中军副将级别稍低。

在总督和巡抚之下,云南行省还设置承宣布政使与提刑按察使两个使官。《新纂云南通志》记载"承宣布政使司,布政使掌一省之政,司钱、谷之出纳。十年会户版,均税役,登民数、田数,以达于户部。云南一人。其属:经历一人,库大使一人",而《皇朝通典》记载"按察使,凡政务大者,与藩司会议,以听于部院,理阖省之驿传"[①]。由此可见,承宣布政使行民政和财政管辖的主要职权,为从二品品级,掌管钱粮之事务,下设官厅会计的管理机构和司所,具有完善的财计管理制度和组织设置;提刑按察使主管司法和监察职权,为正三品品级,具有行政监督和监察之权力,负有监督财计管理与组织工作之职责。

此外,省级层面的行政机构还设置有若干道,诸如督粮道、盐法道、驿使道、提学道等职能道属,还有永昌道、迤东道、迤西道、迤南道、储粮道等区域

---

① (清)乾隆敕撰:《皇朝通典》卷二三。

道属。道的长官为"道员",不同时期,道官的职掌和归属存在差异,行政、司法、监察、财经、文教均统一或分职管理。

3. 基层行政机构层面的财计组织

从清朝的地方政权结构来看,省为第一级,道为第二级,府为第三级,直隶州和直隶厅与府同,县、州、厅为第四级。① 在道下设府,府的长官称为知府,掌管行政、司法、财经、文教等所有权力,辅助官主要有同知、通判等专职官员,分工负责军粮供应、少数民族事务、官府政务等工作,而属官有经历、知事、照磨、司狱、检校、吏目、书吏等。②

县、州为地方基层政权机构,主官为知县、知州,而部分边疆和少数民族地区还设置了厅,统筹掌管行政、司法、财经、文教方面,属官有县丞、主簿、巡检、典史、驿丞与书吏等,分别职掌巡捕、户籍、钱粮、赋税、关贸、缉捕、监狱、邮传及文书等。从《云南通志》记载来看,云南"共置府二十三,直隶同知一,领州三十一,土府一,土州一"。又据《清史稿·地理志》记载:"领府十四,直隶厅六,直隶州三,厅十二,州二十六,县四十一;又土府一,土州三,土司十八。"

4. 军队建制及其财计组织

清朝的军事建制以八旗兵为最初形式,全国统一后,在各地建立绿营兵。云南绿营兵有督标、抚标、提标、镇标,统率各镇、协、营兵,分布于全省各地。清朝年间,全省共有53营,约5万人,具体数量不同时期略有差异。总督为最高行政长官,同时例加"兵部侍郎"或"侍郎",故其亦是最高军事长官,而其下,还设置提督,为专职的军事长官。在基层驻防层面,汛、塘、关、哨是基本的驻守建制,云南所有道、府、州、县均有设立,总计3 000余处,密如织网,具有显著的风险防范作用。具体兵源流转过程如图4-2所示。

---

① 何耀华、夏光辅:《云南通史》(第四卷),中国社会科学出版社,2011年,第227页。
② 何耀华、夏光辅:《云南通史》(第四卷),中国社会科学出版社,2011年,第228页。

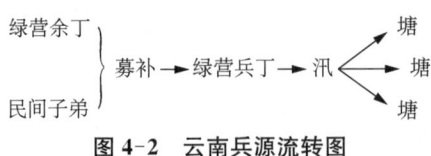

图 4-2 云南兵源流转图

军队的财计管理具有严格的分工,还存在定期的考核。云南绿营兵饷"除由本省盐课、条丁项下动拨外,各省每年协济四十余万(两)",以兵饷的形式从外省引入资金。从军费来源上看,中央下拨的军饷为主要军费来源,具体包括俸银、禄米、薪银等项目。整体来看,绿营兵在一定程度上维持了边疆与民族稳定,也促进了云南农业、手工业和商业的发展。

根据清朝官制俸禄标准,各品级的薪俸标准均不同,具体如表 4-2 所示。

表 4-2 清朝官制俸禄标准

品级		(年)俸银(两)	(年)禄米(石)	(年)薪银(两)
正、从	一品	180	90	144
正、从	二品	155	77.5	144
正、从	三品	130	65	120
正、从	四品	105	52.5	72
正、从	五品	80	40	48
正、从	六品	60	30	32
正、从	七品	45	22.5	32
正、从	八品	40	20	无
正	九品	33.114	16.557	无
从	九品(未入品级同从九品)	31.5	15.75	无

清朝军队中的重要弊病为八旗兵与绿营兵兵饷的差异,同样兵种,八旗兵的兵饷比绿营兵要高很多。例如,八旗兵护军、士兵每月给银 4 两、年米 48 斛,而各省镇绿营兵中马兵每月给银 2 两、米 3 斗,步兵每月给银 1 两 5 钱、米 3 斗。同样,云南行省中绿营兵的军饷标准亦较低。

此外，为做好军需管理，中央层面设度支部统办各项军需收支，如遇战事，可另请销军需。据记载，云南在同治年间，请销军需数达一千四百六十余万两之多，而乾隆年间金川之役和缅甸之役的军需、河工、赈务、赔款之耗费达七千余万两。①

（二）清朝云南官厅会计史料分析

1. 关税的会计管理

清朝时期，外务部中总督办税务大臣和帮办大臣各1人，所辖各边关关市置税务司，其中腾越、思茅、蒙自各1人，另置监督，后改为归督、抚监督。道光年间，蒙自边关归云南临安开广道管理，隶属本省督、抚。② 关税的具体征收内容包括正税、进口税、出口税、马白税、子口税与税厘等，部分年代还包括印花税、烟酒加征等内容。

关税的会计核算工作主要由各关口设总办、帮办负责，"各关预期请领收税册档，及请领迟延，擅用本关簿册参处例"③，从该记载可知，各关口对收税年度数额存在预期设置和预算额，收税册是官方管控关税征收的重要载体，而各关口均设置了会计簿册对相关税费钱粮进行统一核算。在具体执行过程中，洋货入滇，可纳减部分比例关税。

2. 盐务的会计管理

清朝滇盐实行官卖制度，其生产、运输、管理和销售所需各项经费均由官府开支，具体管理业务和盐务工作包含了盐务经费筹措、盐税征收管理与盐务开支管理等内容。盐务经费是盐井的初始投资费用，一般由官府承担，也存在商用资本入伙的情形。盐税制度在清朝基本统一，故云南执行的盐税制度与全国基本一致，但盐税在云南财政收入的比重较大，占有十分重要的地位。盐务开支包括生产、运输、管理和销售各个过程所涉及的各项费用开支，

---

①③ （民国）赵尔巽等：《清史稿·食货六·征榷》。
② （民国）赵尔巽等：《清史稿·职官六·外务部》。

具有明确的支出规定和要求。由此可见,清朝云南盐务具有重要的财政地位,盐务会计内容具有显著的统一性和区域性特征。

1) 盐税征收与管理

清朝时期,"云南盐井最著者二十六,行销本省"①,从云南盐税的内容来看,灶课、引课、杂课、税课、包课五大盐课是早期盐税的主要税种。咸丰军兴后,"复创盐厘"②,种类繁多,包括引厘、关卡厘、包厘、正课厘等项目。

(1) 盐税征收

清初时期,据《新纂云南通志》记载,各盐井产量百万斤之数以上者不在少数,"黑井,额煎盐八百二十三万二十四斤,征课银一十二万六百五十两二钱二分;……白井,额煎盐六百六十一万九千三百一十六斤,征课银七万六千四百六十四两二钱九分;琅井,额煎盐一百九十九万三千九百九十六斤,征课银一万一千三百八十两二钱四分四厘;云龙井,额煎盐二百六十万一千六百八十四斤,征课银一万八千九百九十三两三钱三分三厘;……景东井,额煎盐一百四十八万一千七百六十八斤,征课银八千五百九十四两二钱五分四厘;……按板井、恩耕井、抱母井、香盐井,额煎盐四百四十四万五千二百一十八斤,征课银二万二千六百八十四两五钱四分。"③由此可见,课银征收数量是以产盐数量为基础的,从全省来看,康熙二十四年(1685年),云南"岁额盐课银一十五万二百三十八两七钱二分六厘"④;康熙五十二年(1713年),无关税,而"通省盐井二十四区,编发照票一十三万一千四百二十七张,额征正课银二十六万四千一百八十三两四钱七分三厘,又井费经费军银一十一万二千九百十二两一钱三分七厘"⑤,实征盐课总计为三十七万七千零九十五两六钱一分;雍正十年(1732年),云南通省盐课,正额银共计二十七万八千三十九两

---

① ② (民国)赵尔巽等:《清史稿·食货四·盐法》。
③ (民国)龙云、周钟岳:《新纂云南通志·财政考》。
④ (清)倪蜕:《滇云历年传》(卷一一)。
⑤ (清)嘉庆:《嘉庆重修一统志·云南统部》。

七分,正额盈余共计银二万五千六十一两七钱六厘,总体呈现出逐年递增的趋势。①

清朝中期,云南盐税种类较之前有所增加,除之前的正课税目之外,还包括了养廉费、井费等内容。据记载,"黑盐井,应征正课银七万三百六十三两五钱一分五厘,……养廉经费银一万五千三百四十二两六钱七分七厘,……井费等银一万四千一百四十六两六钱八厘,……共征课廉、井费等银九万九千八百五十二两八钱;白盐井,应征正课银六万一千六百二十二两八钱一分一厘,……养廉经费银一万三千三百七十四两五钱四分九厘,……井费、役食、纸张等银一万二千三百三十一两九钱一分,……共征课、廉、井费等银八万七千三百二十九两二钱七分;安丰井,应征正课银二万六千四百五十一两一钱九厘。"②由此可见,养廉费、井费等杂项盐税与相应盐井所征的正课银基本成正比关系。在此期间,清政府对盐课的征收措施进行了一些调整,如乾隆年间裁撤滇省盐课盈余,并除去分派烟户食盐之弊③,嘉庆五年(1800年),"每盐百斤酌减正课银三钱九分零,只征课银六钱,自嘉庆四年十一月为始,即照减数征收"④,与此同时,另议准云南省年征正课、公廉经费,照年额盐斤均匀推算,依照"每盐百斤征课七钱五厘一毫二丝零、公廉银一钱五分三厘三丝九忽零、经费银一钱四分一厘一毫零"⑤的标准。以上征收内容均由商民在领引时由井员照数征收,并且按季度汇解至盐道处后再分别认定。⑥

晚清时期,随着滇南一线盐产区的大规模开发,盐税急剧增加,在财政收入中的比重也逐年上升。具体各井的表现亦是如此,"黑、元(兴)、永(济)三井,正课银十万九千一百二十五两八钱七分八厘三毫,溢课银五万二

---

① ③ ⑥ 赵小平:《略论清代云南盐税及其变化》,《盐业史研究》2008年第4期,第26-33页。
② (民国)龙云、周钟岳:《新纂云南通志·财政考》。
④ ⑤ (清)刘锦藻:《清朝续文献通考·征榷六》。

千七百四十八两九钱八分五毫;白井,正课银四万二千四百七十三两七钱四分八厘,溢课银八千四百五十六两一钱六分二厘五毫;乔后井,正课银四万二千五百两,溢课银一万二千八百三十六两七钱三分六厘;石膏井,正课银一万二千六百五十五两四钱七分五厘,溢课银七百五两六钱八分五毫;磨黑井,正课银二万九千三百四十四两五钱二分五厘,溢课银一万五千三百八十两四钱五分二厘;抱母井,正课银一万五千五百八十两,溢课银一万一千三百六十八两四钱六分四厘;按板井,正课银一万八千五十八两八钱八分,溢课银一万一千八百八十一两三钱六分八厘"①。从该数据中可以看出,晚清时期滇南是重要的产盐区,成为云南经济重要的增长点。后因战乱影响,盐课影响亦较大。

(2)盐税奏销报告

在盐税征收管理过程中,康熙以前是云南盐政的形成时期,为应对盐税征收不足额的问题,盐税的种类、定额标准及其征收方式在不同时期均大有不同,导致其变化频繁,但并未改变定额征收所带来的不足额问题;而雍正初年实施了盐政变革,革除盐规,将余盐纳入正额,使盐税征收逐渐制度化和规范化,其中涉及定额制度、实征调剂制度和奏销制度,健全了清朝云南盐政的制度体系。

奏销制度是在明朝时期文册的基础上建立的向统治者报告制度。皇帝和财计大臣以此作为依据,核销全国各个地区或业务部门的账目,并评价具体会计工作的优劣。② 当时习惯上把呈送报告叫作"奏销"或"奏报",故有"奏销册"或"报销册"的称呼。由于明朝中央政府规定这种"奏销册"必须按照"管、收、除、存"的格式编制,这种"奏销册"又称为"四柱奏销册",或曰"四柱报销册"。清朝时期,延续了明朝时期的奏销制度,因此,奏销报告也是清朝

---

① (民国)龙云、周钟岳:《新纂云南通志·财政考》。
② 郭道扬:《中国会计史稿》(下),中国财政经济出版社,1988年,第66-67页。

典型的官厅会计报告形式,也均以四柱形式呈现。

清朝钱粮奏销制度确立于顺治八年(1651年),经康熙、雍正两朝的整顿,奏销时限、程序、格式与内容等方面逐渐规范,形成较为完整的奏销制度,其他方面的奏销,均以钱粮奏销制度为基础。① 盐税属于清朝正税,与地丁、田赋一起,例应按年奏销。清朝云南盐税奏销始于何时,文献中无明文记载。然雍正元年(1723年),云南驿盐道李卫追述康熙末年云南盐政弊端称,"亏缺反算作正项奏销"②,足见云南早已实施盐税奏销制度。③

根据乾隆元年(1736年)六月二十八日云南巡抚张允随"奏销滇省各井雍正十三年份盐课盐税银两事"的报告内容可知,在盐税奏销报告中,首先说明制度的变化,再按盐税种类,分述旧管、新收、开除、实在四项数据,其中,新收项下,又分列应征、实征及完欠各数。在张允随奏销报告中,"新收雍正十三年分连闰盐课银二十九万九千九百八十二两六钱九厘,内除乌得、磨者等井土目夷灶每年认纳盐课银二千两,已于《敬陈边地垂久等事》案内题请免征,奉准部覆,遵照在案,实征雍正十三年分连闰盐课银二十九万七千九百八十二两六钱九厘,……雍正十三年分盐务正项盈余银一十一万六千四百四十八两五钱八分八厘,……内已完银七千八百四十三两八钱九分三厘,未完银一万九千三百六十三两九钱五分七厘,……雍正十三年分盐务额外盈余银二万六千八百九两一钱五分四厘,……内已完银四千六百八十二两一钱九分,未完银二万一千三百六十二两九钱六分四厘"④,符合四柱式的报告方法。由此可以看出,清朝云南盐务的会计核算,采用的是明清时期入出记账法,并建立了完整的四柱报告体系。

---

①③ 马琦:《清前中期云南盐税的定额、实征与奏销》,《盐业史研究》2018年第2期,第12-21页。

② 雍正元年六月十九日云南驿盐道李卫"奏陈盐弊大概情形折",见中国第一历史档案馆《雍正朝汉文朱批奏折汇编:第一册》,江苏古籍出版社,1991年,第535页。

④ 乾隆元年六月二十八日云南巡抚张允随"题为奏销滇省各井雍正十三年份盐课盐税银两事",档案号:02-01-04-12854-011[B],中国第一历史档案馆藏。

2) 盐务的经费管理

(1) 经费收支

盐务经费是维持盐井正常生产、运销、管理的前提条件,包括盐井的资金来源和具体筹资形式。从历史上看,清朝云南盐务经费主要有官方拨给和民间自筹两种方式,其背后所涉及的是云南盐务治理的具体机制与制度安排。

从康熙中叶开始,云南盐务主要实行由官方控制食盐产运销的官运官销制度,其生产、运输、管理、销售所需的各项经费均由官府开支,主要从卖获盐价银收项中开支。从盐井的创立与经营过程来看,开凿盐井的支出由官府承担,作为盐务经营的基本投入。雍正九年(1731年),云南各井制定统一章程,规定各盐井的年产量和盐销价格。据《新纂云南通志》记载,云南各井每年于盐课银中,需要支给煎盐薪本、役食、购置器具以及运盐脚价等银;又在卖获秤头盐价内,每年支给运盐脚价不敷银、提举支销公费银、省店委官养廉银、商役工食银及奏销饭食银、缉私差费银、养廉赏兵银等项。至嘉庆初年,滇省盐法"每年煎办额盐三千七百一十万六千二十斤,按月交存井仓。而行销之法,则系按照各州、县户口多寡,酌定额数,地方官垫价雇夫,赴井运归本地,设店收贮,分发所属铺贩销售。每盐百斤定价三两,各属每年共解盐道库银一百四万三千四百一十八两,内拨解司库正课银二十六万一千六百四十三两,余作开支养廉经费、归还薪水、运价等项,按年造册,分款奏销"。① 由此可见,这一时期云南每年大约卖获盐价银100万两,除上交国库约26万两的正课银外,剩下的70余万两主要用于云南官吏的养廉银及井盐的产销经费。②

嘉庆五年(1800年),云南各盐井实施了"灶煎灶卖、民运民销"的改制行动,"原定薪本脚费,均勿庸官为开支,而各州、县店费,概可裁汰","惟正课一项,系搭放兵饷之需,而公、廉并各井经费二项均系按年应支之款,仍应照旧

---

① 牛鸿斌等:《新纂云南通志》,云南人民出版社,2007年,第157页。
② 赵小平、余劲松:《清代云南盐业经费来源问题研究》,《盐业史研究》2018年第2期,第3-11页。

征收"。由此可见,"嘉庆改制"后,虽然一部分经费不需要官府开支,但是官吏的养廉、相关的办公经费以及管理井场的费用仍在官府所征盐课中支给。甚至一些额外经费也在盐课银内动支,如嘉庆二十三年(1818年)黑井场附属的大、新、沙三井被水冲淹,所需维修费数额巨大,灶户无力承担,因此,经奏请,清廷准将云南盐道库所收盐课银内,先行动放银2 000两,并饬藩司动放库银2万两,照例抚恤,不使一夫失所。①

(2) 薪本借贷

薪本借贷是清朝云南地方盐务经费来源中的一种特殊形式,自康熙三十八年(1699年)开始实行,一直延续至清末。"各处盐场煎晒盐斤,所有工本均由场商、灶户等自行筹措,惟滇省情形特殊,煎盐薪本由官垫给"②,由此可见,薪本借贷是云南灶户煎盐的重要经费来源,其核心是由官府提前向灶户借贷煎盐薪本,待产盐后再由灶户按约定期限还款,改变了过去"先盐后本"的管理形式,对盐业产量的提升和产业发展具有重要作用。

薪本是煎盐的主要成本之一,"滇省从前各项陋规未革之时,每年黑、白、琅等盐井有呈送院、司、道节礼银两,内白井年送银一千四百四十两,琅井一千二百一十六两,并黑井年解锅课银二百四十两。雍正元年,经升任盐道李卫报出,解交藩库,留办通省军务并诸项公用。至雍正六年,复经升任督臣鄂尔泰奏明归入公件项下,搭放一切公事养廉之需,节年在于发给薪本银内按季扣解。在当日,薪价平贱,灶户犹能供办。近年来,童山渐多,薪价日贵,兼之卤淡难煎,所领薪本,不敷购买柴薪之用,而前项归公节礼银两已成定额,不能不照数扣完,以致灶户力不能支",由此可见,由于官商课费繁多、山木渐少、柴价渐高,政府所发放薪本数量远不足实际开支,这是薪本借贷产生的环

---

① 赵小平、余劲松:《清代云南盐业经费来源问题研究》,《盐业史研究》2018年第2期,第3-11页。
② 刘楠楠:《1915年云南盐务整理案》,《民国档案》2013年第4期,第3-9页。

境基础。

3）盐务治理

（1）盐务机构和盐官设置

清朝管理盐务的最高机构是中央户部，"职掌盐务政令，专司奏销考成"①，然而，"清朝盐法，虽掌于户部，行政之权，实分于各省盐政。"②即地方盐务由盐政负责督理。盐政一般由总督兼任，而各省具体管理盐务的办事机构是盐运司。盐运司设盐运使一人，其主要职责是"督察场民生计，商民生息，水陆挽运，计道里，时往来，平贵贱"。在盐务较简单的地区，则不设盐运司，而设盐法道，"若河东、福建、云南、四川，则设盐法道以领之"③。盐法道的职责与盐运使相同，两者皆受盐政的节制。④

据《清朝通典》记载："盐政……两浙、云南、贵州均以巡抚管理……掌理盐政而纠其属吏征收督催之不如法者，以时审其价而酌剂之。"⑤云南盐政主要由云南巡抚管理，而云贵总督仅实施总理职责。在巡抚之下，云南在昆明设置了盐法道，又称驿传盐法道，职掌督察民生计与商之行息而平其盐价，"俾商无滞引，民免澹（淡）食。以听于盐政及监理盐政之督抚焉"⑥，其下，又设置盐课提举司，"隶属盐道，分辖盐井，与运司所属分司相等"⑦，在云南省内的黑井、白井、石膏井三个大井区各设盐提举一员，驻在井地，辅助盐法道管理所属井场盐务，其具体职责是负责所辖各盐井的卤煎、销售、征税、解款等事⑧。盐课提举司之下，又设置盐课司，设大使一员，负责管理监督井灶生产和督催盐课，部分未设置盐课司的盐井，则由地方官代管盐务，以代征盐课。清初，云南在三提举之下分设七大使，分别驻黑井、阿陋、乔后、云龙、丽江、磨

---

① 曾仰丰：《中国盐政史》，商务印书馆，1936年，第113页。
②③ 曾仰丰：《中国盐政史》，商务印书馆，1936年，第124页。
④ 赵小平：《清代云南盐政探析》，见《盐文化研究论丛》（第六辑），2013年，第7-14页。
⑤⑥ （清）乾隆敕撰：《清朝通典·职官·盐政》。
⑦ 吴强等：《民国云南盐业档案史料》，云南民族出版社，1999年，第18页。
⑧ （清）嘉庆：《嘉庆重修一统志·云南统部》。

黑、按版七井,专管各井的稽煎、查灶、缉私、催课等事。此后,人员各有增裁,至清末时,盐课司大使共增至九人,"掌盐场及池井之务,凡直省有沿海及有池之地,听民辟地为场,置灶开畦为盐而授之商,或官出帑收盐授之商而行之。"①

（2）盐产配额管理

滇盐的生产由清政府垄断管理,"给卤有定数,煎盐有定额",垄断卤水是进行盐产配额管理的重要前提,使得各灶用卤有定量,并有专人管理井卤,从而使得各灶煎盐数额有定额要求。据《云南通志》记载,黑井"附征新增省店盐税银三千七百五十两,有闰加银三百一十二两五钱。查普安等处月销滇盐三万斤,该税银一十八两七钱五分,以一年计之,共销盐三十六万斤,该税银二百二十五两。既普安等处改食川盐,税银题准该川办纳。嗣奉部文,普安等处仍食滇盐,按额征课",说明盐课征收与盐产配额具有显著关系,这也使得盐产成为调控税收的重要手段。

（3）盐法改制

盐法是清朝统筹管理盐务的制度总称,云南并未实行全国统一的盐法,"其法自元、明以来,由略而渐详,由疏而渐密……故因时制宜,今昔异致。然皆以官物,官煎之而官卖之也"②。一般来看,盐务包括生产和运销两个主要内容,因此盐法主要也是对该两项内容进行规范。清初时期,"滇盐不行部引,按井给票,商人操办完课",虽除"各随商贩照例抽税",官府还管控原料的分配权,不是完全地由商人承包。康熙年间,盐法的重要变化是"官运官销","向例井官督率灶户煎办,各井出盐定额,按月完纳省仓。其行销制之法,则按各州县户口多寡,酌定额数,地方官备价雇脚,运回地方设店收贮,分发所

---

① （清）乾隆敕撰:《清朝通典·职官·盐政》。
② （清）王崧:《云南志钞·盐法制》。

属铺贩销售……此历来官运官销定例也"①,导致产销脱节、市场调控失灵,激生民变,使得在嘉庆年间被迫进行改制,"盐务归民,由井收课"是改制的基本思路,核心内容是"灶煎灶卖,民运民销",此次改制规定:"其法无论商民,皆许领票,运盐不拘何井,销盐不拘何地,完课后听其所之。就诸井现煎实数,除定额勾算摊征,作为溢课,尽征尽解。所有放票收课事宜,即归井员经理。"②由此,商人既从盐井直接购买盐,又负责运输,还直接参与销售,从而简化了盐务交易的中间手续,减少了中间经官府运输、地方官和官店再分配的两个环节。对生产者而言,他们可以直接与销售挂钩,从而达到了产销的有机结合,解决了此前产销严重脱节问题。可见,新法最大的特点是弱化了食盐官营的色彩,加强其商品属性。③

3. 仓储的会计管理

仓储是国家通过粮食储备调节市场供应的一种重要手段,对于交通不便的云南更是"缓急之需","滇省舟楫不通,常平仓积贮较之别省尤为紧要"④,"商贾难通,积贮尤重"⑤,是维护边疆民族地区稳定发展的基础性管理措施。据《滇系》记载,嘉庆年间,云南省各府、州、县、盐井之仓储"历年捐纳捐输、罚俸、降罚、学租、捐买米、谷、麦、荞、稗、豆共四十二万八千六百三十八石",而康熙年间,"常平仓照例由本地捐纳,额储谷以捐监谷、义租谷、官庄谷、罚俸谷约三万石及溢额谷共四万石"⑥,可见,该时期云南仓储类型众多,以腾冲为例,先后建有常平仓、卫仓、广积仓、预备仓、社仓、义谷仓、屯仓和练仓等类型的仓库,分类保管各类粮食谷物。

---

① (清)鄂尔泰:《云南通志》(卷七一)。
② (民国)赵尔巽等:《清史稿》(卷一二三)。
③ 赵小平:《清代云南盐政探析》,见《盐文化研究论丛》(第六辑),2013年,第7-14页。
④ (民国)龙云、周钟岳:《新纂云南通志》(卷一五九)。
⑤ 中华书局:《清实录》,中华书局,1986年。
⑥ (民国)李根源、刘楚湘:《腾冲县志稿》(卷十三)。

从史料记录来看,清朝各仓囤粮的记录和核算均继承明制,延续了中央财政管理中田赋的一般方法与要求。据《腾冲县志稿》记载:"明洪武十九年,沐英奏置屯田。其制:凡指挥使司所统五所屯军,以三分差操、七分耕种,人授田三十亩,给种谷三石三斗,秋成后征入仓谷五十石,复月支出谷二石,为屯军家口粮,计每岁支谷二十四石及种谷三石三斗,共支谷二十七石三斗,实存仓谷二十二石七斗。"①此记载明确了明洪武时期云南腾冲粮仓谷物核算以"入、出"作为记账方向,征入、支出、共支、实存反映了以该粮仓为单一核算主体,其中必然存在初额、收入、支出、实存的完整核算过程,符合四柱结算法和会计记账方法的历史特征与官厅管理要求。

在清朝仓储的管理过程中,腾冲常平仓于清顺治十七年(1660年),裁卫指挥设卫守备、千总管理,并于康熙二十六年(1687年),裁卫官,屯赋归州。康熙三十五年(1696年),知州杨端宪清理缺额囤粮,将马班、堡马、养廉、寄丁、街租等款,抵补屯额,至乾隆二十六年(1761年),知州翁甲将官租田米折银,抵补马班等项,苦累始苏。其中还存在如下记载②:

原额共田一百七十七顷七十八亩。

原额征秋米一千四百五十四石八斗五升三合。与现额符合。

原额征粮羡米费银一百六十两三分、条编银八百六十三两四钱八分、火耗银一百七十二两六钱九分、公件耗羡银二百四十两,共银一千四百三十六两一钱七分。

现额实征银一千三百零九两六钱五分四厘零。

从该记录中可以发现,原额为初始额,现额为期末余额,故其在整体核算管理过程中,传承了唐宋时期的四柱结算方法和流程。此外,与仓储相关还存在对田亩的核计过程,从而可以核计出具体纳粮之数。"嘉靖初……计

---

①② (民国)李根源、刘楚湘:《腾冲县志稿》(卷十九)。

田二万三百八十三亩八分五厘,内分腾冲驿站赤、籽粒田一万七千八百二十亩,征站赤银二百九十四两二钱,火耗、均银共一百七十九两八钱一分,征籽粒银一百九十三两,火耗、均徭银一百十一两一钱三分;龙江站赤田一万四千七百七十一亩三分五厘,除起科、民粮、土舍准俸外,计田一万三千三百六十二亩一分八厘九毫。"①由此可见,仓储管理与田赋管理具有很强的相关性特征。

(三)云南彝族土司田赋账簿研究

土司是明清时期封建中央政权治理边疆民族地区的一项重要制度安排。清朝初期建立云南行省后,地方行政制度沿袭明制,实行"土流并设"和"改土归流"政策,在巩固对全省各族人民统治的基础上,逐步强化中央政权。② 田赋是古代政府财政收入的主要来源,也是边疆少数民族地区土司政权的收入来源。田赋征收是国家与地方财计的重要内容,关系到封建政权运转之根本,因此,古代中央政府对田赋征收非常重视,一般均有官方的严格条例规定程式,并要求建立详细的户籍田亩清册,形成田赋账簿体系。田赋账簿属于经济类业务记录,能够完整体现和客观反映该时期农业与农村的生活及民生情况。

在少数民族治理过程中,田赋也是少数民族治理机构或民族地方政权的重要财政收入来源,是民族治理的核心内容之一。国家图书馆收藏的清代彝文《田赋账簿》(见图4-3)是明清时期云南武定慕连乡那安和卿土司与武定、禄劝一带彝族地区所记录的田赋征收账簿,记录了清朝乾隆年间至清末云南省武定、禄劝彝族地区的土地占有和承担土地税赋的情况,还记载了田亩赋税的缴纳方式和核算依据,反映了该地区的税收政策与生产力水平。

---

① 李根源、刘楚湘:《民国腾冲县志稿》(点校本),云南美术出版社,2004年,第356页。
② 何耀华、夏光辅:《云南通史》(第四卷),中国社会科学出版社,2011年,第310-311页。

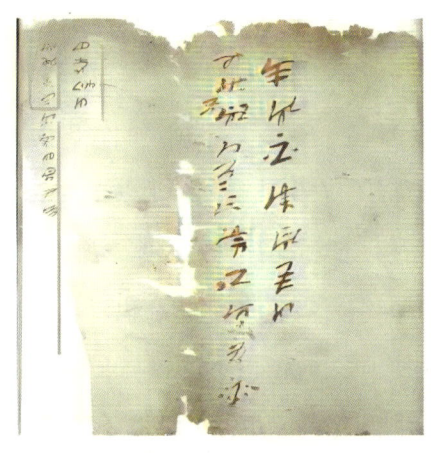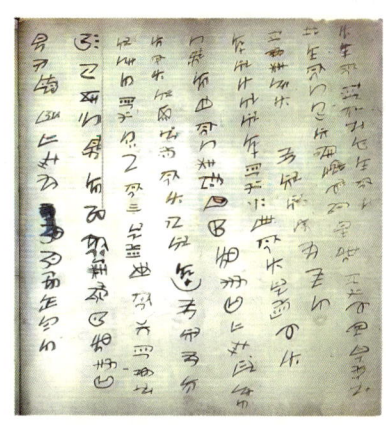

图 4-3　国家图书馆收藏的清代彝文《田赋账簿》①

根据相关民族语言专家释义,该封面与账页的释文②如下:

清乾隆皇帝二十五年(1760)(龙年)赋税记账书

德勒康村:

一户阿塞的一份地坐落于撒甸,大小有七块儿,日出方(东)抵杨登的地,星聚方(南)抵荞地,日落方(西)抵者寒的地,北斗方(北)抵者累的地。栽八个工,缴纳赋税五把稻谷。

一户阿秋的一份地坐落在觉劳照。大小有二十四块儿,栽十七个工。日出方(东)抵高奢的地,星聚方(南)抵河边,日落方(西)抵山丘。应缴纳赋税四斗五升稻谷。再有一块儿小麦地坐落于他们家的宅基商摩铺。日出方(东)至水渠,星聚方(南)至者含小麦地,日落方(西)抵者穑小麦地。应缴纳赋税五把稻谷。再有一块小麦地,位于炯纳斯昭……播种一斗五升种子,缴纳赋税五合小麦。

从释文可以看出,该账页为土司府记载德勒康村两户农民应缴田赋数以及所占土地的区域,其按照日出、日落、星聚、北斗来确定东西南北的方向,以

---

① 朱崇先、杨怀珍:《国家图书馆藏清代彝文田赋账簿研究》,民族出版社,2013年,第5-6页。
② 朱崇先、杨怀珍:《国家图书馆藏清代彝文田赋账簿研究》,民族出版社,2013年,第7页。

此确定区位,再计算应缴纳赋税数量,该赋税数量以粮食作为缴纳载体。从该账册整体内容来考证,这一时期的征税对象为户,以"村级"行政单位作为赋税缴纳的统计口径,赋税征收具体落实到土地占有户。每户的农田大小不一,一般以"块"作为计量单位记录每户拥有的农田数。"块"是以自然状态下农田的连续分布状态定义的,没有精确的度量和计算单位税赋。所以,彝族地区的征税标准是以用工数量和种子多少作为依据的,水田征税以栽秧时的人工数为计量依据,旱地征税以播种的种子多少为计量依据①,可从"栽八个工,缴纳赋税五把稻谷""播种一斗五升种子,缴纳赋税五合小麦"等记载中得到佐证。另外,从彝族地区赋税的粮食计量单位来看,"斗、升、合、石、筒、把、盎"等计量单位均有使用,与中原地区的计量单位有相似之处,说明中原地区的计量文化对彝族地区具有显著影响。

从国家图书馆中的收藏档案来看,该批彝族田赋账簿不仅收藏了普通赋税记账书,还有《漏缴赊欠赋税账》,账页节选如图 4-4 所示,该节选账页的释文②如下:

者银缴税数额为三升半稻谷、三升半小麦,漏缴赊欠一钱二厘半,应付年度利息七厘半。

者更缴纳赋税三升半稻谷、三合小麦,漏缴赊欠一钱二厘半,应付年度利息七厘半。

者更夺蚋缴纳赋税一斗稻谷、五升小麦,应缴漏缴赊欠的年度利息七钱五分。

者端缴纳赋税六升半稻符。

者贾缴纳赋税一升稻谷,又增加负担一合小麦。

---

① 徐晓:《清代彝族赋税制度研究的珍贵资料——评〈国家图书馆藏清代彝文田赋账簿研究〉》,《广东财经大学学报》2018 年第 3 期,第 115 页。
② 朱崇先、杨怀珍:《国家图书馆藏清代彝文田赋账簿研究》,民族出版社,2013 年,第 236 页。

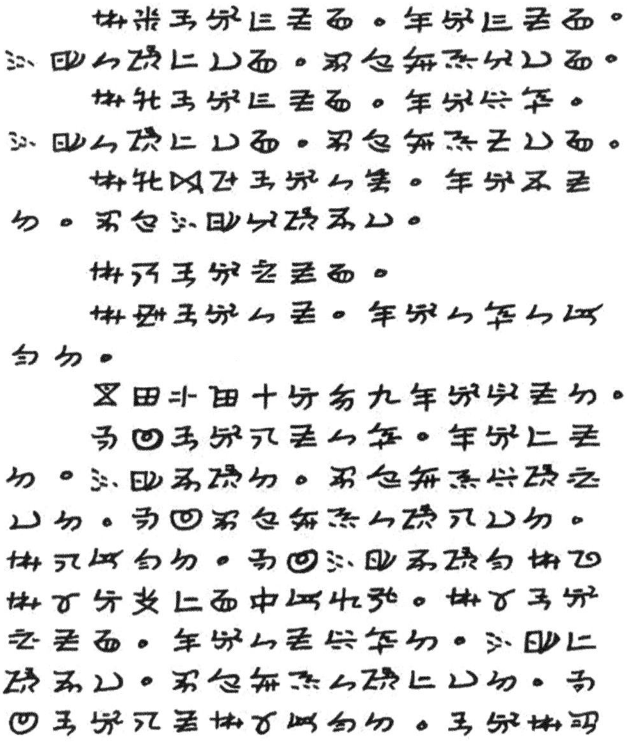

第四章 元明清时期云南少数民族的会计

[彝文文字图像]

图 4-4 《漏缴赊欠赋税账》节选①

颇勒村的高满光家缴纳赋税四升小麦。

龚瑶缴纳赋税八升一合稻谷和二升小麦，漏缴赊欠五钱，应付年度利息三钱六分，龚瑶应付的年利息一钱八厘，由者亥来承担，龚瑶所漏缴赊欠的五钱由者立、者矣俩分头负担一者矣缴纳的赋税为六升半稻谷和一升三合小麦，漏缴赊欠二钱五分，应缴年利息一钱二分，龚瑶的赋税中有八升稻谷南者矣负担。

《漏缴赊欠赋税账》在该批次档案文献中专门对赋税赊欠情况进行记录，用以核计漏缴赊欠赋税中各户应当支付的利息数额。从相关记载来看，缴纳

---

① 朱崇先、杨怀珍：《国家图书馆藏清代彝文田赋账簿研究》，民族出版社，2013年，第223页。

赋税允许赊欠,偿还时须补纳利息,而利息的征收以货币形式为主,年利息颇高,一般为赊欠价值的一半。在实际操作中,允许合作分担赋税,也允许合作分担赊欠利息。

图4-5所列示的是彝族地区村寨应向土司府缴纳的赋税总额。

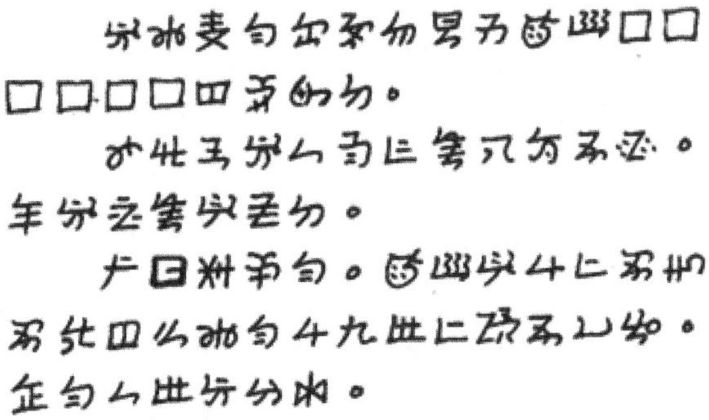

图4-5　彝族村寨赋税年末结账账目①

相关释文如下:

这本赋税账簿,记写于乾隆皇帝□□□□□月。

苟乃村缴纳的赋税为一石三斗八把五盅稻谷和六斗四升小麦,将其划算为应缴银两。

于乾隆四十二年(1777)(鸡年)腊月间计算出应缴税(总数)十九两二钱五分。付一两银给写记账文书的人作酬劳。②

虽然该项账页内容不多,但其具有重要的会计信息。其一,土司府年底要与各村结账,虽然各村以粮食作为缴纳赋税的核算标的,但土司府会将其划转为应缴银两,以此计算出各村的赋税银钱数。账目中苟乃村在乾隆四十二年(1777年)应缴纳的赋税总数为十九两二钱五分。

综合《国家图书馆藏清代彝文田赋账簿研究》的相关档案来看,虽然

---

① 朱崇先、杨怀珍:《国家图书馆藏清代彝文田赋账簿研究》,民族出版社,2013年,第248页。
② 朱崇先、杨怀珍:《国家图书馆藏清代彝文田赋账簿研究》,民族出版社,2013年,第249页。

会计方法较为基础,大多均为流水簿记形式,年终进行归总核算,但从土司管理村寨的方式来看,在该时期田赋缴纳的形式多样,可以有实物缴纳、货币缴纳、承接活动缴纳或劳务缴纳等方式,水田作物可以作为缴纳旱地的赋税,反之亦然。除了粮食和货币作为上缴之物,承担宴会活动也是缴纳赋税的方式之一,这一点相对于元明时期设立土官制度有一定程度的进步。

(四)经济事项中的会计

1. 清朝滇铜矿厂的会计

在古代,云南素以产铜闻名于世。《云南铜志》记载:"滇之产铜,由来久矣……我朝三迤郡县,所在多有宝藏之兴轶于往代,而铜亦遂为滇之要政。"从历史上看,新石器时期云南就有较为成熟的青铜器冶炼技术,汉朝之后的堂琅铜洗享誉盛名,而云南铜矿开发最为鼎盛的明清时期,成立了诸多铸币局、铜厂、铜店、会馆等经济组织,引入了当时较为先进和科学的管理制度与会计方法,对采掘、冶炼、存储、运输、交易等过程均进行了全程管控和详细的核算管理,其管理体系、岗位设置、会计管理均呈现出较为突出的区域特色。

1) 清朝云南铜矿业发展概况

清朝时期,云南是全国最大的铜产地,是最大的钱币供给中心,关系着国家金融稳定与军器铸造。从其发展历史来看,具体可分为三个阶段。

第一个阶段从康熙年间开始,贝和诺于康熙四十四年(1705年)推行"放本收铜"政策,缓解了铜矿业中资金匮乏的状况,刺激了铜的生产,这点可以从康熙四十九年(1710年)铜矿税达到9 000多两中得到佐证(见表4-3)。尽管存在官方压榨过多而影响铜矿业发展的情况,但官方资本的推动对整个行业的进步仍发挥着非常重要的作用。

表4-3 康熙四十四年贝和诺所题报的云南铜矿课数①

厂名	矿种	所属	年抽课(单位:两)	题报时间
石羊	银	南安州	22 393.32	
妈泰	白铜	定远县	38	
青龙	铜	元江府		
白龙	铜	普洱府		
猛萨	铜	普洱府		
子母	铜	昆阳州		
寨子山	铜	易门县		
永兴	铜	宁州		
龙宝	铜	路南州	贝和诺题明按厂抽课。递年加增,尚无定额,至康熙四十九年收获课息银 9 625.709 35 两,后以此为每年定额	康熙四十四年
二郎山	铜	赵州		
铜矿箐	铜	永平县		
临江	铜	顺宁府		
白沙	铜	和曲州		
斐母	铜	建水州		
三元	铜	建水州		
金钗	铜	蒙自县		
乌龙	铜	宣威州		
兴国	铜	宣威州		
者囊	铜	开化府		
发济	铜	禄劝州		

雍正元年(1723年),云贵总督高其倬专门上奏解释为何铜厂需要官方借贷而银厂则可以系厂民自备工本,主要原因在于铜厂燃料消耗较高,银的冶

---

① 温春来、李贝贝:《清初云南铜矿业的兴起》,《暨南学报(哲学社会科学版)》2018年第2期,第104-119页。

炼燃料消耗较低,另外白银本身就是货币,煎出之后即有购买力,而铜必须变现之后才能购买再生产的资料与日用品,再有铜厂皆在深山之中,商旅不前,产品必须运至城市及交通便利处方可销售,"若遇铜缺之时,半年一载即可卖出,若至铜滞难销,堆积在店,迟至二三年不等"①,厂民资金难以及时回笼,生产生活均难以为继,"此官发工本召募人夫开采之所由来也"②。在铜矿业最兴旺的乾隆中期,云贵总督彰宝仍然强调官方借贷的重要作用:"自携资本者甚少,必须预借官银,方能集力采办。"③需要指出的是,官方借贷工本的同时,也通过各种手段垄断产品,使铜矿业的利润进一步降低,生产者甚至需要靠暗自走私来获利,这无疑使得富商大贾更加不愿涉足这一行业,反过来加强了对官方资本的依赖。④

第二个阶段始于雍正四年(1726年),从当年四月,东川划归云南管辖,为发挥东川矿业的地位优势,时任云贵总督的鄂尔泰制定并实施了东川铜厂的扶持政策,确立总额低税率的课息,实行"先发工本、后收铜斤"的"放本收铜"政策,并通过军事行动瓦解了滇东北地区少数民族势力对地方的控制,增加了大量矿业劳动力,促进铜矿业的快速发展。从该阶段的实施效果来看,政策具有重要的意义,使得云南拥有了优质铜矿资源,官府实现了对铜矿业的有效治理,而"放本收铜"政策的实施,使得矿业资本迅速扩张,完成了滇铜商业资本的聚集。

第三个阶段为乾隆年间,由于国外限制铜斤出口,作为铸钱原料来源的洋铜难以为继,而云南铜矿业的兴起使得中央政府转而依赖滇铜作为主要币材,朝廷每年设置铜业官本银预算100万两,以支持滇铜各矿厂的运营与资

---

①② 《雍正朝汉文朱批奏折汇编》(第二册),雍正元年十二月二十日云贵总督高其倬等奏遵查铜斤利弊折,第432-437页。

③ 中国第一历史档案馆藏,乾隆朝朱批奏折,缩微号:04—01—36—004—0860,乾隆三十七年正月二十二日,署理云贵总督彰宝奏为滇省铜厂欠项请准豁免事。

④ 温春来、李贝贝:《清初云南铜矿业的兴起》,《暨南学报(哲学社会科学版)》2018年第2期,第104-119页。

金周转,确保了滇铜的市场需求,从而带动供给端的积极性,使得年产量得到大幅提升,这可以从表4-4中乾隆年间和嘉庆年间的铜产量数据比较中看出。

表4-4 乾隆与嘉庆年间云南铜产量数据

厂地	时间	铜产量
汤丹厂	乾隆四十四年	定额铜三百一十六万余斤
	嘉庆七年	减定二百三十万斤
		闰加十九万一千六百六十九斤
		抽课十斤
		公、廉、捐、耗四斤二两
碌碌厂	乾隆四十三年	定省额铜一百二十四万四十斤
	乾隆四十六年	减定八十二万三千九百九十二斤
	嘉庆七年	减定六十二万斤
		闰加五万一千六百六十六
大水沟厂	乾隆四十三年	定额铜五十一万斤
	嘉庆七年	减定四十八万斤
		闰加三万三千三百三十斤
大风岭厂	乾隆四十三年	定额铜八万斤
紫牛坡厂	乾隆四十三年	定额铜三万三千金
		闰加二万三千三百三十
茂麓厂	乾隆四十三年	定额铜二十八万斤
		闰加二万三千三百三十

综上所述,云南铜矿业的发展伴随着商业资本中官营与民营之间的博弈过程,其中"底本银"制度和"放本收铜"政策具有广泛的应用。从全国各钱局购买的滇铜数量来看,滇铜是清朝时期官厅铸币的主要铜料来源,具有重要的影响和资源优势。

从表4-5中可以看出,铜课在清朝矿税中的地位不断加强,初期远不如银课,至乾隆三年(1738年)开始超过银课并呈现出动态波动状况。铜课和银课是云南课税的重要组成部分,占据了矿税80%以上的比例。因此,清朝铜课的管理是官厅财政管理的重要内容,该时期的政策应用与会计业务是非常值得研究的问题。

表4-5　1725—1853年云南主要矿种课银、课金量列表① 　　　　单位:两

年份	铜课	银课	锡课	铅课	底母课	金课	金课银	白铜及共生矿课
1725	9 688	52 900			3 198			
1726	16 022	61 400						
1731	18 084	54 573	8 723			59.56	476	
1734	36 142	71 084						3 593
1735	48 412	72 081	9 722	2 573	4 824	61.96	496	4 856
1738	77 932	48 786	9 958	971	2 480	59.56	476	4 924
1739	70 202	49 909	10 505	503	2 753	59.56	476	6 680
1740	62 855	57 303	10 787		2 745	61.96	496	4 383
1741	56 229	41 669	8 086		1 968	59.56	476	4 706
1742	65 263	42 690	4 000	2 351	1 864	59.56	476	6 825
1743	69 234	50 886	4 000	1 822	1 844	61.96	496	7 920
1744	68 925	32 360	4 000	2 353	1 185	59.56	476	5 524
1745	61 712	37 290	4 000	2 353	1 291	59.56	476	
1748	77 111	54 283	4 000	2 222	2 879	61.96	496	9 235
1749	88 831	71 734	4 000	2 222	3 239	59.56	476	11 434
1750	74 939	57 848	4 000	1 988	3 761	51.07	409	
1751	79 751	62 480	4 000	1 788	2 784	59.75	478	9 152
1752	60 747	62 959	4 000	1 727	2 765	57.74	462	7 329
1755	62 501	52 749	4 000	1 727	3 523	62.48	500	

---

① 马琦:《实征、定额与奏销:清代云南矿税研究》,《清史研究》2018年第3期,第78-90页。

(续表)

年份	铜课	银课	锡课	铅课	底母课	金课	金课银	白铜及共生矿课
1756	46 667	58 554	4 000	1 727	1 537	51.15	409	9 804
1757	73 215	53 879	4 000	2 043	2 315			7 676
1758	75 810	54 880	4 000	2 043	1 618	131.40	1 051	14 853
1762	91 380	51 158	4 000	2 534	1 131	148.21	1 186	11 868
1763	95 132	47 227	4 000	2 346	820	165.24	1 322	
1764	102 696	47 419	4 000	2 729	2 009	161.96	1 296	10 936
1765	88 499	50 003	4 000	3 322	2 717	158.44	1 268	9 509
1766	60 535	45 684	4 000	2 458	2 082	140.97	1 128	
1767	55 100	44 612	4 000	2 479	2 111	142.06	1 137	6 394
1768	57 805	37 253	3 344	2 221	2 064			6 557
1769	72 611	34 468	2 986	2 110	1 691			
1770	65 254	36 273	3 754	1 064	1 392	90.92	727	
1771	40 445	34 381	2 905	727	1 973			
1772	36 471	32 269	3 448	727	2 200			
1773	42 923	38 135	4 200	787	2 453	92.48	740	20 063
1774	47 342	35 513	5 415	727	2 911	95.06	760	
1775	46 865	38 942	4 937	505	2 146	95.52	764	
1776	45 593	58 559	4 797	1 395	1 392	79.95	640	
1777	37 187	52 355	3 987	3 821	1 753	80.77	646	
1778	44 785	64 870	4 915	2 068	1 973	81.45	652	
1779	43 429	55 156	6 849	670	1 771	80.05	640	
1780	45 217	55 788	4 152	1 042	1 664	81.15	649	
1781	61 873	57 370	12 081	925	1 620	93.26	746	
1787	47 104	58 413	959	854	1 743	80.28	642	
1788	51 558	58 306	1 650	856	1 735			
1790	58 428	58 083	19 223		1 779			
1792	64 485	57 340	10 268	925	1 816			

(续表)

年份	铜课	银课	锡课	铅课	底母课	金课	金课银	白铜及共生矿课
1793	50 343	56 324	5 570	854	1 656			
1795	64 977	57 506	3 072		1 762			4 469
1796	55 109	56 303	2 205		1 650	81.17	649	
1798	45 945	58 162	3 244	786	1 660			
1799	50 892	54 929	5 128	786	1 679	81.17	649	
1800	48 068	59 186	5 430	876	1 799	501.20	4 010	
1803	44 437	29 859	5 994	533	1 788	152.87	1 223	
1806	44 681	24 028	5 949	278	970	103.42	827	
1807	45 628	26 971	5 532	500	1 010	69.87	559	
1808	58 240	32 256	4 214	433	833	61.86	495	
1809	48 392	39 603	5 587	400	830	37.71	302	
1810	45 054	28 578	5 573	400	777	19.61	157	
1811	47 585	25 957	6 102	433	586	40.68	325	
1812	44 262	22 149	5 557	400	412	36.99	296	
1813	51 410	28 041	3 817	400	405	36.86	295	
1814	53 815	26 044	7 354	433	467	30.41	243	
1816	43 471	25 611	5 943	433	401	30.31	242	
1818	48 993	25 056	4 787	532	247	28.87	231	
1822	39 271	17 687	6 571	433	282	30.31	242	
1823	81 154	17 721	5 542	400	218	28.87	231	
1824	43 981	22 499	5 657	433	166	30.31	242	2 268
1825	38 144	19 664	5 287	400	254	28.87	231	
1827	47 056	25 517	5 643	433	195	30.31	242	
1828	45 006	25 449	5 290	400	184	28.87	231	
1830	60 034	18 745	5 636	433	169	30.31	242	
1834	53 056	27 505	5 293	400	147	28.87	231	
1836	48 754	35 636	5 293	400	139	28.87	231	

(续表)

年份	铜课	银课	锡课	铅课	底母课	金课	金课银	白铜及共生矿课
1838	48 989	45 601	5 651	433	163	30.31	242	
1839	45 088	42 957	5 293	400	156	28.87	231	
1840	44 880	40 807	5 293	400	177	28.87	231	
1841	43 161	44 123	5 650	433	163	30.31	242	
1842	42 472	46 396	5 293	400	153	28.87	231	
1843	42 487	41 223	5 648	433	174	30.31	242	
1844	40 829	33 240	5 294	400	141	28.87	231	
1846	40 976	29 715	5 649	433	159	30.31	242	
1848	38 443	25 779	5 294	400	126	28.87	231	
1849	39 085	26 020	5 649	433	151	30.31	242	
1853	21 262	21 262	5 294	400	135	28.87	231	

数据来源:清代矿厂奏销资料。

2) 清朝滇铜矿厂的"放本收铜"政策

清朝云南铜矿业的发展持续了百年的鼎盛状态,在此过程中,"放本收铜"政策是最具有开创性意义的,使得政府能够对各矿业开发中的个体行为进行统一的组织与协调,具有初步的公私协作经营理念。"放本收铜"政策是政府根据各矿厂的生产规模,预先发放一个季度生产所需银两的借款作为启动工本,待后期生产出铜后,在一定时限内以部分比例的铜品按一定作价抵扣启动工本。从该政策的产生基础来看,其源自该时期矿产业特定的民间经营实践,"国家的政策选择只不过是一种对当时矿业生产中民间所流行经营办法采取的具有因势利导创意的归结,而非统治者意志的绝对产物"[①]。

[①] 陈征平:《清代云南铜矿开发的制度演化及"官治铜政"的特征》,《思想战线》2003年第3期,第104-108页。

(1)"放本收铜"政策的实施情况

从当前的研究成果来看,部分研究已经涉及"放本收铜"的主要内容及其发展变化。有研究者指出,"放本收铜"有"底本银"(长期底本)和"月本银"(短期底本)两种不同形式,其中"月本银"为"'预放一季工本,每铜百斤,每月扣收余铜五斤',就是说厂民每月只需偿还一次所借底本的1/20,全部偿还完毕亦可长达二十个月"①,另据乾隆年间署理云贵总督彰宝给乾隆皇帝关于"底本银"制度实施情况的奏折内容中可以了解到"底本银"制度实施的时间、怎样发放本银、如何抵扣矿铜、后来又作何调整等内容②。

就"月本银(短期底本)"制度,彰宝在奏折中指出:"上季给发正铜工本,责令下季全数交铜,虽云先银后铜,不过一季之前发本,以供采办。"③即在每一季度之前发给矿民工本银两,以供矿民采办铜斤,下一季度将矿民生产的税后余铜,按官定价银全数由政府收买,抵还预借工本银两,即是资料中常见的"月本银"制度。"月本银"制度在乾隆三十六年(1771年)前后,调整为"按月给发,较为节慎,实与现发现收无异",意思是当月发放工本银两,下月矿民交铜,扣还所借工本银两,即所谓的"现发现收"制度。④

从"底本银"制度的实施情况来看,"乾隆二十三年二月内户部议准,前抚臣刘藻等具题,汤丹厂准其预借一季工本银五万两,令炉户每交正铜一百斤,带交余铜五斤,限五年扣清,大(水)碌(碌)厂预借一季工本银七万五千两,宜令炉户每交正铜一百斤,带交余铜五斤,限十年扣清。汤丹厂预借银五万两,于乾隆二十八年按限扣清,大(水)碌(碌)厂预借银七万五千两,于乾隆三十

---

① 潘向明:《评清代云南的"官治铜政"》,《清史研究通讯》1988 年第 3 期,第 44-49 页。
②④ 王德泰:《清代云南铜矿开采中"底本银"制度考》,《中国经济史研究》2011 年第 3 期,第 38-40 页。
③ 乾隆三十六年二月二十三日署理云贵总督彰宝奏,中国第一历史档案馆藏宫中朱批奏折(财政类),档号:1279。

二年按限扣清,俱经咨部在案。缘从前汤丹、大(水)碌(硔)二厂预借银两,各有五万及七万五千两之多,是以分限五年、十年宽期带完"①。由此可见,从乾隆二十三年(1758年)开始实行"底本银"制度之初仅限汤丹、大水沟、碌碌三矿,具体由清政府根据三厂的实际情况,预先借给各厂生产一个季度所需银两,叫作"底本银"。首次借给汤丹厂一季度的"底本银"50 000两,借给大水沟、碌碌两个矿厂"底本银"各75 000两。汤丹、大水沟、碌碌三个矿厂"底本银"的预借数量,是由其生产能力的高低决定的。"如炉户每月能办铜一万斤者,以汤丹、大(水)碌(硔)等厂旧例,每铜百斤,价银六两四钱计算,则是预借一月,该给银六百四十两;预借两月,该给银一千二百八十两;若预借一季,该给银一千九百二十两"②。按照三厂的借款数量推算,当时汤丹厂一月生产矿铜260 416斤。而大水沟、碌碌二厂一月分别生产矿铜390 625斤。所借资的"底本银",从矿民炉户生产矿铜数量中以规定的价格按比例扣还,所扣铜斤称为"底本铜",一般按矿民生产矿铜总量的5%扣还,即矿民炉户每生产矿铜100斤,从中扣收余铜5斤。所扣5%的余铜,一律按照每百斤价银6.4两来折算,限五年、十年分别扣清。待所借银两扣还清楚后,再开始下一轮预借,循环往复。③

"底本银"制度的实施,在一定程度上解决了矿民开采铜矿中资金不足的困难,有利于云南铜矿的大规模开采。但也应当看到,政府在抵扣"底本银"时,官定收购"底本铜"的价银,远低于官卖余铜的价银,且这一价格一经确立,长期不变,一直延续到嘉道时期。如乾隆初年,清政府规定云南汤丹、大水沟、碌碌等铜矿官卖税后余铜价格,每百斤给价银6.987两。乾隆二十七年(1762年),每百斤给价银7.452两。乾隆三十三年(1768年),每百斤给价银

---

①③ 乾隆三十六年二月二十三日署理云贵总督彰宝奏,中国第一历史档案馆藏宫中朱批奏折(财政类),档号:1279。
② 王德泰:《清代云南铜矿开采中"底本银"制度考》,《中国经济史研究》2011年第3期,第38-40页。

8.151两。乾隆三十八年(1773年),厂民每生产矿铜百斤,给厂民通商铜10斤。乾隆三十九年(1774年)停止加价,每铜百斤照旧给价银7.452两。而官收"底本铜"的价银为每百斤6.4两,与官买余铜价银之间存在较大的价差,最大价差为每百斤1.751两,低出税后余铜价格20%以上。两者之间价差可以看作清政府为矿民预借资本的投资回报。尽管抵扣"底本银"时限在五年、十年之内,回收期较长,且资本的回报率也不算高,但也并非像奏折所称的预借"底本银""不酌收利息",还是存在一定收益的。①

乾隆三十六年(1771年),云贵总督彰宝奏请对"底本银"制度进行调整,理由是担心矿民借有大量资金,"(炉户)若不知撙节,耗费花销,势必竭蹶难继,且恐期限太宽,其中事故逋逃"②,所借底本有借无还。况且"从前预借一季工本,因银数较多,宽期年限太久,则与下次再借之期,相隔遥远",以致"未能迥环接济,是以上届预借一次之后,迄今十有余年,不复再行"③,不利于"底本银"制度长期有效实行。为此,建议将原来向厂民炉户预借一季工本银减少为按两月借给,将原来每月扣收余铜5斤增加为按6斤扣收,将原来限定五年、十年扣清减至按三年扣清。云南地方政府经过反复讨论并奏请乾隆皇帝同意后,将"底本银"制度调整为"预借之数,仍以两月为止,足以资其底本,每百斤带交余铜,依往旧例止扣五斤"。但规定预借款项之前,道府督率厂员定要"查明炉户中诚谨殷实之人,验其往月实在获铜数目,查其籍贯来历,取其连环,同业保结",保证借款按期归还。所借"底本银"在"四年之内"扣清。和原来相比,预借"底本银"由原来的一季度减少为两个月,减少了1/3,大幅度减少了借银总量;所借银两由原来的五年、十年抵扣,一律改为按四年扣收还

---

① 王德泰:《清代云南铜矿开采中"底本银"制度考》,《中国经济史研究》2011年第3期,第38-40页。

②③ 乾隆三十六年二月二十三日署理云贵总督彰宝奏,中国第一历史档案馆藏宫中朱批奏折(财政类),档号:1279。

清,大大缩短了抵扣时限。①

经过乾隆三十六年(1771年)的调整后,"底本银"制度在具体实行时又有所变化。据《铜政便览·杂款》记载,"凡各厂采办铜斤,除随时酌发工本收买外,其有预借两月底本银两者,于交铜百斤之外,扣收铜五斤,计四十个月扣清之后再行酌借"②,其中"汤丹厂借银二万四千五百三十三两有奇;碌碌厂借银六千六百一十三两有奇;大水沟厂借银四千二百六十六两有奇。"③显然,汤丹等三厂预借"底本银"数量大为减少,减少的原因主要有两个:一方面,将原来预借一季工本银减少为预借两月,预借总量必然减少1/3;另一方面,当时三厂生产能力大大降低,出产矿铜数量大为减少,尤其像碌碌、大水沟二厂生产能力下滑非常厉害,产铜能力下降自然决定着预借"底本银"数量的减少。④与此同时,预借"底本银"生产厂家的范围扩大。如给"茂麓厂借银二千九百八十六两有奇;宁台厂借紫板底本银四千二百一十一两,照每百斤给银五两一钱五分五毫核发,借蟹壳底本银二万九百六十一两,照每百斤给银六两二钱八分八厘三毫之数核发;万宝厂借银二千一百四十四两有奇,大功厂借银四千一百九十二两有奇,俱照每百斤给银六两二钱八分八厘三毫之数核发;金钗厂借银六千九百两,照每百斤给银四两六钱之数核发;得宝坪厂依照各厂之例预借两月底本银两"⑤。说明"底本银"制度已经扩大到了云南铜矿生产的主要厂家,只不过由于以上各厂生产能力较小,所借"底本银"数量较少。这些小厂生产矿铜成色较低,抵扣"底本铜"每百斤价银都低于六两四钱。各厂"所有预借两月底本银两者,于交铜百斤之外,扣收铜五斤,计四十个月扣清"⑥。抵扣"底本银"的时限,比彰宝奏请规定的时间又有所减少,减

---

①④　王德泰:《清代云南铜矿开采中"底本银"制度考》,《中国经济史研究》2011年第3期,第38-40页。

②　(清)曾纪风:《铜政便览·杂款》。

③⑤⑥　乾隆三十六年二月二十三日署理云贵总督彰宝奏,中国第一历史档案馆藏宫中朱批奏折(财政类),档号:1279。

少为三年零四个月。①

（2）"放本收铜"政策的工本与铜息核算

在"放本收铜"政策的实施过程中，工本与铜息核算是重要的管理内容，政府向各铜厂"预发工本，扣收余铜，以抵借款"，而收购铜价与官厅出售至各钱局的价格存在价差，因此，"放本收铜"也是官厅层面通过统购统销来赚取垄断利润的具体体现。一般情况下，官厅层面通过铜矿业获得的垄断收益主要有铜息和铸息两大类型，而铜息和铸息具有显著差异性。从本质上看，官厅在向矿民征收矿税的同时，极大限度地压低税后余铜的统购价格，然后将统购矿铜加价批发给各钱局用于铸钱，使统购统销滇铜价格之间形成较大的价格差，从而构成清政府对云南铜矿垄断经营的利润，而铜息就是该利润的具体内容。铸息实际上是由于使用滇铜铸币后各钱局的铸币成本相对于市场平均成本显著降低，从而获得的铸造过程中的收益。由于铸息是在铸造过程中所产生的，与"放本收铜"政策没有直接的关联，本部分仅研究与铜息相关史料内容。

滇铜的批发价格比统购价格要高出许多，其间的价差再除去从矿厂运往官铜店的脚费以及厂欠、厂费、人工炭火等剩下的即是铜息。如乾隆五年（1740年），云南官铜店收买税后余铜用银 449 157.142 两，批发矿铜给各钱局收银 697 434.157 两，除去厂费、厂欠、矿铜运抵官铜店脚费、人工炭火及全年额课银（税铜变价后扣收）等项共银 79 323.947 两，实际获铜息 168 953.068 两。② 另从王德泰依据中国第一历史档案馆馆藏内阁题本相关史料所整理的清政府从云南铜矿业所获得的铜息数据如下③：

---

① 王德泰：《清代云南铜矿开采中"底本银"制度考》，《中国经济史研究》2011年第3期，第38-40页。
② 王德泰：《清代云南铜矿垄断经营利润的考察》，《清史研究》2012年第3期，第30-44页。
③ 王德泰：《清代云南铜矿垄断经营利润的考察》，《清史研究》2012年第3期，第30-44页。

雍正十一年,"获余息银一十二万五千七百三十八两二钱五分二厘零"。

雍正十二年,汤丹等矿"获余息银一十一万二千一百四十二两五钱八分六厘八毫"。

雍正十三年,清龙、汤丹等厂"获息银一十四万一千九百三两二钱五厘一毫零"。

乾隆元年,"共获息银二十三万八千二百二十四两九钱八分",其中含有"分拨支用"部分未支。

乾隆五年,"获息银一十六万八千九百五十三两六分八毫"。

乾隆十六年,"约获余息银二十七万八千六百九十九两三厘三毫"。

乾隆二十年,"通共约获余息银一十五万一千三百八十九两六钱三厘七毫"。

乾隆二十二年,"获余息银二十万四千八百九十一两五钱八分四厘"。

乾隆四十八年,"约获余息银一十六万五千九百八十七两八钱一分"。

乾隆五十五年,"实获余息银十二万一千二十九两三分七厘"。

由此可知,清政府在云南铜矿业中不同年份所获取的铜息情况存在差异,主要是随着税后余铜价格和矿铜产量的变化而变化,但整体上收益额巨大,均在十万两息银以上,成为地方政府重要的财政收入来源。

"放本收铜"政策在执行过程中一个非常重要的环节是统购统销税后的余铜。根据规定,统购统销税后余铜价格由政府统一制定。但在具体执行中,税后余铜的统购价格比较复杂,不同矿厂统购价格不同,相同矿厂不同时期的统购价格又有所变化。据《云南铜志》记载:"滇省各铜厂,每年额运京铜六百三十余万斤,连带解铜二十余万斤,及本省局铸需用铜六十余万斤,俱系在于各厂办获铜内拨卖。每正铜百斤,收价银九两二钱。其耗、余铜斤,并不收价。又各省采买,每年需铜二百数十万斤,亦系在于各厂办获铜内拨卖。每正高铜百斤,收价银一十一两;正低铜百斤,收价银九两。耗、余铜斤,亦不收价。所收银两,按数入于铜厂《奏销册》内造报。至前项拨卖各款铜斤,除按照实发各厂例价,大厂每余铜百斤,给价银七两四钱五分二厘。中厂每余铜百斤,给价银六两九钱八分七厘。小厂每余铜百斤,给价银六两。金钗厂低铜,每百斤给价银四两六钱。以及各厂运铜至各店局,例给运脚,筐篓,领本,驼银,马脚,厂员、书、巡薪食一切厂费,及督抚、藩司并专管铜厂道府书、役工食,省局炒铜工费等项支销外,余剩银两,同省城白铜店,及定远、元谋、会泽三县抽收白铜税银,金钗厂小课,一并核计。内除汤丹等厂每年额课银一万八百二十五两七钱九厘,归入各银厂抽获课银案内报销。又划除公、廉二款铜价,归入公件项下,支用报销。余银名为铜息,每年约有七八万以至十万余两不等。内除每年各运官解京铜斤核减铜色银三万五六千两至四万余两不等,均于前项铜息银内划除外,余银全数拨入铜息项下。支放学院养廉及办理贡茶,应解兵部饭食,支发两院辕门各役工食,三善堂食米,各属监、遣等犯口粮,查办、灾赈官役饭食,纸笔,委解缘事官员运京盘费,各属岁修塘房,汤丹、碌碌、大水、茂麓四厂水泄,永善岁修金江工费,买补、豁免各运官沉失铜斤价、脚,及全数沉铜捞费,并买补部局煎炼提出铁砂、厚黑铜斤,自八六至十成不足睰色铜斤价、脚等项之用,按年造册咨销。"①

由上可知,清政府最初规定的价格区间在每百斤价银 3.5 至 5.6 两不等。后来随着铜矿矿老山深,开采困难,税后余铜的收购价格进行过多次调整。早在雍正时期,清政府开始增加矿铜的统购价格。如雍正初年,汤丹等主要矿厂生产矿铜"每百斤给价银六两"。雍正十二年(1734年),"每百斤给价银六两九钱八分七厘"。乾隆二十七年(1762年),"奏准每余铜百斤加给银四钱六分五厘,连原价每百斤共给银七两四钱五分二厘"。乾隆三十三年(1768年),"每百斤加银六钱,连原价每百斤共给银八两一钱五分一厘"。每百斤价

---

① (清)戴瑞征:《云南铜志》(卷八)。

银 8.151 两,是云南矿铜统购的最高价银。乾隆三十八年(1773 年),为鼓励厂民开矿的积极性,"奏准每百斤给厂民通商铜十斤,照前抽收课铜及公廉捐耗,官卖余铜七十五斤十四两,每百斤给银八两一钱五分一厘"。第二年,"停止加价,每余铜百斤照旧给银七两四钱五分二厘"。规定给矿民每生产矿铜百斤给 10 斤通商铜,是因为当时商品自由贸易市场铜的价格高昂,矿民可以通过自由出售矿铜增加收入,改善生活状况。此后,一些大厂税后余铜的统购价银长期保持在每百斤 7.452 两。

清政府将统购的大量滇铜批发给各铸钱局用作铸钱原材料。一般来说,清政府批发矿铜的价格高于统购价格。雍正初年,滇铜开始批发给中央宝泉、宝源二局以及云南、贵州、广西等钱局,批发价银每百斤 9.2 两。乾隆时期,随着云南铜矿产量不断增加,滇铜不仅能保证中央和云贵等省铸钱所需原材料的供应,而且也可调供其他各省钱局,批发价银每百斤 11 两。如果加上由云南官铜店运输至各钱局的脚银每百斤 3~4 两,滇铜至钱局的脚银每百斤最高约 15 两,这比当时商品市场自由贸易铜斤每百斤价银 20 两左右低许多。

3) 清朝滇铜矿厂的铸钱成本与铸息收益

清朝初期,承袭前朝制度,各地开始设炉大规模铸钱,由于当时主要利用废铜、旧钱及旧铜器皿作为铸钱原材料,价格非常低廉,各钱局通过铸钱获得了大量铸息银两。但进入康熙时期,利用废铜、旧钱及旧铜器皿作为铸钱原材料的缺陷日益显现,各钱局铸钱用铜日益困难,铜铅价格不断上涨,无论是中央钱局还是各省钱局,铸钱出现严重亏损。康熙中晚期,国内商品市场已经无铜可买,为维持鼓铸,清政府选派官商(政府预先垫付资本)、民商(自备资本)携带中国商品,远涉重洋,到达日本,售货易铜(称洋铜),但洋铜价格高昂,亏损更加严重。为减少铸钱损失,清政府被迫只保留中央钱局减卯鼓铸,各省钱局绝大部分停铸,个别钱局虽曾恢复鼓铸,也只是利用废铜旧钱在短时间内鼓铸。雍正时期,云南铜矿开采规模不断扩大,铜产量不断增加。清政府将滇铜批发云南、广西、贵州等铸钱局,剩余部分调拨中央宝泉、宝源二局,代替洋铜进行铜钱生产。乾隆时期,滇铜产量大增,除供以上钱局外有所剩余,清政府又将滇铜铸钱批发给湖北、广东、江西、江苏、福建、浙江、陕西等省。滇铜相对洋铜价格要低,使用滇铜铸钱后,各钱局降低了铸钱成本,获得了大量铸息。①

为做好滇铜的生产和京运工作,滇省"应需铜本,前经总督尹、巡抚张奏准:自乾隆四年(1739年)为始,每年拨解滇省铜本银一百万两"。② 除支销,余剩银两,作为下年工本、脚费之用。乾隆七年(1742年)九月,巡抚张允随具奏:"四、五、六等年余剩铜本银九十万三千八百余两,并七年余剩银两,俟核明确数,截作八年办铜工本之用其八年铜本,毋庸拨发。请将九年应需铜本银一百万两,预拨解滇支用。"准户部议复:"滇省四、五两年,办运铜四百万斤,每年只需工本银六十一万余两。至六年,加运铜一百七十万余斤连加耗铜六十二万七千四百四十斤,共合应运铜六百三十三万一千四百四十斤。每年亦只需工本银八十四五万两。自四年至七年,共存剩银一百六万一千余两。除作八年办铜工本银八十五万两外,余银二十一万余两,截作九年工本外,尚应补拨银六十四万两,以足八十五万两之数。"此后,至五十年止,每年只拨解滇省银八十五万两。

在具体的开支中,"继因筹办底铜,添拨迤西之宁台等厂铜斤济运,铜数较前加增,工本、脚费需用较多,经总督府、巡抚刘奏准:自五十一年为始,除原拨铜本银八十五万两之外,再加拨银一十五万两,每年共拨解银一百万两。内除应解户、工部饭食银六万四千四百五十五两二钱,又拨解通州坐粮厅车脚,吊载银四千九百七十两一钱八分,又拨解正运四起运员

---

① 王德泰:《清代云南铜矿垄断经营利润的考察》,《清史研究》2012年第3期,第30-44页。
② (清)戴瑞征:《云南铜志》(卷八)。

自汉口至仪征水脚银一万四百三十四两,自仪至通州水脚银一万六千二百六两,共银九万六千六十五两三钱八分外,实拨解滇省银九十万三千九百三十四两六钱二分,至今循照办理。"①由此可见,在官厅铸钱成本中,除矿耗外,工本、脚费、工食、物料等为核心的成本开支内容每年均会拨付至各矿厂。

在收益层面,清政府明确规定:各钱局所铸铜钱,以铜钱1 000文(1串)值银1两的"定例"计算铸钱成本以及铸钱利润,而各钱局所铸铜钱全部用于搭放兵饷、支付官吏薪俸及工程建设费用,支付中的银钱比价仍为铜钱1 000文值银1两。由此可见,铸钱数量转换成纹银的价值就是主要的收益额,但由于铸造的过程中铜、铅、锡共用,具体材料成本折合价脚银数较按铸钱净数额折合纹银数较低,从而产生了铸息。从王德泰对《铜政便览》和中国第一历史档案馆馆藏内阁题本的史料整理结果来看,云南各钱局的铸息收益率在全国处于较高水平,如表4-6和表4-7中所列示的云南省局(原临川局)和东川局的铸息核算情况。

表4-6 云南省局雍正至道光年间铸息核算表②

设炉时间	铜铅价银(两)	工食物料(两)	铸钱数量(两)	铸息(两)	铸息率
雍正元年	62 255.088	17 295.541	94 195.541	14 640.000	23.51%
雍正十二年	92 608.457	23 399.897	134 784.000	18 775.646	20.27%
乾隆五年	90 914.399	25 115.309	150 696.000	34 666.292	38.13%
乾隆十六年	64 710.000	22 307.387	133 848.000	46 830.167	72.37%
乾隆十九年	64 295.000	22 307.387	133 848.000	47 245.482	73.48%
乾隆二十五年	59 349.350	20 591.434	123 552.000	43 611.215	73.48%
乾隆三十四年	57 349.351	23 525.740	123 552.000	42 676.909	74.41%
乾隆四十四年	37 642.000	14 257.440	78 000.000	26 100.560	69.34%

① (清)戴瑞征:《云南铜志》(卷八)。
② 王德泰:《清代云南铜矿垄断经营利润的考察》,《清史研究》2012年第3期,第30-44页。

(续表)

设炉时间	铜铅价银(两)	工食物料(两)	铸钱数量(两)	铸息(两)	铸息率
乾隆五十五年	50 592.000	20 498.832	104 832.000	33 741.104	66.69%
嘉庆九年	47 162.250	15 455.468	94 761.132	32 143.414	68.15%
嘉庆十三年	67 761.840	26 618.490	136 156.784	41 776.454	61.65%
嘉庆二十五年	62 594.390	24 571.020	125 683.186	38 517.776	61.53%
道光十四年	52 542.520	20 498.832	104 832.000	31 790.648	60.50%
道光十五年	67 761.840	26 618.650	136 156.784	41 776.294	61.65%
道光十六年	62 594.390	24 592.993	125 683.186	38 495.803	61.50%
道光十七年	62 594.390	24 571.020	125 683.186	38 517.776	61.53%

表4-7 东川局乾隆至道光年间铸息核算表①

设炉时间	铜铅价银(两)	工食物料(两)	铸钱数量(两)	铸息(两)	铸息率
乾隆五年	42 370.806	12 479.651	74 880.000	20 029.536	47.27%
乾隆十四年	39 120.810	12 479.000	74 880.000	23 280.190	59.51%
乾隆十六年	39 120.000	12 479.040	74 880.000	23 280.960	59.51%
乾隆十九年	97 227.000	38 615.571	202 800.000	66 956.429	68.87%
乾隆二十二年	89 748.311	35 645.143	187 200.000	61 806.545	68.87%
乾隆二十二年(加)	35 736.584	17 822.571	93 600.000	40 040.844	112.04%
乾隆二十六年	35 899.000	14 257.152	74 800.000	24 643.848	68.85%
乾隆二十八年	35 899.000	14 257.152	74 800.000	24 643.848	68.85%
乾隆三十二年(新)	48 613.000	19 306.950	101 400.000	33 480.050	68.87%
乾隆三十四年(旧)	35 899.000	14 257.152	74 800.000	24 643.848	68.85%
乾隆三十五年(新)	33 655.000	13 366.917	70 200.000	23 178.083	68.87%
乾隆四十三年	15 556.000	6 178.099	32 448.000	10 713.901	68.88%
道光二年	21 541.470	10 609.878	48 627.423	16 476.042	76.48%
道光五年	19 884.430	9 426.060	44 886.852	15 576.362	78.33%
道光十四年	16 709.208	6 238.828	37 440.000	14 491.964	86.73%
道光二十年	19 884.040	9 426.060	44 886.502	15 576.402	78.33%

① 王德泰:《清代云南铜矿垄断经营利润的考察》,《清史研究》2012年第3期,第30—44页。

通过以上分析可以说明,清政府垄断经营下的滇铜价格,远远低于商品市场自由贸易铜斤的价格,低价滇铜用于铸钱,大大降低了铸钱成本,促使用滇铜各钱局普遍得到大量铸钱利润和较高的铸息率。从实质来看,各钱局获得的铸钱利润,实际是清政府对云南铜矿垄断经营利润向铸钱利润的转移。但需要强调的是,各钱局所取得的铸息,还不是铸钱局获得的最后利润。各钱局还利用商品货币市场高昂的铜钱价格出售铜钱,扩大铸钱利润。① 这点可以从表4-8中的云南办铜余息相关奏销数据得到证实。

表4-8 云南办铜余息奏销数据表

年份	办获铜(斤)	课铜(斤)	课铜比	余铜(斤)	余铜比	净铜(斤)	净铜比
1733	3 665 976	327 636	8.94%	3 321 335	90.60%	3 521 104	96.05%
1739	9 420 511	939 417	9.97%	8 082 094	90.04%	8 474 660	89.96%
1740	8 434 654			7 614 767	90.28%	7 580 806	89.88%
1742	8 757 844	846 584	9.67%	7 911 260	90.33%	7 727 011	88.23%
1743	9 258 417	900 410	9.73%	8 390 337	90.62%	8 109 814	87.59%
1744	9 249 298	903 006	9.76%	8 329 569	90.06%	8 282 873	89.55%
1748	10 344 870			9 301 853	89.92%	9 398 823	90.85%
1752	8 151 871			7 339 954	90.04%	7 492 081	91.91%
1753	7 510 174			6 724 419	89.54%	6 869 933	91.48%
1756	6 262 433			5 675 676	90.63%	5 547 204	88.58%
1757	9 824 952			7 425 360	75.58%	8 877 760	90.36%
1758	10 173 155			7 942 057	78.07%	9 154 189	89.98%
1760	12 128 836			9 188 965	75.76%	11 227 363	92.57%
1761	11 712 546	970 566	8.29%	8 735 076	74.58%	11 217 160	95.77%
1765	11 875 947	1 050 430	8.85%	9 453 860	79.61%		
1795	13 079 074	926 409	7.08%	11 609 254	88.76%		

---

① 王德泰:《清代云南铜矿垄断经营利润的考察》,《清史研究》2012年第3期,第30-44页。

(续表)

年份	办获铜(斤)	课铜(斤)	课铜比	余铜(斤)	余铜比	净铜(斤)	净铜比
1824	8 852 875	504 131	5.69%	7 930 951	89.59%		
1852	7 974 133	549 426	6.89%	7 316 065	91.75%		

表 4-8 中的奏销数目,均为历代云南总督向清廷上奏的年度铜矿业经营状况报告中的数据,总体上看,从雍正至咸丰年间,云南办获铜数量呈现出上升趋势,尤其以乾隆年间最盛,课铜数与余铜数均呈现同比例的趋势变化,净铜比保持在 90% 上下浮动的水平。乾隆三十年(1765 年)之前,办获铜中的课铜比例基本稳定在 9%;乾隆六十年(1795 年)之后的比例有所下降,维持在 6% 左右。课铜比例的降低与底本银制度的全面化有直接的关系。据王德泰的研究,清朝云南铜厂底本银制度开始于乾隆二十三年(1758 年),仅针对汤丹、大水沟、碌碌三厂,政府每年预先借给各厂生产一个季度所需银两,矿民每产铜百斤,交官五斤,称为"底本铜",按照官价以抵还矿民所借银两;乾隆三十六年(1771 年)之后,这一制度扩大到所有铜厂。"底本银"与"放本收铜"虽有相似之处,但并不抽课。因此,"底本铜"比例的扩大意味着官铜中课铜比例的下降。此外,不论是课铜还是余铜,均加有耗铜,而耗铜并不折价,必须从办获铜中去除,剩余部分称为净铜。办获铜转化为净铜后,约为原来的 90%,而课铜在办获铜与净铜中的比例应该大致相当。①

4) 清朝滇铜运输成本管理分析

清朝时期,滇铜的运输路线有"京运"和"陆运"两类,各铜矿业机构在运输路线、里程、各类运输方式及费用等方面反映出较完善的管理体系。京运的管理方式包括运铜过程中的各项章程、制度的具体执行与相应的奖惩,各项费用的领取地点、开支范围、报销限制等。"京运铜"在运输前包装时,采取"整圆碎铜"的方法,乾隆《钦定户部鼓铸则例》卷一记:"滇省解运京铜,整圆

---

① 马琦:《实征、定额与奏销:清代云南矿税研究》,《清史研究》2018 年第 3 期,第 78—90 页。

之块、碎小之块,各令分包。整圆者每包或百斤,以外或不足百斤,均准封为一包。碎小者务令足百斤之数,然后封包。其块数、斤数,用一木牌开明钉于包皮之外,并开明连包皮共若干斤,过秤时连包秤兑,不许逐处拆动。"同时在铜块上錾凿厂名、年份、姓氏等。如有无字低铜,责成首店捡提退还改煎补錾。如首店含糊秤收转交,即由次店据实禀报,责成首店改煎补錾。

"京运铜"在运输过程中,如遇到运输前领用的水脚费等项银两不够时,可以采取"沿途借支"的方法,即运铜过程中,如遇意外情况导致运输费用不够时,可以在几处固定地点额外借钱,然后由借钱当地进行结算汇报。《清实录》卷八八六记,乾隆三十六年辛卯六月乙亥,户部议复:"安徽巡抚裴宗锡奏称'云南省运京铜,所需水脚银两,例系委员在本省及汉口、仪征等处三次支领。中途遇有沉溺,需用捞费,即在该地方库贮杂项钱粮项下借给,取具该地方印结,报部核销。于该运员应得养廉、水脚银内,如数扣缴归款。至湖南、贵州、广东三省,运京铅、锡,及各省采买铜、铅,所需水脚银两,委员在本省全领,中途遇有沉溺,需用捞费,委员自行给发,并不借支库项。请嗣后照京铜之例,于库项一体借给,仍移咨该员照数扣解还款。'"此外,正常运输的额铜直接运输到户部、工部,沿途无须缴纳任何关税,但是运员多带及领售的余铜,则需部分征税。这也是"京运铜"运输过程中的另一条运输规定。《清宣宗实录》卷八九记,道光五年乙酉九月壬寅,谕:"琦善奏'剥运铜、铅船只,请免报税'一折,滇、黔等省运京铜、铅,并湖南省办运铅斤,因御黄坝难以启放,原船不能抵通,该督现将拨运漕粮回空船只装载接运,船户未免滋累,加恩著照所请,运京铜、铅各船,应纳宿迁、临清、天津等关船料税银,免其完纳。"

"京运铜"整个过程中运输需要雇佣船只、人力,这些花费在将铜交接之后,可以按照当时的费用报销规定如数报销。《钦定户部鼓铸则例》卷一记:"铜斤运至大通桥,著大通桥监督掣点明白,交车户运送进局,俟户、工二局收明铜斤,发给实收之日,即令该运员回省报销。运员擎批送滇省备案,如有短少挂欠,责令该运员照完补。运员带解、买补沉失铜斤,令滇省将分解户、工二部铜数饬知运员,到通州时呈报坐粮厅,转运户、工二局铜斤交足后,批回仍令带解之员,擎回滇省查销。铜抵通州到桥,并水、陆起运,饬令运员自行雇觅夫役看守防护,以及散捆打包。各运铜斤交局,如有短秤铜斤,令宝泉、宝源二局监督给发运员运票一张,赴坐粮厅验明铜数,即行给发运员自行雇车运局交收,仍行知大通桥、崇文门验票放行。"①此外,费用报销期限也有具体规定。《钦定户部鼓铸则例》卷一记:"报销期限:滇省每年陆运京铜,用过脚费、管篓,并官员养廉、工食等项银两,俟永善县承运黄草坪一路铜斤,撤站运交泸州收清全完后,于七月初一日起,统限三个月令各地方官分晰造册申道,该道汇造总册,于十一月初旬移司转详,于十二月内具题,如有逾限,即行详参。长运各官领运铜斤,解至京局兑交清楚,回省之日,统俟到省之日起限,勒限一月,造册申道,如有迟延,即行参处。粮道复核文册,移送藩司,亦定限一月,倘有逾限,于报销疏内,声明听部议处。水、陆两路解运京铜,用过一切运费,俟水运报销齐全之日,分别准销核减,汇同铜本以及铜斤成色等项银两,造总册报部核销。"

与"京运铜"不同,陆运则记录了各铜店的管理方式,以及云南境内抵达各水运渡口的各条铜运路线详细情况;各段路程的运费额定,各项费用的来源、开支范围、开支额度的相关规定,这些过程都反映出较强的会计应用。"陆运铜"主要以马帮运输为主,随着大运河的开通,则开始选择水运的方式,以加快运输效率。从马帮运输到水运,既省时又省钱。因此,对于两种运输方式的费用差异也有着明确的计算与衡量标准。其中,正额节省就是记录按照陆运里程计算的运输费用与水运的差价,主要是利用大关河(盐井渡)、南

---

① 故宫博物院:《钦定户部鼓铸则例》(卷一),海南出版社,2000年。

广河（罗星渡）、金沙江（黄草坪）新开辟的河道进行水路运输以后，较原来用马帮运输所节省的费用。《清实录》卷三三九记载："乾隆十四年己巳四月乙巳，云南巡抚图尔炳阿奏：'滇省加运京铜，前经升任抚臣张允随等，议给陆运脚价。'嗣承运各官，以铜斤交接，须赁房收贮，添役稽查，无项可动。"①因为每百斤外加运五斤，即以此项节省脚价，供应各项之费。解贮粮道库，应用报明给发即盐井、罗星两渡，并金江水路各运，亦有此节省之项。除正额节省之外出现的节省，则统一被称为额外节省，其主要来源是后来利用新开通的豆沙关河道至盐井渡一站改作水运产生的差价，以及盐井渡、黄草坪低价雇募回程放空客船运铜产生的差价所节省的运输费用。《钦定户部鼓铸则例》卷一记："盐井渡雇船发运泸州铜斤，节省运脚银两，岁无定额。如雇盐、米客货船只装运铜斤转运泸州，每铜一百斤，除正额节省运脚银两外，有额外节省银九分四厘五毫零。其额外节省银两，每岁多寡无定。倘盐井渡盐、米客货船只到站数多，尽数雇运，则额外节省亦多。盐、米客货船只到站数少，则额外余息亦少。令承运官尽数雇募装运泸州，并将额外节省银两，据实造报。并取具承运官切实印结，送部查核。如有以多报少，及侵隐情弊，即行报部查参。黄草坪发运泸州铜斤，节省运脚银两，岁无定额。如发运之际，有客货船到黄草坪，令永善县知县尽数雇募装铜长运泸州，每铜一百斤，给水脚银六钱，食米三升。较之站运更属节省。至所需水脚食米，在于站船水脚银内扣除。其节省之项，应归入额外节省项下，按年解缴充公。统于运铜奏销并正额节省各报销册内，按年分别造册，报部查核。"

在陆运过程中，清政府对运输过程还有严格的监督制度。清政府为防止运铜在途中丢失及运期延迟，保障运铜按时、足额运抵铜店，设置稽查关卡。卡一般位于铜运道路途中的两类关键地点：一类是人烟稀少、容易抛弃运铜

---

① 中华书局：《清实录》，中华书局，1986。

的地方,如东川腰篷子、寻甸双符、会泽红石岩等;另一类是两个行政辖区的交界,两地官员都不愿管理的地方,如东川松毛蓬、沾益黑得、盐津张家窝等。按照本节记录的情况,清政府只是在寻甸以东、以北的地方设卡,这个区域以外并未专门设卡稽查。此外,为了防止运员运输过程中出现懈怠,清政府还设立催铜差役,时刻监督运输进度,而支付给这些差役的费用则被称为"催铜盘费"。催铜盘费即发给催铜差役的路费。《文献通考·兵十二》记载:"更乞令沿路都统司分定驿程,各差素有心力将官一员,从各司量给盘费,责令与诸州军所委官同共提点。"①《儒林外史·范进中举》记载:"范进因没有盘费,走去同丈人商议。"②盘费即路费、旅途费用。《钦定户部鼓铸则例》卷一记载:"东川、威宁查催官马脚:东川、昭通一路承运京铜,分运至黄草坪及盐井渡,设查催官一员。威宁一路承运京铜,分运至罗星渡,设查催官一员。均令其稽查脚户驮运铜斤沿途逗留及盗卖、遗失等事。每员每月给马脚、盘费银三十两,在于搭运节省项下动支,按年造册,报明户部核销。"③

2. 清朝云南经济组织的会计

从古代经济发展的历史来看,商业组织产生的时间较早,成为经济组织的早期形式,此后,随着手工业、矿冶业、工商业的发展,对金融的需求越来越高,从而产生了以典当、钱庄、票号等为主体形式的金融组织,形成了较为完备的经济结构组织体系。明清时期,中央政府在云南地区实行宽松的商税政策,商业主体得到不断扩容。明洪武二十二年(1389年)"定商税三十分税一",至万历时期,云南一度"见市必抽,逢小街必抽,肆害已极",后被提刑按察司发现而及时禁止,规定"只抽猪、羊、鱼、木四项"落地税。雍正四年(1726年),大清云南布政使常德寿上奏陈情,税所过多导致商贾不前,而乾隆

---

① (宋)马端临:《文献通考·兵十二》。
② (清)吴敬梓:《儒林外史·范进中举》第三回。
③ 故宫博物院:《钦定户部鼓铸则例》(卷一),海南出版社,2000年。

元年(1736年),云南巡抚张允随亦上奏:"京广楚豫川陕等省货物,逾山越岭,赢马驮载,脚价倍重,既已上纳大税,而小贩转售两迤,经过州县地方,又复抽收全税半税,及至街场,货卖又抽落地税,是一切货物价脚本贵,而又叠抽税银,已成积重之势。所以商贾小贩,跋涉辛苦,难觅蝇头之利,而民间需用一物,俱受倍价之苦。"乾隆二年(1737年),清政府下令革除冗税:"查云南、曲靖、元江、大理、楚雄、永昌六府正税、新税之外,复有落地税之名。原属重税巧取。而凡耕锄、箕帚、薪炭、鱼虾、蔬果之属,所值无几,请全行裁革。普洱、武定、丽江三府,系偏僻府分,一切杂货,俱系落地土税,并贫民肩挑背负土产零星细物,概行停止抽收……应一并裁革。"①由此,清朝云南商税杂赋征收范围大为减少,商业活动逐渐繁盛。在跨地区商贸活动中,官府以授发"牌照"的形式对商业活动进行管理,并征收商税。据《清史稿》记载:"乾隆五十五年,缅甸所需丝、绸、针、纸等物开关通市,所有内地商民贩货出关,责令永昌府、腾越州、顺宁府收税给照,运至腾越州所辖之杉木笼、暮福二处,及顺宁府所辖之南河口,验照放行。内地商民贩货回关,并缅夷运货进关,即由杉木笼、暮福、南河口收税给照,运至腾越州、顺宁府查验。其普洱府所辖路通缅境之车里各土司,内地小贩,挑负往来,货物无多,不须设口,令思茅同知于南关地方拨役稽查。五十六年复准:内地赴安南贸易商民,先由本籍报明地方官,填给姓名、年貌、籍贯,并货物、人数印照,如货少人多,不得滥给。其从平而、水口两关出口者,将印照呈报龙州通判查验,给予腰牌;从由村溢旱路出口者,呈报宁明州验明给票,行至明江,再由该同知换给腰牌。至南宁府流寓商民,置货赴安南贸易者,赴宣化县呈报,就近给照。"②

从历史维度看,清朝云南商业主体包括大小商人群体、商帮、商号和商业资本组织。云南地区小的商人群体自古便有,而清朝云南大商号和商帮的出

---

① 中华书局:《清实录》,中华书局,1986。
② 赵尔巽等:《清史稿》,中华书局,1998年。

现,最初靠对外贸易的规模经营。滇西的下关、保山、腾冲等地和滇南的蒙自、建水等地在对外贸易中占据优越的天时地利,因此,这些地方的商人群体较其他地方(包括昆明在内)有较快的整合势头。先后兴起的大商号,与其说是商号,不如说是总号与众分号组成的商业组织,大小商人在其中进行的是集体经营。至于商帮,则是商人们商议结成的松散商业集团。嘉庆、道光、咸丰年间,迤西的滇缅商道上兴起"三元""裕和""三盛"等大商号。"三元"号为大理马久邑村杨士元于嘉庆年间所创,主要经营棉花生意。除在保山购设十四间铺面,并在蒙化、下关、大理等地同时设号开店。"裕和"号为大理塔桥村赵泰于道光初年所创,最初主要经营缅甸瓦城的棉花和棉纱,后来增辟盐茶贸易。除在下关设总号,还在蒙化、顺宁、云州、保山、腾冲、鹤庆、建昌等地设分号。此时的商帮、商号多为长途贩运商因一时一地的需要而结成的松散组织,导致不同地方汇聚的商帮数量、名称和大小都不尽相同。如晚清时期在昆明的迤西商人结成迤西帮,而在下关等地,迤西商人又视具体需要而结成鹤庆帮、腾冲帮和喜洲帮等。此外,从明朝开始,外省商人在云南的商贸规模不断扩大,从而导致清朝时期外省商帮在云南商业领域占有重要地位。咸丰以前,云南地方已有诸多外省商帮如江西帮、湖南帮、四川帮、两广帮、北京帮等,使得清朝的昆明、会泽、下关、保山等城成为省内外众多商帮汇聚之地。[①] 随着商业资本的不断积累,商业主体逐步拓展经营领域,往往还涉及典当、票号、钱庄、矿冶等业务,形成了多元化经营的格局。

1) 云南经济组织的初始经营资本

民间积蓄的资财历来都是商业资本的初始来源,即使很多大商号,其初始资金来源也可追溯至此。至于小商小贩的举贷资金,也往往是民间资财的转化。值得注意的是,商贾在有所积蓄时多购置田产房屋,但拥有田地房产

---

① 刘云明:《清代云南市场研究》,云南大学出版社,1996年,第154-155页。

或富藏货币的地主却极少将资财投资于商贸。因此,民间积蓄尽管是商人贸迁资金的广泛来源,但金额一般不大。此外,也有在商号店铺中充当伙计及从事运输的马户、背夫者,凭勤奋劳作取得报酬,再以此为本成为个体商贩者。例如,中甸藏商马铸材(藏名:荣坤·次仁桑主)因家境贫寒于1905年到康定鹤庆人开的"公和昌"当学徒,师满后赶骡马自己经商,从事长途贩运贸易。①

商业资本中的另一个重要来源是官吏和官府的资财,主要方式包括官吏直接将获取的资金投资商业创办私家商号,以及官吏和官府入股票号或商号。这方面比较有代表性的是,云南提督杨玉科将所获财物拍卖,获银三百七十余万两,投资开设了"长盛"号和"云泰丰"号;腾越总兵蒋宗汉,与腾冲商人合股,开设了"福春恒"号。另据"同庆丰"账册反映,历年收受存款中,满清官吏及各机构之资金颇巨。如光绪十六年(1890年),账册记岑五少爷存一万七千两。二十一年(1895年)记史苏宪存七千一百余两,姚学宪存三千六百多两。二十九年(1903年)记龙元局存七万六千三百余两,兴荷田存两千两。这仅仅是结账时的结存款数,实际存入数更多,其中不乏藩库、臬台、海关等处的巨款。官吏和官府资金的投入,不仅使票号大规模经营放贷及汇兑业务,也使其有能力"或办外省外地货,或运销本省生产之茶、盐、矿产,于各地均作批发之交易",从而借助官吏和官府资金的扶持,实现了商人资本整体上的统一。此外,还存在豪绅将其把持官府的捐税收入转化为商人资本。如蒙自豪绅周柏斋、周厉斋,由官入商,亦官亦商,创立"顺成"号,起家资本来自抽收马柜捐和攫取平粜羡余。②

2) 云南经济组织的经营治理与会计业务

自清朝嘉庆开始至道光、咸丰年间,大理、昆明等地出现了"三元""裕和""致和祥"等商号,后续还有"兴盛和""永昌祥""锡庆祥""恒盛公""同庆丰"

---

① 刘云明:《清代云南市场研究》,云南大学出版社,1996年,第169页。
② 刘云明:《清代云南市场研究》,云南大学出版社,1996年,第170页。

"兴文当"等商号和票号创立。在这些组织的经营管理过程中,有很多较为典型的治理形态和组织结构,在业务和会计的管理方面也出现了一些较为科学的做法。

(1) 兴盛和商号的经营管理

兴盛和是鹤庆商帮奠基人舒金和于光绪初年联合本系同宗成立的商号,初始经营资本有 30 余万两。兴盛和商号有一套严格的组织管理机构,总号设总掌柜(总经理),分号设掌柜,设有信账先生掌管财会工作,跑街先生管产销联络。掌柜一般由股东或亲戚担任,先生分大先生、二先生两等,站柜台及管勤杂事务的为学徒。除学徒供给衣食加每月发洗衣、剃头费,其余均给年薪,月支年结。在年终结算时,根据盈利情况和工作贡献还发给奖金,名曰分红。账目设置有流水账、日清月结和分销账分类结算两种配合使用。① 为使资金周转迅速,采用了汇兑调剂的策略,使得资金周转不一定在销货方解决,必要时减少进货、运货、销售环节的周期。为了方便办理汇兑,后又在香港开设了分号,以方便缅甸分号和内地各号的汇兑周转。②

(2) 永昌祥商号的会计管理

永昌祥商号成立于 1903 年,是近代时期云南省经营进出口贸易卓有成效的大商号之一,资产规模居喜州白族商人开办的数十家商号之首。创办人严子珍字镇圭,喜州人,白族,拥有资本百余万元、资产上千万元,在少数民族地区特别是由少数民族经营的商业资本中较为突出的。晚清时期,在永昌祥商号创立及严子珍与人合伙经营阶段,主要股东除严子珍外还有彭永昌与杨鸿春二人,股本合计 11 166 两市银,其中彭占 4 000 余两,严、杨各占 3 000 余两。这个阶段永昌祥商号主要业务是以滇西的土布、杂货、茶叶销川、藏,再自四川采办匹条(洋布)、洋杂、黄丝,自藏族地区采办香菌、木耳等山货及黄

---

①② 云南省编辑组、《中国少数民族社会历史调查资料丛刊》修订编辑委员会:《白族社会历史调查(三)》,民族出版社,2009 年,第 241 页。

连、贝母、麝香等药材销往滇西及昆明。经营的茶叶以散茶为主,但已开始在下关包工揉制沱茶。此外,还曾为蒙化厅、维西县等官厅代解库银、课款,利用这些短期资金做生意。随着营业状况的逐步改善,永昌祥商号除在下关设总号,先后在大理、昆明、丽江、维西、会理、叙府(今宜宾)等地设立分号。① 在1903—1916年的10余年初创期中,永昌祥商号积累了大量资本,整体实力大幅增强。据不完全统计,该时期累计利润达140 653两,平均年利润率为35.81%,1906年的年利润率最高达86.7%,资本由11 166两增加到45 030两,增长三倍,这为其进一步发展提供了基础。严子珍的个人资本也由3 325两增加到15 967两。②

在初创时期,永昌祥商号逐步建立和健全各种规章制度,其中就包括财务会计制度和利润分配制度。在财务会计方面,永昌祥商号成立后即建立了一套包括现金账、鸿账(总账)、资用底账(股东结算账)、伙友存本账(伙友结算账)等在内的中式复式会计制度,规定分号逐年结算,总号每两年结算一次。此后永昌祥商号基本沿袭这些制度,账目始终清晰、完整。在利润分配方面,永昌祥规定,利润首先以股息的形式分配给投资的股东,股息为5%,然后再以红利的形式按"升降股"即"䞐股"的股数分配给从业股东。从业股东应占"䞐股"之多少,据其"通年做事之臧否"决定,另不给薪金。当时投资股东都从业,所以这实质上是利润按资本分配后按股东出力大小进行再次分配。所谓"升降股",主要是具有浮动的意义,但实际运行中基本上已固定了个人应占的股数。在最初的15股中,严子珍占5股,杨鸿春与彭永昌各4股,余两股为另外两个小股东所有,这表明股份的分配既根据从业股东的贡献,又考虑了股东出资的多寡。后来䞐股股份增加到21股,他们三人所占股数仍未变,而少数原来没有投资的高级职员,也享有半股到1股的䞐股。这种

---

①② 况浩林:《近代滇西白族商人严子珍创办的永昌祥商号》,《民族研究》1989年第6期,第102-111页。

赆股参与分配的利润,兼有奖金性质。此外,还另设"公记"一股,具有"公积金"性质,用于特殊事项的需要。①

(3)同庆丰票号的会计管理

同治年间,由王炽在昆明设立的同庆丰票号成为云南地区重要的庄号代表,并成为总号,而早期王炽在重庆开办的天顺祥成为分号。

从组织结构来看,"总号设总理一人,主持全号事务,由兴斋自任……渝设正办一人,李耀廷担任……凡全号重大事项以及各分庄经理人选,须由滇渝协议决定。王、李合作时期,号务蒸蒸日上。各分庄经理,概照总号定规办事,惟经营业务可因地制宜。所设司账、司银人员,亦由总号派遣,至司书以下人员,可就地取材"②,可谓是分工明确,组织清晰,权限适宜,这为同庆丰票号的发展奠定了良好的内部环境基础。此外,"凡外埠之管事、司事均由总号派任,其饬令先到重庆与李耀廷得知后,再到指定分号任事,外埠司事遇有帮期已满者,滇号一时无人派任,即可由渝号派往接事;滇号与外埠汇兑,无论或收或支均须报渝号过账,每月由滇号开一总册寄渝号查对,如有不合即行更正"③,这表明,同庆丰票号的具体业务管理过程中,从总管到任事,再到账目查对,都具有明确的分工和监督核查机制,保障了票号业务的有效运转。

从其股权结构来看,根据光绪五年(1879年)的大账明细,"共长鸿利银十二万两,面议以42股匀分,俞献廷占10,席茂之占10,孔孝钢占7股,于怀清占13股,公股占2股。合伙即将所分鸿利除支用外,入作本金。彼时股本支用均未算息。后于丙戌年算大,始分银本力股。将十股为一大股,一股变为一厘。其银本股,系以前账存银一万两,作为银本一股,存银一千作为一厘。老伙方有银本股,新上股者只有力股。如前有存银只能以周年六厘算息,不

---

① 况浩林:《近代滇西白族商人严子珍创办的永昌祥商号》,《民族研究》1989年第6期,第102-111页。
② 葛永才:《清末巨商王炽——同庆丰纪事》,云南民族出版社,1998年,第170页。
③ 葛永才:《清末巨商王炽——同庆丰纪事》,云南民族出版社,1998年,第23页。

能以存银分鸿利。有应分银本鸿利息,惟李耀翁系从优相待。空手入号,即上人股,分得鸿利即天作银本股。惟限定入股者只能到一万金,有银本一大股为止。凡股伙无薪工,每年有一厘生意者,准支银三十两,不算息。其余支用则以八厘算息,惟司事勿论存银长支,概以周年八厘算息"①,这一原则是每两年结算大账的重要根据,在同庆丰票号的万金簿中亦有记载。

同庆丰票号在经营管理和公私股份划分账务处理方面,还制定了一系列的规章制度②:

一、号中伙友无论新老,都未人过银本,全视其任事之大小、学识之深浅和个人的表现情况,酌上人力红利股,故不立合同。

二、伙友已上人力红利股,即无薪工酬劳,按以三年以上之股分红利,加上一厘红利股每月支三十两,无利余则照加。

三、司事进号,根据任事之繁简,学识之深浅和表现情况,给薪工。出外者则优给之。候三年算大账,论功酬劳,给下账薪工。

四、伙友息银存款周年以六厘加息,亏损以八厘加息。司事存款,亏盈皆以八厘加息。

五、各埠账务,每年皆截至冬月底,详细开列一册,先寄渝号查阅后再寄滇号,每年腊月初一即为次年正月初一,凡年账不得过次年三月,即要报到滇号。

六、三年算大账,各埠须将每年所长红利,拨归渝号管事统一支用,滇出外司事支用银款,则由渝号拨滇号过账。如由渝派出司事支用,须拨渝过账,然后统由渝开算薪工支用手续撺折寄滇,以便的算酬劳。其各埠三年所长红利给渝号汇齐,一概拨滇过账,并将账册寄滇。

七、外埠司事之勤情优劣,则由李耀廷密开一单,预拟酬劳银数,并加考

---

① 葛永才:《清末巨商王炽——同庆丰纪事》,云南民族出版社,1998年,第54页。
② 葛永才:《清末巨商王炽——同庆丰纪事》,云南民族出版社,1998年,第72页。

勤评语。办事人见此单方好加减酬劳。有功则嘉勉,有过则责罚,批于摇尾,以示奖惩。

八、公股乃初成立之名,以后改为"护本"。此护本每三年算一次大账,除提分各伙友之外,下余之数或数万、或数十万均拨为护本,或加入司事长支,或收得已销旧账,或加得客号巨息,均皆拨入护本,又或补各伙友息银,给司事酬劳,皆由护本出账或外埠拨来。应除则由护本除,应人则由护本人。有此护本存款,日积月累,散存各埠,则本号之根基更日益稳固。

从以上记载中可以看出,同庆丰票号非常重视股东利益、员工权益、票号会计和运营风险管理等工作,奖优罚劣和红利保障并举,开源节流与危机基金同设,按劳分配与股权收益共荣,形成了良性、高效发展的局面,应对了历史上数次外部危机。

(4) 兴文当的会计管理

光绪十五年(1889年),富商王炽与盐法道汤小秋、罗瑞图(即在护国起义中任过四川督军的罗佩金的祖父),还有万征衡、吴永安、吕德祥等人创办兴文当。主持人称司事,首任司事为张廷标、李培厚,经办十余年。周崇怨、李发松经办一两年,黄河清、杨正芳为帮办司事,中经三四年。其成立动机,单纯为了以质当利息收入,维持经正书院高才生之膏火和赴京会试举子卷金。这与现代学校设立的奖学金、助学金相似。目的在于激励及扶助清寒学子,为其提供上进深造的机会,培养人才、振兴地方教育文化,故名"兴文当"。①

兴文当的当铺设在昆明市三牌坊邱家巷同庆丰票号址隔壁。至于资本来源,初创时系由盐道署厘金外销款项下筹拨公估库平放银一万五千两,士绅王炽、吴永安各捐款一千五百两,共一万八千两。所当利息,每两以一分五厘收息,每月底解交经正书院膏火库公占纹银一百两,外解卷价八九两不等,

---

① 葛永才:《清末巨商王炽——同庆丰纪事》,云南民族出版社,1998年,第83页。

如以后鸿利渐增,以作鼎甲经费之用。其性质为官督绅办,每年除入出开支,溢余之数,以七股归公,三股分给在事出力诸人。①

兴文当还根据当时当铺管理的具体要求和组织特色,建立了完善的组织结构和人才培养模式。其组织结构具体如图4-6所示。

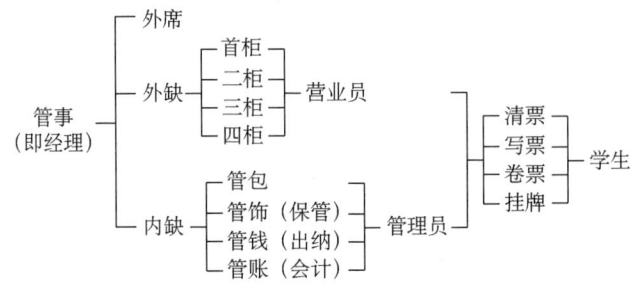

图4-6 兴文当组织结构图②

从该组织结构来看,兴文当在各号设置了管事一名,主要负责当铺各项内外事务协调与管理工作。管事之下设置了外席、外缺和内缺三个职位。外缺主要负责柜号的当赎业务,根据权限的不同,分别设置首柜、二柜、三柜、四柜等营业员。而内缺为内部钱物管理部门,设置了管包、管饰、管钱、管账等多个管理员,按照岗位分工不同分别管理会计、出纳和当物等工作。管理员和营业员均从学徒开始进行学习和培养,形成了一套完整的典当人才培养体系。

3)云南经济组织的产业投资

清朝时期,云南地区的民间和官府资金投资于商业和金融业后,商人资本得到积累壮大,促使商人在赚取收益后,再把资本投资于其他场所,使部分商人资本脱离了商贸领域,走向产业化投资的道路。商人资本投向产业领域,是它转化为产业资本的契机和实现资本总量增长的新途径,此举既对商品经济的整体发展和生产方式的变革产生积极的促动,又对商人的经营领域进行了开

---

① ② 葛永才:《清末巨商王炽——同庆丰纪事》,云南民族出版社,1998年,第83页。

拓。清朝云南商人资本向产业领域的渗透,大体经历了以下三个阶段。①

第一阶段是咸丰及以前的资本投入。在云南商人资本最早也是最大量投入的生产领域无疑当属矿业,尤其是铜矿的开采和铜的冶炼,这其中以省外资本为主。据估算,滇铜生产在康熙朝自由通商时期,资本利润率高达86%。在乾隆朝官本收铜时期,利润率虽只有19%,但由于生产潜力巨大,利润率亦能随资本投入量的增加而有大的增长。此外,清初商人资本同时有向云南茶叶生产渗透的尝试。雍正七年(1729年)以前,"六大茶山,向系商民在彼坐放收发",商贩"先价后茶,通融得济"。雍正七年(1729年)官府设总茶店,"将新旧商民悉行驱逐,逗留复入者俱枷责押回",导致商人资本遂被强行隔离于茶叶生产领域之外。②

第二阶段是咸丰至同治时期的资本投入。咸丰至同治年间,云南少数民族资本受到外部资本的影响而迅速崛起,在商贸、矿厂、药材、茶叶、盐业等领域具有较强实力。而洋商和买办商人的出现使得各路资本在烟草、鸦片、贵金属等新业态均有布局,行帮和商会组织在该时期又进一步提升了资本的整体实力和风险承受能力,整体上实现了资本投入的多元化、多渠道扩充。

第三阶段为同治以后的资本投入。同治以后,商人资本投入云南产业领域的总体格局发生了重要变化。资本来源以外省为主转变为省内为主;投入的产业领域由矿业为主扩展至多种产业门类,代表性的模式是商人资本与官府相结合,组成官督商办、官商合办企业,集中经营矿产和铁路。如光绪九年(1883年)设立的"云南矿务招商局"(光绪十三年改组为"招商矿务公司"),主要经营铜矿;光绪三十一年(1905年)设立的"个旧厂官商有限公司",经营锡业,地方官股占485 000元,商股占181 000元,宣统元年(1909年)改组为"个旧锡务公司"后,官股增为1 000 000元,商股增为769 500元;光绪三十四年

---

① 刘云明:《清代云南市场研究》,云南大学出版社,1996年,第175页。
② 刘云明:《清代云南市场研究》,云南大学出版社,1996年,第176页。

(1908年)成立的"宝华锑矿公司",经营锑业,贷款120 000元,官股175 000元,商股60 000元;光绪三十一年(1905年)设立的"滇蜀铁路公司",经营铁路,其股本来源为国家及地方拨款、食盐的加价征款、随粮认股摊销、私人投资、公司别项利得及发行彩票款等。①

在该时期,也有商人直接投资于各种产业领域的情况。20世纪初,云南地方上开始出现具有民族资本主义性质的商办企业。其中真正意义上已完全使用机器进行生产的大规模企业很少,多数为既使用手工劳动又采用了一部分机器向近代工业转化的小型企业,也有些只是手工工场而已。但商办企业的部类很多,包括轻工业的玻璃、火柴、皮革、制药、面粉、纺织、烟草、火腿、罐头、化工、木材、制茶等,采掘工业的煤、铜、铁、钴、金、银等,以及机器业、公用事业和交通方面的一些产业。此外,在昆明市郊的农业经营中还出现了经济作物的合伙组织。除了个别企业的资本额达到100 000元以上,甚至是几百元,多数只是一两万元,且集资经营者居多。②

总体上看,自清朝咸丰至同治年间,云南商人逐步进入产业领域,与同期国内资本主义的萌动、发展相呼应,且因资本来源以省内为主,故该时期商人资本对云南社会经济的变革有着较前一时期更为现实的促动作用,虽然这种促动的力度尚十分有限。清朝云南商人资本无论在启动资金的来源,还是在利润的生成等方面,均与官府有着千丝万缕的联系,本来微薄的商人资本向产业领域投入时,更无力摆脱封建势力的百般钳制。官督商办、官商合办企业中状况尤其如此。清末滇省有识之士即说:"实业界……自贪官污吏肆意苛征,层层剥削,视官如仇,畏官如虎,遂砍阴性。故凡遇官办之事,不谈而色变,即闻而疾走。……虽云生计窘迫,而官督二字尚未摆脱,亦一大原因也。"③

---

① 刘云明:《清代云南市场研究》,云南大学出版社,1996年,第176页。
② 刘云明:《清代云南市场研究》,云南大学出版社,1996年,第177页。
③ 云鹤:《留日云南同乡会致咨议局筹赎滇越铁路意见书》,科学出版社,1958年,第596页。

第四节　元明清时期云南少数民族会计史证讨论

元明清时期是云南建立行省制治理体系的时期,云南行省体制全面纳入全国的统一治理范畴,具有重要的历史意义,其会计组织与方法也逐步与封建中央政权保持一致。元朝时期,军事管制与行省体制并存,其财政上除上缴保障军队所需,还有行省制下政府层面的相关赋税定额,因此,各级官厅府衙在田租、赋税、课税、盐税、商税等财政收入的管理上都建立了相应制度。明清时期,官厅会计进一步发展,形成了成熟的财政收支会计业务体系,并且逐步影响了私营经济体的会计方法应用。由此,到清朝末期,无论是云南各少数民族官厅组织,还是民间商业经济体,都建立了较为完整的中式簿记方法体系。

一、会计组织与制度的史证讨论

元朝时期,官厅会计组织存在中央垂直化管理形式和地方土司组织形式两种类型,都有专门掌管行政、财务的部门或职官设置,钱粮和赋税的会计核算与管理是其核心的职责内容。在中央垂直化管理中一般均由多个部门或职官共同完成地方财赋征调、钩考、理算地方钱谷等相关财政事宜,而土司制度作为元明时期最重要的少数民族地区治理制度,具有政治辖属和经济自治的特征,亦根据需要设置了多个不同级别。宣抚司、安抚司的财计职官一般还兼任各级土司的日常政务事宜。明朝时期,"土流兼治"与"府卫参设"具有典型历史意义,官厅政府和军事组织相互支持,建立了军政双轨的财政收支组织制度。在此基础上,明朝通过建立屯田制度、黄册编报制度、赋役制度、商市制度,形成稳定的财政收入来源及其会计业务处理流程体系。清朝时期,中央与地方的财计组织管理体系均采纳新制,中央层面,统治者建立了内阁决策机关、六部执行机关和都察院监督机关。六部中的户部直管钱粮,是财计组织的核心机构,遵循军政财计管理严格分工的原则,形成了官厅层面完整的垂直式财计组织分工管理机制。地方层面,总督之下的承宣布政使和提刑按察使分别承担官厅财政、会计管理和经济监督之责。基层机构均有县丞、主簿等职官设置,分别承担户籍、钱粮、赋税等职责,形成了较为清晰的清朝少数民族地区地方财计组织管理体系。

二、会计方法与体系的史证讨论

元明清时期是我国会计方法变革的重要历史时期。明朝时期产生了龙门账,清朝时期出现四脚账,官厅层面以四柱奏销报告形式作为官方统一的会计报告形式,整体上建立了完善的中式复式簿记方法、账簿组织和报告体系。元朝时期,云南区域经济中的结算货币采用贝币、盐币、金币、铜钱、宝钞等混用的形式,不同交易主体、不同交易形式、不同交易内容,所采用的计量方法和货币形式均有较大差别,导致会计方法和流程体系存在差异,具体表现在草流和流水账目的差异性以及交易记录中计量货币的差异性。特别值得注意的是,虽然同一记录中不同交易采用不同的货币计量形式,但并不存在价值换算的过程,也就不存在价值归总的过程。

明朝时期,贝币逐步退出了云南经济社会的历史舞台,在钱钞并行的制度下会计计量方法渐自统一,记账方法中收付记账和入出记账同时存在。清朝时期,统一币制和统一标准成为官厅、军队及商帮的会计计量方法的要求,云南的关税、盐务、仓储、田赋、铜课均形成了统一的核算体系和制度安排,会计方法和业务组织逐渐融合,底本、资本、收息等业务模式应用又提升了会计方法和职能的经济发展贡献。

三、会计业务与治理的史证讨论

元明清时期是云南少数民族地区会计发展与中原地区保持协调一致的历史阶段,无论是从草账、流水到总账体系,还是报告方式的选择,都具有应用中原地区会计先进方法和账目体系的历史痕迹。元朝时期,虽然从现有的史料中,仅能看出其序时流水记录的基本形式,再引申出草流、流水等相关账目形式,但仍可以清晰地看到存在归总与汇算的操作过程,即便是没有总账的历史证明。明朝时期,无论是官厅会计簿记,还是民间会计的账簿设置,均呈现出统一的中式三账体系,即草账、流水账和总账,并形成四柱结算法的统一应用和账目布局,旬结、月结和年结成为了常规的报告要求,岁报、文册、黄册等具体形式逐步成为常用的会计报告形式和载体,虽晚于中原多个世纪,但依然追赶上了历史的步伐。黄册、鱼鳞册的普遍使用和数量的不断增长,使得田亩范围不断扩大,有力保障了地方财政来源和赋税征收。清朝时期,延续了明朝时期的会计账簿体系,统一应用四柱奏销报告形式向中央汇报,并产生了涉及盐业、铜矿的官厅资本和官矿治理的新模式,形成了官厅会计与商业会计的治理职能,极大地提升了该时期云南会计发展的历史进程,为地区经济发展奠定有效的管理基础。

总体上看,元明清时期云南官厅会计的发展与该时期中原封建政府的官厅会计已呈现出一致性的特征,继续缩短了与历史发展进程中的差距,是云南少数民族会计发展吸取先进经验和方法的过程,不仅表现为整个区域政治、经济环境的统一,还表现为会计体系的统一与融合,更是产生了官厅财务治理的初始形态,成为云南会计发展历史上的又一个重要里程碑。

第五章

民国时期云南少数民族的会计

近代云南的历史是各民族反帝国主义、反封建主义、反官僚资本主义斗争的艰辛奋斗史。晚清时期,英、法等侵略势力进入云南,蒙自、思茅、腾越等边地先后被迫开关,导致帝国主义势力不断影响着云南的经济和政治生活。清末时期,孙中山先生领导的辛亥革命在云南地区经过长期的酝酿,同盟会先后发起了河口起义与永昌起义,虽然以失败收尾,但为民主革命思想的传播发挥了重要作用,也为云南地区的革命——腾越起义和重九起义的成功打下了基础,奠定了云南在辛亥革命中的重要地位。

1911年11月1日,云南军都督府成立,设置一院三部,并设有秘书处、登庸局、法制局、甄录处、卫戍司令部等机构,施行了系统性的改革与建设,包括调整行政机构,规范官员任用制度,建立各类规章制度与律法,制定并实施发展实业和教育事业的政策、措施,实现了基本稳定发展的局面,使得云南成为民国初年较为安定的省份之一。此后,云南积极响应反对复辟帝制,参与护国战争和护法运动,成为民国时期重要的政治力量。

第一节　民国时期云南少数民族会计发展的经济社会背景

在英、法等侵略势力进入云南的过程中，入滇的外来商品与日俱增，银行、洋行及其分支机构分布于各大人口较为密集的城镇。此时的云南地方政府保留晚清时期遗留下来的部分机构，另新增了劝业道、巡警道、高等审判厅、高等检察厅、洋务局、自治局、禁烟总局、谘议局、电报局、邮政局、矿政调查局、商埠清查局等组织机构，还成立了商会、教育会、农会、工业总会等非政府组织，这在云南历史上是前所未有的[①]，这也造就了民国时期云南政府会计的重要历史转折。这一转折过程有来自国内其他省份重要会计思想的传播影响，也有来自该时期西方势力的渗透因素，从而使得该时期云南经济社会的发展进程与以往任何时期均呈现较大差异，这可以从各个产业发展的历史表现中来体现。

一、农业的发展

民国时期，云南农村的产业结构发生了变动。首先，粮食种植在受到严重冲击后缓慢回升。由于鸦片种植面积的不断扩大，全省粮食生产受到严重影响。如原来豆类曾有出口，但20世纪20年代已全部转为进口。仅1925年一年就进口大米52.74万担，小麦、玉米、面粉2.37万担，此后虽进口量有增有减，但终不能自给。[②] 至1934年，由于禁烟之说风起，不少烟商经营失利，加之全省水旱灾害减少，粮食生产才有所恢复。其次，云南在卷烟进口激增、

[①] 蒋中礼、王文成：《云南通史》（第五卷），中国社会科学出版社，2011年，第156页。
[②] 李珪：《云南近代经济史》，云南民族出版社，1995年，第273页。

卷烟工业刚起步的情况下,草烟生产有所发展,并最终迈出了尝试烤烟种植的第一步。鉴于云南传统的草烟、黄烟不适于卷烟生产,1930年云南省政府曾"通令各县属地方官责成建设局,劝导农民自行征集美国烟叶种子广为播种"。实业厅在第一农事试验场也开始试种美烟,1932年又向国民政府实业部提出试种报告,并积极调查采购美烟籽种,继续试种,推动云南烤烟种植业产生萌芽。清政府曾与英国签订《中英试办禁烟协约》,规定由两国在云南会勘,检查禁烟情况。但唐继尧政权为了解决财政危机,于1920年"由省议会公决寓禁于征之法,交由政府施行"。具体办法是"查亩之法先由印官初查,委员复查,继以历年所查大略相同,乃核定标准,由印官结认",实际上已变成了核定种烟面积,层层摊派,强迫种植。按当时云南已清丈的107县耕地总面积2 837.4万亩计,鸦片种植面积最多时已接近耕地总面积的10%。①

在云南农村产业结构发生变化的同时,农村生产关系也在剧烈的社会变动中发生了一定变化,主要表现在土地兼并不断加剧、土地占有进一步集中,并且租佃制度有所发展,地主对农民的剥削不断加重。官僚、商人大量投资购买土地。国民政府行政院农村复兴委员会对1928年至1934年昆明等5县的调查表明:每县自耕农、半自耕农所有的土地数量均有下降,仅有禄丰一县的一户地主买进土地50亩,其余各县减少的土地,其所有权均转移到了官僚、商人手中,官僚、商人、地主三位一体的情况进一步发展。随着土地集中程度的提高和竞佃日趋激烈,地租率也不断提高,最高者征收到占物产额80%以上,普通的在50%左右,以地价作比较,则货币租为地价的13.9%,定额租为16.6%,分成租为16.8%。也就是说,在地价不变的情况下,土地出租6~7年既可收回全部地价。因此,在日益贫困的状况下,拥有少量土地的农民,无论选择高利贷还是典当抵押,都是在向着失去土地的方向发展。这进

---

① 牛鸿斌、谢本书:《云南通史》(第六卷),中国社会科学出版社,2011年,第59页。

一步加速了土地兼并和地权集中,农村生产关系已陷入了"土地集中—农民贫困—土地加速集中"的恶性循环之中。①

在云南地方政府的农业政策方面,20世纪30年代初,省内军阀混战确立了云南地方实力派的统治,云南地方政府在实践中认识到了对外征伐之不可为,开始较多地把注意力转向整理、充实、巩固省内统治,加之1929—1930年对财政金融的整顿初见成效,陆系、缪系地方官僚资本开始形成,云南在民国初期实行的农业政策相应有所恢复,并发生了一些新的变化:开展农田水利建设、制定发展农业生产的规划,调整农业产业结构,把官僚资本投入农业生产和农村经济中,开办官营农场,开展农村金融、清丈耕地,核实产权,开征耕地税和各种附加、苛杂。多项政策的实行使云南在农田水利方面取得了一定实效,但产业结构的调整就全省经济而言收效不大。其中"成绩"最为卓著的仍是清丈耕地、征收耕地税及附加,为充实云南地方财政奠定了坚实基础,并为官僚资本的积累并转而投向农村提供了条件。不仅如此,清丈耕地使绝大多数耕地的产权明晰,为土地买卖兼并开辟了道路。在少数封建领主制经济仍存在并行将崩溃的地区,客观上加速了向地主制经济的转化。而官僚资本的投资,则使云南地方政府直接加入土地兼并的行列,加剧了土地兼并程度,加重了农民负担。

抗日战争时期是云南经济发展史上一个较为特殊的阶段。在战时经济条件下,首先,广大人民群众除直接投身抗日救亡运动,更多的群众和基层乡村农民对发展生产以支援抗战投注了极大的热情;其次,地方政府亦采取若干措施,促进农业技术的提高,为生产发展创造条件;最后,滇缅公路的通车及若干县乡公路的兴修,亦促进了农村市场的繁荣和农村家庭手工业的发展,并在部分地区形成一定规模。因此,抗日战争时期是云南农业生产进步

---

① 牛鸿斌、谢本书:《云南通史》(第六卷),中国社会科学出版社,2011年,第138-141页。

较快的时期。由于战时物资需求量较大,云南农业亦存在较大压力。滇缅公路一度中断后,外部输入粮、棉随之中断,因而云南农民承担着较重的粮赋负担,但云南农民依然为抗日战争胜利作出了较大贡献。根据战前的官方统计数据,1932年云南全省从事农业的人口有 2 430 146 人,其中佃农 807 967 人,半自耕农 610 073 人,自耕农 1 012 106 人;佃农占农业人口的 33.25%,半自耕农占 25.10%,自耕农占 41.65%。总之,抗日战争时期的云南农村经济呈现出一些特征:一是农村土地关系与土地制度较战前没有值得肯定的重大变化,相反,土地集中呈日益严重的趋势,地租剥削不断加重,官产土地扩大导致广大农民的负担加重;二是当时的田赋征实征购(在云南实为征借)政策,保障了战时军粮、公粮的供应,地方积谷制度也发挥了重要作用,在若干地区还对抑制高涨的粮价产生了积极作用;三是云南农民在封建剥削日趋严酷,田赋、劳役繁重的情况下还不断支援抗战,这也导致抗战后期云南农村经济濒于破产,农民严重贫困化,农产品商品化大幅降低。抗日战争胜利后,云南农民亟须轻徭薄赋,休养生息。

二、工业的发展

20世纪二三十年代,云南经济形势发生了一系列重大变化,机器工业有了新的发展并在矿冶等行业得到应用,同时手工业生产也得到了一定的发展,表现出了较强的生命力。

1919—1937年,云南手工业作坊不断涌现,手工业户数有所增加,全省手工业的总体规模相应有一定的发展,手工业仍旧是云南省工业生产中不可忽视的一个重要方面。在此基础上,手工业与农业分离程度和手工业品的商品率有所提高,家家有织机的状况开始改变。在交通方便、人口集中的部分地区,初步形成区域性的手工业中心。然而,20世纪二三十年代云南手工业在某些方面的发展,并非一帆风顺。至20世纪20年代后,滇缎、明角灯、羊皮金、绫罗、绣花挑花品等逐渐衰落消亡。① 加之由于20世纪二三十年代云南手工业生产的外部环境恶化，内部竞争加剧，而手工业户的生产规模较小，技术落后，决定了大量手工业作坊必然走向破产的命运。同样，在矿冶业中，据《云南矿产一览表》统计，民国初年，金、银、铁、铜、铅、锌、锑、钨等矿共开办188户，但至1923年，停歇业的已达97户，占这一时期开办总数的51.60%。②

除了手工业，民族工业也克服重重困难，在内外环境的压力和激烈的竞争中有缓慢的发展。其中，有极少数的手工业户站稳脚跟并获得了进一步发展，如宋旭初于1914年在大理创办家庭工厂制造妙香肥皂，最后发展成为昆明三家最大的肥皂生产企业之一——怡和工厂；还有部分士绅、地主、官僚也以私人身份投资办厂，如庾恩锡于1922年独资创办了亚细亚烟草公司，公司拥有资本15万元，利用部分云南草烟和河南、山东及国外烟叶，生产"重九""合群"等四个品牌的香烟，年生产能力达9 500万支③，揭开了云南近代卷烟工业的序幕。除了上述两种情况，这一时期更多的是民族商业资本转向工业生产领域，投资兴办了一批工矿企业，构成了20世纪二三十年代云南民族工业发展的主力军。例如，在火柴制造业中，出身行伍、从事投机商业的龙沛芝创办了大有庆、东兴两个火柴公司，据《云南实业公报》的调查，这一时期昆明的13家主要民用工业企业中，商人投资创办的有9家，约占70%。④

总的来说，由于相当一部分工业企业的设备、技术、原料、产品均依赖于帝国主义国家或国际市场，需要滇越铁路的运输保障，也就决定了民族工业的发展会受到帝国主义的压迫，所以20世纪二三十年代云南民族工业的发展

---

① 陆复初：《昆明市志长编》卷十二，昆明市志编纂委员会，1984年，第303-307页。
② 云南大学历史系、云南省历史研究所云南地方史研究室：《云南冶金史》，云南人民出版社，1980年，第136页、第145页。
③ 云南大学历史系、云南省历史研究所云南地方史研究室：《云南冶金史》，云南人民出版社，1980年，第116页。
④ 陆复初：《昆明市志长编》卷十二，昆明市志编纂委员会，1984年，第266页。

道路仍是十分艰难的。不仅如此,云南民族工业的发展还受到云南地方官僚政权的压迫。除了云南地方政府不断加重的赋税以及20世纪20年代的金融紊乱,官僚政权、官僚资本还通过种种措施,或向民族工业无偿榨取利益,或干脆设置障碍禁止生产,最后改归政府垄断经营。这些严重阻碍着云南工业近代化的历程。

"七七"事变后,入侵华北的日军大举南下,同时在上海附近登陆并迅速向南京、杭州等中国近代工业较为集中的地区发动攻势,直接威胁国民政府的经济重心区域。国民政府决心以西南诸省区为重点开发的区域,各类企业遂向这些地区再度迁移。至上海沦陷,上海市迁出民营企业148家,机件物资1.24万吨;至1938年2月底,上海民营企业又有59家再度内移,其中大部迁到四川,少数迁到昆明及湘西等地。① 抗日战争时期云南省工业的发展有如下特点。其一,沿海企业内迁及以西南地区成为抗战建国工业发展重点区域,在相当程度上改变了我国近代工业集中分布于沿海的不平衡状况,在工业生产力布局趋向合理发展方面前进了一大步。在云南,抗日战争时期具有一定规模并使用机器进行生产的企业,仅限于个旧、东川等地的矿业公司和昆明耀龙电灯公司等为数不多的行业。而至20世纪40年代,云南在纺织、军工、五金、机械、制革、造纸、印刷等行业中较广泛地引进了近代机器生产;同时一些原来基本处于空白的行业兴起,例如,化学工业、建材业、化肥制造、钢铁冶炼、橡胶制品、光学仪器等。其二,以西南为战时工业建设重点区域的政策是为适应抗战需求而制定的,其发展主要是由战时需求决定的,而这类工业在一定时期内需持续不断的投入,当投入不能持续或需求量发生变化时,企业生产很容易衰退,所以在1942年以后,后方许多规模较大的企业产量就呈下降趋势。其三,国家资本在抗战时期工矿业发展中确立了垄断地位,这

---

① 孙果达:《抗战初期上海民营工厂内迁经过》,载于《抗战时期内迁西南的工商企业》,云南人民出版社,1989年,第18页、第26页。

种垄断地位一方面是通过投资兴建企业而确立的,另一方面则是通过战时物资甚至生产的统制(统营统销)而确立的。例如,能源、重工、机械、纺织、冶炼等重要行业,国家资本均占 50% 以上的比重。抗日战争后期,国家资本额所占比重又呈上升趋势。

抗日战争时期,云南的工业进入了发展时期,形成了一个黄金时代。据统计,1940 年在西南已建成八大工业区,共有工业企业 846 个,其中重庆 429 个、四川 187 个、昆明 80 个。[①] 以昆明为中心的战时工业生产企业,在西南八大工业区中处第三位。昆明形成了海口、马街、茨坝、安宁四个工业区,并且创造了中国第一根电线、第一架望远镜、第一辆组装汽车、第一炉电力炼制的钢水等许多中国"第一",还生产出飞机、枪弹、炸药等军工产品,支援了抗战。

三、交通、外贸与商业的发展

交通方面主要有公路和铁路的建造。在铁路修建上,民国初年,云南除原有滇越铁路,曾拟议修建滇蜀、滇桂、滇缅铁路,并正式修建个碧铁路,但除个碧铁路动工并于 1921 年建成通车,其余均未落到实处。1919 年前后,铁路方面在个碧铁路的基础上,1918 年开工兴修鸡街至临安(今建水)的铁路,1928 年方正式修通。1931 年,由临安至石屏段铁路亦开始修建,经 6 年努力,全长 41 公里的临屏线方正式开通。至此,云南近代历史上第一条自主修建的铁路不断延伸,累计修成了 176 公里 975 米的个碧石寸轨铁路,形成了一部艰辛曲折的近代云南铁路发展史。[②] 在公路修建上,民国初年公路建设仅拟议修筑大观楼马路,全省交通仍以传统的驿道为主。与铁路修建相比较,

---

[①] 国民政府经济部在国民参政会上所作之《经济部报告》(1941 年 3 月),重庆市档案馆藏。
[②] 杨需洲:《修建个碧石铁路的起因经过和结果》,见《云南文史资料选辑》第 37 辑,1985 年,第 1014—1017 页。

1919—1937年云南的公路建设在经历了一段曲折的情况下,取得了更大的突破性的发展。其中1919—1928年为云南公路建设的发轫期,而1928—1937年为初步发展时期。在全面开展公路修建的同时,1933年的云南省县政建设三年实施方案中写入了各县局"修整旧道"的规定,建设厅还专门颁行了《修整旧道暂行规划》,各县开展了整修县与县、县内区与区、乡与乡道路的工作。其中1936年、1937年两年,兰坪、漾海等9县累计整修县以下旧道113条,累计完工6951里。① 1936年6月,云南省政府还通知建设厅,组织人力赶修四川峨眉至云南永善、昭通等6条驿道。② 公路建设、旧道整修、驿道兴修等工程的实施及个碧石铁路的全线通车,使云南的交通状况得到了较大的改善,形成了铁路、公路、驿道并行的交通格局。以这些道路为依托,全省的经济和商业外贸的发展获得了较好的条件。尤其是滇东公路干线的修建,第一次连通了云南与国内其他省区的公路运输网,加强了省际经济往来,为抗日战争全面爆发后全国经济文化机构、抗日部队进出开辟了重要的陆上通道。而滇西干线的修建则为滇缅公路的开通,为战时云南交通、外贸的发展奠定了坚实的基础。

外贸方面,20世纪20年代初,云南对外贸易以第一次世界大战结束后国际市场上锡价暴跌、各帝国主义国家加紧商品倾销为先导,发生了急剧重大的转折。首先,1919年至1926年云南外贸进口额持续增长,出口额减少,致使出口总值远低于进口总值。在云南对外贸易形势总体上发生逆转的情况下,从事外贸的各商帮商号的经营状况也受到了重大影响。1923年后,因欠英国汇丰银行控制专营放款业务的启基贷款,商帮商号大批负债倒闭,加上因连环担保受牵连者,共倒闭100多家,占下关商号的1/3。③ 这样,经营云南

---

① 浦光宗:《云南公路史》第1册,国际文化出版公司,1989年,第49-50页。
② (民国)云南省财政厅印刷局:《云南行政纪实》第12册。
③ 云南省商业厅史志委员会:《云南省志·商业志》,云南人民出版社,1993年,第40页、第54页。

进出口贸易的商帮商号在世界市场波动和激烈的竞争中发生了较大分化,中小商号有所减少,只有一些资金雄厚、经营有方或与云南地方政权、地方官僚关系密切的商号,在沉浮中站稳脚跟,实力有所发展。其次,1926年后,云南陷入军阀混战,金融走向崩溃,百姓购买力低下,对外贸易受到了较大影响,进出口货值大幅度下降。最后,1930年后,由于修订关税条约,实行关税自主,云南地方政府的整顿财政金融措施开始见效,国际市场爆发世界性经济危机,逐步转向有利于云南对外贸易的发展。云南对外贸易逐渐不再是屈从于英法及其殖民地的贸易,与世界各国平等贸易的色彩不断增强。在云南近代经济史和财政史上,对外贸易占有重要的地位。云南自1889年蒙自开关至1949年新中国成立,均维持较高的对外出口额,其中在1912—1918年还处于出超的有利地位。这既刺激了主要出口物品(如大锡)的生产,同时也成为地方财政收入的一个重要来源,受到政府的重视。抗日战争爆发前,云南政府就已开始了对外贸的管理与统制活动。在战时需求扩大及沿海口岸被敌人封锁后,云南进出口贸易更趋活跃,成为近代史上外贸发展迅速且持续出超的时期,抗日战争时期,云南外贸出口货物首先以大锡为主,1937年出口93 930公担①,1938年出口92 968公担;其次为药材,1937年出口价值225 978元,1938年又增加40%左右。进口货物则为机器工具、运输工具,如汽车、洋纱及棉织品、各种油料等,其中许多货物,如汽油、汽车,均为满足战时军需而进口,民间使用较少。洋纱、棉织品、染料等主要供云南各纱厂使用。外贸管制后,许多物品又转供川、黔、桂等省份。云南民营商号历来有经营对缅甸、印度及越南等国家民间贸易的传统,随着滇缅公路与国内川、黔公路的修通,这一贸易又通过滇藏线到达尼泊尔及印度,运入了大批棉纱及战时急需物资。

商业方面,由于民国时期云南自然经济尚未全面瓦解,工农业生产落后,

---

① 1公担为100千克。

交通不便,云南商业总体上呈现出依附于对外贸易和省际长途贩运的特征,尤其在20世纪20年代,这一特征更为突出。在省际贸易方面,贸易货物以鸦片、生丝、茶叶、棉货、百货为主。就20世纪二三十年代云南商业发展的总体趋势而言,有几个特点。一是昆明的商业中心地位进一步巩固,其他商业集镇有兴有衰。二是商业资本向产业资本的转移有所增加。不少商帮开始加大投资,从事自己熟悉的商品生产。三是云南商业中的半殖民地色彩有所淡化。随着抗日战争前民族觉醒和抵制洋货意识的加强以及云南对外贸易的变化,商人阶层实力有所发展,云南商业中对掠夺原料、倾销商品的帝国主义的依附日益减弱。四是地方官僚资本投资商业,积极谋求垄断经营。在商路与货运方面,云南商业货运之最具特色者,即"山间铃响马帮来",以马帮翻山越岭长途贩运货物为主的方式,延续至20世纪40年代以后。在滇越铁路修通后,由于帝国主义的把持和运费的昂贵,其对全省商业交易的影响是有限的。抗日战争后期,以滇缅公路及若干县级公路的修通为标志,近代云南腹地的主要城镇初步形成以公路运输为商业货运主要方式的模式。在抗日战争期间,除滇缅公路,尚有滇黔公路、川滇公路、呈罗公路、滇桂公路等修通并投入使用。同时,一批县道与干道相接,一定程度地改变了过去完全以马帮运输为主的商运方式,使云南许多土特产品得以大量外销,如茶叶、宣威火腿、药材、玉石等。

总体上看,就云南全省范围而言,民国时期主要的商业市场仍是区域性的、小范围的定期赶场集市贸易。在大多数县,县城即集市贸易的中心市场,"较大者有商号二三十家,或少至五六家。除坪期外,并不若何繁盛"[①]。在边远少数民族聚居的部分区域,还存着以物易物的古老交易方式。民营商业中较大的商号,主要有经营长途贩运的迤西帮、迤南帮和迤东帮等商帮及其组

---

① 云南省志编纂委员会办公室:《续云南通志长编》,《商业》,1985年,第542页。

织,其中永昌祥、锡庆祥、洪盛祥、茂恒、福春恒等有较雄厚的资本,在云南各主要口岸和集散地均设商号。

四、财政与金融的发展

财政方面,护国运动以后云南地方当局卷入西南地区的权力争夺,地方财政完全被绑在了军阀混战的战车上,成为滇系军阀支撑战局、维系统治的工具。尤其是1919年以后,地方财政的这一特点更为突出。在财政支出方面,云南地方政府的军事支出占据了首要地位,但由于云南地瘠民贫,财源窘困,远远满足不了展开军阀混战、维系军阀政权的需要。因此,在以军事开支为主的财政支出不断增长的情况下,云南财政收支的平衡难以实现。1927年四镇守使发动"二六"政变,结束了唐继尧的统治,然而,财政状况并未因之改善,反而由于政局动荡更趋恶化。面对云南财政的危机,云南地方政府开始采取措施,一系列的措施使云南财政收入大大增加,财政状况明显改善,财政内部管理较为严密、系统,与云南地方实力派统治相适应的财政制度逐步确立。除了中央与地方的特殊关系,这一时期云南财政有几个特点:一是财政收支走向平衡并略有结余;二是在财政收入中,来自鸦片的收入继续增长,仍是重要财源之一;三是财政支出中军事支出有所节制,经济文化支出有较大增长。自20世纪三四十年代,云南军政、经济逐渐失去相对独立性,财政金融与国民政府逐渐呈现一体化的进程。首先是法币政策的推行。其次是划分国税与地方税。抗日战争全面爆发后,云南省政府于1940年7月起按国民政府规定划定并执行国家、地方收支标准。再次是建立县级财政。1939年9月,国民政府颁布《县各级组织纲要》,在国统区推行"新县制",按土地面积、人口、经济、交通等状况,将县划为一至六等,并建立相应的财政收支体制。在取消省级财政的同时,省政当局采取转移措施,于1942年年初成立云南省企业局,将原省财政厅举办或投资的官营事业全部交企业局,计27个单位,投资总额为法币1.14亿元。另财政厅准备给银行(兴文银行)的现金、金银、外币等共折合新滇币2.26亿元以及沙金336.97两,"一起拨交企业局接管"①。从抗日战争爆发到1941年,云南在工农业方面投资创办了不少企业与项目,以适应战时需求。1941年以后,国家各方面投资减少。云南方面由于省级财政的取消,投资实力大为减弱。

金融方面,蔡锷担任云南军都督时,于1911年创立了云南全省公钱局,后学习欧美发展金融的做法,1912年将云南全省公钱局改组为省立富滇银行,意欲"富民兴滇",性质为地方官办。这是中国最早的地方自办银行之一,也是中国西南乃至东南亚最早的银行之一。1919年后,云南继承了民国初年的金融体制,继续保持着以富滇银行为中心的金融格局,但1919—1930年,云南金融因多种不利因素并未走向繁荣和统一。其一是政府向地方银行借支增加,使富滇银行发行的纸币量迅速增加,并严重超限,直接导致云南法定货币滇币急剧贬值,通货膨胀愈演愈烈;其二是帝国主义的侵略导致云南金融受到严重危害,法国东方汇理银行通过发行越币,提高越币与滇币的比价,加剧滇币贬值,还千方百计截断外汇进入云南的通道,垄断云南外汇,操纵汇率,牟取暴利;其三是国际金银市场动荡,1918年世界金价下跌,白银上涨,白银外流日益严重。在各方面因素的综合作用下,1919—1926年,滇币急剧贬值,白银外流,银价上涨,云南金融危机四伏。而唐继尧政权垮台后的三年军阀混战进一步破坏了金融秩序,使云南金融全面走向崩溃。直到1929年后,云南金融的外部环境逐步改善,龙云政权在取得军事胜利之后,召开整顿财政金融会议,实行把财政与金融结合起来等系列措施,才充实了富滇新银行的资金,增加了云南的白银储备、外汇储备,稳定了滇币币值,理顺了财政与金融的关系,使云南金融向稳定、统一的方向发展。

---

① 《云南省志·财政志》编纂委员会:《云南省志·财政志》,云南人民出版社,1994年,第176页。

第二节　民国时期云南少数民族会计发展

云南省地处祖国边疆,与多个国家接壤,国防至关重要,而多民族区域的特征和地理位置的特殊性,使其长期以来农业经济占据绝对主导地位,经济发展程度较国内多数地区低,财政收入结构也较为简单。从历史上看,云南财政一向收不敷支,中央补助和邻省协济常年存在。晚清时期,从光绪至宣统年间,四川、湖南、湖北、广东、上海都曾向云南拨付协银以弥补边饷或军资的不足。在中华民国成立之前,云南军都督府便于1911年11月成立,标志着云南废除封建统治,率先步入新的历史时期。云南军都督府成立后,大胆推行了一系列带有资产阶级性质、发展资本主义的改革措施,涉及内政、经济、财政、教育、实业、交通等各个领域,特别是经济和财政方面的组织与制度改革具有典型意义。

一、政府会计和政府审计的组织与制度

云南军都督府成立初期,云南政务较为简单,沿袭前清旧制,征收田赋、厘金、各税,在邻省对云南的协饷停止的条件下,按量入为出的原则,收支基本可以平衡。如民国元年(1912年)岁入总额为 6 393 781 元,岁出总额为 6 201 763 元,全年盈余 192 018 元;民国二年(1913年)岁入总额为 7 317 378 元,岁出总额为 7 591 010 元,全年不敷 273 632 元;民国三年(1914年)岁入总额为 6 746 300 元,岁出总额为 7 471 709 元,不敷 725 409 元。滇省厘金,原分11类:百货厘、红糖厘、川烟厘、土烟厘、土酒厘、绸缎厘、鹿茸厘、麻香厘、大钓厘、省货厘、各项杂收,此后,还有土药厘等。到了1915年袁世凯窃国称帝,蔡锷、唐继尧发动护国运动,出兵川、黔、桂讨伐袁氏,1917年张勋复辟,唐继尧又组织靖国军

护法。军需浩繁,收入减少,遂设筹馆局,以劝募、发彩票及开征烟厘等项来筹集军费。1920年,唐继尧为筹措军饷,又明令征收"烟苗罚金",每亩收滇币2元,当年统计全省烟苗种植面积为36万余亩,共可实收60万元,同时整理运烟厘金,改名"内运罚金",可收10万元左右。[①] 总体上看,北洋政府对如何管理全国财政,建立完善的政府会计体系,无明确可行的方案,仅仅是参考国外的做法,开始编制全国财政预算。

(一)民国元年前后云南政府会计

1912年7月,云南省设立了直隶于都督府的会计检查厅,以统筹管理全省各项政府会计与监督工作。从光绪年间开始,西方财政政策与治理思想逐步传入中国,为该时期全国和地方财政政策从传统走向现代奠定环境基础。光绪三十四年(1908年),著名会计家孟森所著《地方自治浅说》在商务印书馆出版。该书对坊厢乡图、厅州县、省等各级财政和会计进行了详细的总结与论述。根据孟森的观点:省级和厅州县之会计均主要包括预算、出纳与决算三项工作。预算事项中,厅州县应在每一会计年度之前,确立"年度之岁入岁出并制预算案,付参事会先行检查,如参事员无异议,则制为正书,送付议会……凡预备费之用有二:(一)预算以外之款目;(二)预算额以外之溢数。此二项皆可开支预备费。然添目添额,已经议会所否决者,则不得擅用此费"[②]。从岁入岁出的预算书的结构来看,总体上岁入与岁出均分为经常部和临时部,岁入经常部共有国帑留支、附加税、特别税、财产所生之息及杂收入五款,临时部则包括滚存旧管、国帑补助、捐助款、财产变价和厅州县债五款;岁出经常部包括了所有政府机关部门的17项开支项目,临时部则未明确列支。然而,从民国二年度国家预算云南省岁入岁出分表(见图5-1)来看,整体

---

① 林南园:《民国初期至抗战前后的云南财政》,载于中国人民政治协商会议云南省委员会文史资料研究委员会编写的《云南文史资料选辑》(第18辑),云南人民出版社,1983年第2期,第65页。
② 孟森:《地方自治浅说》,商务印书馆,2014年,第67页。

岁入岁出预算额度有较大缩减，其中预算岁入包括田赋、厘金、正杂各税、正杂各捐、官业收入、杂收入 6 个门类，而预算岁出则以各开支部门所管来进行列示，共计 10 个门类。这说明该时期政府会计理论与实务界之间，以及国家层面和地方层面还存在一定的差异性。

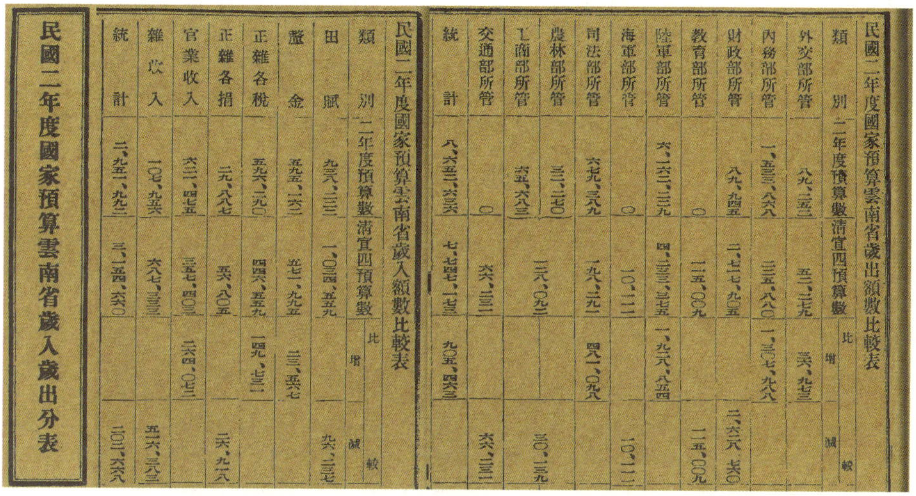

民國二年度國家預算雲南省歲入歲出分表

民國二年度國家預算雲南省歲出額數比較表

類別	二年度預算數	清宣四預算數	比較 增	比較 減
外交部所管	八九、二五二	五二、二七九	三六、九七三	
內務部所管	一、五三三、八六八	二二五、八八〇	一、三〇七、九八八	
財政部所管	八九、九四五	二、七一七、九〇五		二、六二七、九六〇
教育部所管	〇	一二五、〇〇九		一二五、〇〇九
陸軍部所管	六、一六二、二二九	四、二三三、三七五	一、九二八、八五四	
海軍部所管	〇	一〇、一一二		一〇、一一二
司法部所管	六七九、三八九	一九八、二九一	四八一、〇九八	
農林部所管	三一、二七〇	二二七、〇九二		一三〇、一三九
工商部所管	六五、六八三			
交通部所管	〇	六六、三三二		六六、三三二
統計	八、六五二、六三六	七、七四七、一七三	九〇五、四六三	

民國二年度國家預算雲南省歲入額數比較表

類別	二年度預算數	清宣四預算數	比較 增	比較 減
田賦	九三八、三二二	一、〇三四、五五九		九六、二三七
釐金	五九五、一六二	五七一、九九五	二三、一六七	
正雜各稅	五九六、二九〇	四四六、五五九	一四九、七三一	
正雜各捐	二九、八八七	五六、八〇五		二六、九一八
官業收入	六二一、四七五	三五七、四〇二	二六四、〇七三	
雜收入	一七〇、八五六	六八七、三四〇		五一六、四八四
統計	二、九五一、九九二	三、一五四、六六〇		二〇二、六六八

图 5-1　民国二年度国家预算云南省岁入岁出分表①

（二）民国时期云南政府会计的组织与制度

民国初期，云南都督府统筹治理全省各项军政事务，内设军政、参谋、军务三部及参议处、法制局，外设民政、财政、外交、学政、实业五司及高等审、检两厅。为了解决当时的财政困窘状况，都督府着手实行了改组机构和人员、降低薪俸标准、筹办公债、遣散军队、整顿厘税、开设银行等多项政策措施。民国元年（1912 年）七月，都督府发布《都督府官制草案》，对各级官制进行改革。根据草案，云南军都督府行政官制，以都督府为一级，各司为一级，各道设各司，各府、厅、州、县直隶于司。各司之外特设参议处、会计检查厅、行政裁判所直隶于都督府。都督府内设秘书处、参谋厅、政务厅，分掌都督府事

① 参见云南财经大学中国少数民族财会博物馆馆藏历史档案，编号：JTS-MG-0181。

务,其中政务厅掌理行政事务,并办理外交、内务、财政、教育、实业五司事务,暨临开广、逸西、南三道各府、厅、州、县之呈报事件,及中央政府各省关于行政之令咨事件。由此可见,会计检查厅作为都督府直隶司处,具有很强的权威性和重要地位,主要负责审查由财政司编制全省预算、决算,及其用款是否得当的问题,还负责审核各机关收支,解决了当时的冗费浮支之弊。另从草案的组织和职责规定来看,会计检查厅设厅长二员,事员若干,录事若干名,负责核销自都督以下通省文武官厅营队之出入经费薪饷,并负其责,做好相关开支事项的审查与检查。由此可见,民国初期,政府的会计核算工作主要由财政司负责,而会计检查厅更多是承担了监督与审查的职责。

民国二年(1913年),改会计检查厅为审计处,职责暂未变化。民国三年(1914年),改财政司为财政厅,下设相关秘书室、股主任和科室。民国十年(1921年),云南省财政厅为了推行新会计制度,决定从统一簿记入手,培养财务会计人员,派赴各地官营业务机关任职,专司会计稽核各种要务。民国十九年(1930年)二月,云南省颁布实施《统一会计暂行章程》,认为会计应在财务行政以外,有超然性质,会计之法制与人选,均不容忽视。章程规定,凡省内不属于财政厅直辖之征收机关,应实行会计主任制,会计主任人选由财政厅委任,并由财政厅随时监督考核指挥。财政厅所辖之征收机关,实行会计员制,会计员由财政厅厅长委任。章程还规定会计主任、会计员非依法不得退职,旨在保障会计人员依法独立行使职权,不受干扰。在章程的执行中,要求凡征收机关或官营业务机关,均应设置会计主任或会计员,对现有的簿记进行改良,并适用中央或本省规定之各项收支报告书表票据凭证。从历史进程来看,该《统一会计暂行章程》是民国时期云南省会计领域的一次重大改革和转折,具有深远的历史意义。

民国十九年(1930年)二月至三月,根据《统一会计暂行章程》的规定,财政厅还发布了《征收机关会计主任办事细则》《征收机关会计员办事细则》。

《征收机关会计主任办事细则》规定了会计主任的工作职责与具体要求,工作职责包括掌理收入登记事项、款项报解事项、财务稽核事项、收支统计事项、改良簿记及办理各项薪颁表册事项,以及监察征收、条陈建议与调查财政经济之责,具体要求则非常明确与详尽,如规定凡征收或官营业机关每日出纳款项,无论巨细,均应由会计主任记账;凡征收或官营业务机关每日收入之款项,应由主管长官负责保管;凡报解款项,每三日一次,至迟不得逾一星期;会计主任应于解款之先,将一应手续预备齐全,查照解款手续办理;各特支款项,须得会计主任之同意盖章,方得交付;会计主任对于应用之簿记及收支报告书表、联票、凭单,均应盖章负责;会计主任逐日将账目及报告表单等整理清楚,扎结盖章;会计主任应逐日将收支款项数目填报财政厅查核;会计主任应随时稽核一切账表及其他经手有关银钱事项;会计主任应于月终将收支款项数目详细造册,由主管长官盖章,转报财政厅审核备查;会计主任于会计年度开始及年度终了,应将预算及决算书造册由主管长官转报查核;会计主任对于本机关经常、临时各种开支,只负整理及核转责任;各征收机关或官营业务机关所用之簿记,每一会计年度终了,应由会计主任查照更换一次。《征收机关会计员办事细则》的相关规定内容与《征收机关会计主任办事细则》基本一致,会计员相关工作职责内容与会计主任相同,仅仅是在部分具体要求上存在差异。

根据民国二十三年(1934年)云南省财政厅的组织结构来看,其内设秘书室、一至五科和清丈处,有主管官1人、秘书或科/处长10人、技正1人、督察1人、图算检查员1人、股主任26人、一等科员27人、二等科员46人、三等科员34人、一等技士1人、二等技士7人、三等技士10人、助理员57人、雇员28人,共250人。主要职责包括:省、市、县税务的规划、征收及有关税务的监督、考核事项;省财政的度支及中央补助费的领发事项;田赋的督征、报解配拨、灾荒减免、保管耕地图册及土地的测量与登记使用、征收改革及其他有关田赋地政事项;财政金融的管理调节及县级财政的监督、规划审核、交代等事项。

民国三十二年(1943年)云南省政府审计处改组为云南省会计处,隶属国民政府主计处及云南省政府,负责主管全省岁计、会计业务。会计处设会计长1人承国民政府主计长之命,受省政府主席的指挥,主办省岁计、会计事务,监督全省各机关主办会计人员。除原审计业务缩编为1室办理外,分设3科1室,办理原由省财政厅职掌之总岁计及县、市级之会计业务。专员室派充为帮助办理设计、指导及视察等事务。下辖省政府所属各厅、处、局及直辖机关会计室,各县级机关会计室。民国三十三年(1944年)分设3室3科办理设计、指导、视察业务,掌理岁计、会计、文书、人事等。科下设股负责业务工作。民国三十五年(1946年)设2室3科办理公有营业及公有事业机关会计。专员室办理会计之设计、考察、视导、审核推进及临时发生的有关主计。主计工作原来由财政厅会计室兼办,到1944年正式扩大组织会计处,并把原第三科业务并由该室办理。民国三十八年(1949年)六月,云南省政府合署办公,统计处裁并到会计处。此时,会计处设3科掌理岁计、会计、统计及审核工作。第一科办理总预算的筹编、分配、执行,各机关单位及附属单位、各县市局的预算之审查、登记、汇转、决算的核转。第二科掌理会计制度的规划及核定,办理省总会计及各特种公务会计,各种会计报告之编制,省各级机关及各市县会计事务的指挥监督,统计资料的调查整理登记及统计图表的编制。第三科掌理各级机关执行预算之前的审核,岁入岁出会计报告(报销)的审核,财务之稽核,省各机关营缮,工程及购置,变卖各种财物之开标、决算及验收,以及其他有关审核。

(三)民国时期云南政府审计的组织与制度

审计作为监督职责的工作角色,自云南财政与会计组织推行就绪后便见诸实行。从历史上看,民国初期的云南会计检查厅实质为审计业务部门,后于民国二年(1913 年)改为审计分处①，负责政府各部门财务收支的检查与审计工作，这在全国层面是较早设置审计机关的省份之一。这是一段云南省政府在中央未设云南审计处前，暂设云南省政府审计处以施行地方审计的历史进程。在此基础上，根据中央法令，体察本省实情，因时制宜，制定《云南省政府暂行审计条例》及《审计处组织规程》，于民国二十二年(1933 年)六月公布，并划拨省政府内一部分屋舍作为审计处办公地点，开始筹备审计处建设事宜。

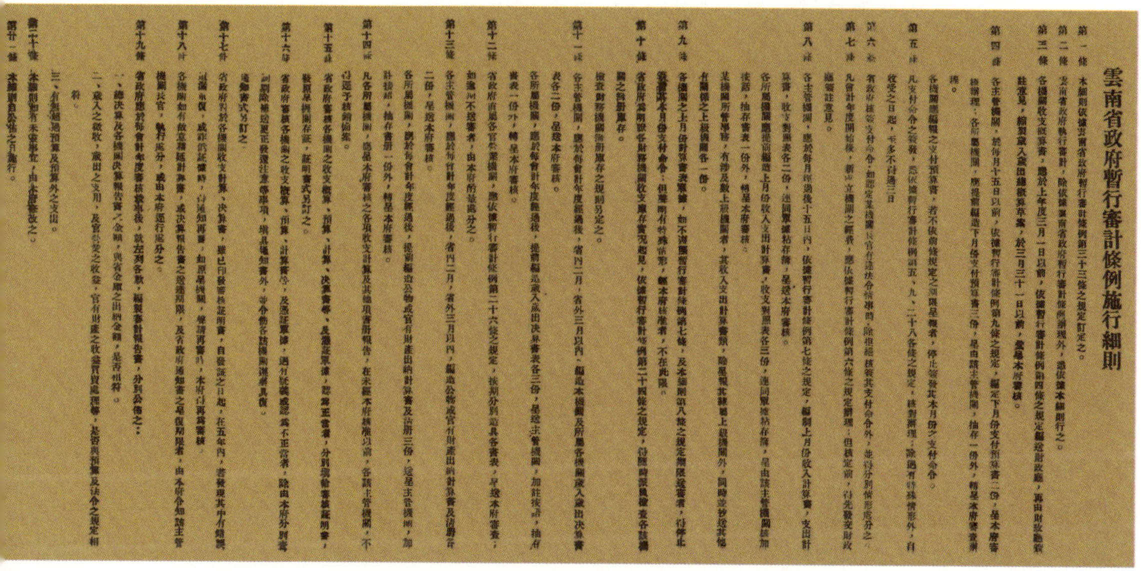
雲南省政府暫行審計條例施行細則

第一條 本細則依據雲南省政府暫行審計條例第三十三條之規定訂定之。

第二條 雲南省政府執行審計，除依據雲南省政府暫行審計條例辦理外，悉依據本細則行之。

第三條 各機關收支概算書，應於上年度三月一日以前，依據暫行審計條例第四條之規定編送財政廳，再由財政廳簽註意見，編製歲入歲出總概算草案，於三月三十一日以前，彙呈本府審核。

第四條 各主管機關，於每月十五日以前，依據暫行審計條例第九條之規定，編定下月份支付預算書二份，呈本府審核辦理；各所屬機關，應提前編造下月份支付預算書三份，呈由該主管機關，抽存一份外，轉呈本府審查辦理。

各機關應編報之支付預算書，若不依前條規定之期限呈報者，停止簽發其本月份之支付命令。

第五條 凡支付命令之簽發，悉依據暫行審計條例第五、九、二十八各條之規定，核對辦理；除遇有特殊情形外，自收受之日起，至多不得過三日。

第六條 省政府核簽支付命令，如認定某機關長官有違法命令情事時，除拒絕核簽其支付命令外，並得分別情形處分之。

第七條 凡會計年度開始後，新成立機關之經費，應依據暫行審計條例第六條之規定辦理；但核定前，得先發交財政廳簽註意見。

第八條 各主管機關，應於每月經過後十五日內，依據暫行審計條例第七條之規定，編制上月份收入計算書，支出計算書，收支對照表各二份，連同單據粘存簿，呈送本府審核。

各所屬機關應提前編造上月份收入支出計算書，收支對照表各三份，連同單據粘存簿，呈由該主管機關核加按語，抽存書表一份外，轉呈本府審核。

某機關所管事務，有涉及數上級機關者，其收入支出計算書類，除呈報其隸屬上級機關外，同時並抄送其他有關係之上級機關各一份。

第九條 各機關之上月份計算書表單據，如不遵照暫行審計條例第七條，及本細則第八條之規定期限送審者，得停止簽發該本月份支付命令；但聲明有特殊情形，經本府核准者，不在此限。

第十條 省政府為明瞭各財務機關收支庫存實況起見，依據暫行審計條例第二十四條之規定，得隨時派員檢查各該機關之簿册庫存。

檢查財務機關簿册庫存之規則另定之。

第十一條 各主管機關，應於每會計年度經過後，省內二月，省外三月以內，編造本機關及所屬各機關歲入歲出決算書表各二份，呈送本府審核。

各所屬機關，應於每會計年度經過後，提前編造歲入歲出決算書表各三份，呈送主管機關，加註按語，抽存書表一份外，轉呈本府審核。

第十二條 省政府直屬各官營業機關，應依據暫行審計條例第二十六條之規定，按期分別造具各書表，呈送本府審查；如逾期不送審者，由本府酌量處分之。

第十三條 各主管機關，應於每會計年度經過後，省內二月，省外三月以內，編造公物或官有財產出納計算書及清册各二份，呈送本府審核。

各所屬機關，應於每會計年度經過後，提前編造公物或官有財產出納計算書及清册三份，送呈主管機關，加註按語，抽存書册一份外，轉呈本府審核。

第十四條 凡各府屬機關，應呈本府審核之各項收支計算及其他項書册報告，在未經本府核准以前，各該主管機關，不得遽予核銷備案。

第十五條 省政府審核各機關之收支概算、預算、計算、決算書等，及憑証單據，認為正當者，分別發給審核証明書，驗原呈憑單存証，証明書式另訂之。

第十六條 省政府審核各機關之收支概算、預算、計算書，及憑証單據，遇有疑義或認為不正當者，除由本府分別簽訂剔除補送更正發還注意等事項，填具通知書外，並令飭各該機關詳為具復。

通知書式另訂之。

第十七條 省政府對於各機關收支計算、決算書，雖已印發審核証明書，自發証之日起，在五年內，若發現其中有錯誤遺漏重複，或詐偽証據時，得通知再審；如原呈機關，聲請再審時，本府得再為審核。

第十八條 各機關如有故意稽延計算書，或決算報告書之送達期限，及省政府通知書之呈復期限者，由本府令知該主管機關長官，執行處分，或由本府逕行處分之。

第十九條 省政府應於每會計年度審核完竣後，就左列各款，編製審計報告書，分別公佈之：

一、總決算及各機關決算報告書之金額，與省金庫之出納金額，是否相符。

二、歲入之徵收，歲出之支用，及官營業之收益，官有財產之收益買賣處理等，是否與預算及法令之規定相符。

三、有無超過預算及預算外之支出。

第二十條 本細則如有未盡事宜，由本府修改之。

第廿一條 本細則自公佈之日施行。

图 5-2 1936 年 1 月发布的《云南省政府暂行审计条例施行细则》②

1933 年 9 月 18 日，经省政府核准，暂行将审计处组织成立。此后，审计处暂行办理以前各机关报销案件，并根据《云南省政府暂行审计条例》及《审计处组织规程》，拟具各种辅助规章和施行细则(如图 5-2 所示)，呈请政府审核。1933 年 12 月 1 日，云南省审计处正式成立，并通令各机关，从次月开始

① 云南省档案馆:《云南省档案馆指南》，中国档案出版社，1997 年，第 141 页。

② 云南省财政厅清丈处:《清丈特刊》，1936 年。

每月应报审核的各项书表单据至审计处接受审计检查。审计处设处长1人，下设审计2人，协助处长推行一切审计事务。其下又分四组，每组设组长1人，一、二、三等组员及学习员若干员，办理各组事务。第一组办理一切事前审计事务，第二组办理一切事后审计事务，第三组办理一切稽查调查事务，第四组办理一切文书、统计、会计、收发及不属于其他各组事务。从民国二十三年(1934年)七月起，云南省审计处依据审计业务内容，开始发布《云南省政府审计公报》(见图5-3)，累计发布33期。《云南省政府审计公报》涵盖了审计处对所有云南省各级政府审计机关年度预决算、财政收支情况的审计，整体按照经常门和临时门两大类别的相关科目岁入、岁出情况进行列示，反映了民国时期政府会计业务的主要内容，以及政府会计报告的具体结构要求。

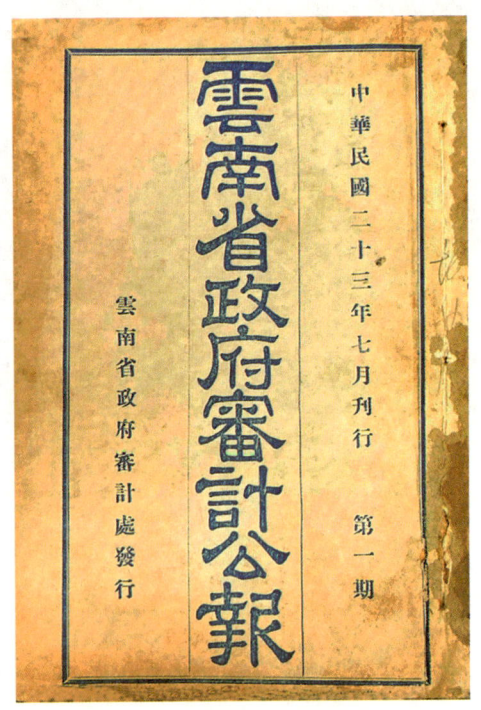

图5-3 《云南省政府审计公报》第一期①

---

① 藏于云南财经大学中国少数民族财会博物馆，编号：JTS-MG-0721。

民国三十二年(1943年)五月,当时的审计部决定筹备组织驻云南审计处,于同年9月1日筹备就绪,正式成立,开始审计工作。处内设处长1人,下分四组,各设主任1人,均由协审、稽查、秘书等兼任,并设佐理员、办事员及书记等各若干人,办理处内事务。第一组主办省级各机关之事前审计事项,第二组主办省级各机关及当时国民政府在滇各机关之事后审计事项,第三组主办省级机关及当时国民政府在滇机关之监视及调查事项,总务组主办处内杂务事项。根据云南省档案馆所藏的审计处相关档案可以发现,当时的审计业务内容主要包括以下方面:

① 行政、军事机关经费审计。审计范围包括云南地方预算、省级预算及各县总预算,国民党驻滇机关预算及省内各县级机关财务经费,民政厅、建设厅、侨务处、昆明市政、禁烟委员会等单位的经费,昆明市政府修建五华山、正义路、南屏街等处的预算,国民党陆军军官学校、军政府黔验第七分会、第五集团军总司令部、省防空司令部、滇黔绥靖公署等机构经费。

② 交通、邮电、工矿企业经费审计。审计范围包括昆明电厂、无线电厂、云南钢铁厂、滇北矿务局、机器厂经费,交通部第五区电信管理局修建新厦、滇缅铁路督办署及滇越、川滇、湘桂黔铁路营缮经费,云南公路管理局昆明至五溪段、开远至蒙自段、安宁至元谋段等路段改善工程经费,滇缅公路、保山机场改线等经费审核等。

③ 文化教育卫生机构经费审计。审计范围包括省立大中小学校、各县中学、专科学校、昆华女子师范、云南师范等经费预算,云南大学建筑校舍、修理会泽院等工程预算,拓东体育场、昆明志舟图书馆、省立昆华民众教馆等修建经费,中国童子军云南省支会筹备处经费预算等。

④ 外事、司法等机构经费审计。审计范围包括警察局男子感化院、警察训练所、消防队以及各县地方法院经费、各县司法处经费等。

⑤ 田粮银行税务等机构经费审计。审计范围包括田粮管理处经费,保

山、六顺、昭通、文山等县田粮处经费、国库总办事处会议记录、审核国库云南分库业务经费、税务局预算法案、各县税务局经费、昆明税务局经费等。

二、政府田赋与清丈的会计

自古以来,中国均是以农业立国的国家,对农业征税是重要的财政来源,"赋出于地,役出于丁"的古制在清朝被打破,实施"摊丁入亩,赋役合一"的地丁制,将人丁赋税与地亩田税合并,简化了征管工作,提高了总税数额。民国初期,云南省仍然沿用清末旧制计征相关田赋,由于旧制延续时间长,册籍混乱,除正税,各地还逐年增加耗羡、杂赋等,征收形式中粮钱并行,腐败丛生并难以核查。民国六年(1917年)云南省决定整理赋税,合并繁杂细目,征收半开银元,定名田赋。民国十七年(1928年)云南决定清丈土地,重新核定赋税数额,历时12年终完成全省110个县的清丈土地工作,仅剩余19个边远县地未进行清丈。从清丈结果来看,田地清出较多,赋税得到增加,已清丈的县赋税新额共计新滇币284.49万元,直到新中国成立前云南田赋都按此标准执行。[①]

(一)民国早期田赋征收与管理

民国初期,云南田赋征收仍暂按清末旧制征纳,基数约银1 362 563两,米200 983石。据民国二年(1913年)10月1日发布的《云南军政府咨议局函——建议钱粮厘税照旧册折中妥定》,对征收标准进行了提议和商定,李炳泰建议征收正款包括条丁、公耗、奏平、官庄等,而米折、夫马津贴等则由各地自行议定后征收。另从《云南通志》中相关记录和数据记载整理可知,清末时期和民国初年相关征收基准和额度如表5-1所示。

[①] 云南省财政厅、云南省档案:《民国时期云南田赋史料》,云南人民出版社,2002年,第160-161页。

表 5-1　清末和民国初年云南全省田赋各款应征额①

科目编号			科目名称	实(应)征数	备考
款	项	目			
一	(一)	1	地丁	银 1 322 494 两,谷 15 692 石又 644 京石	地丁款含正赋、耗羡、杂赋三项。主要是随赋额征收,即摊入田亩的丁税
		2	正赋	银 177 125 两	即正供,又名条丁或条编,按赋粮一升,征银一分二厘五毫
	(二)	1	耗羡	银 116 216 两	含奏平、公耗二目,系地方为保证正供足额增设的附加,并入正供上解
		2	奏平	银 16 418 两	随正赋(条丁)计征,每赋银一两,征奏平银一钱。也有只征正赋,免征奏平的
		3	公耗	银 99 798 两	有火耗、粮耗、公件之分。火耗按每条一两征银七分;粮耗按每粮一石征银八分;公件按粮摊征,数目多寡不一
	(三)	1	杂赋	银 1 029 153 两,谷 15 692 石又 644 京石	含六个目,多属地方摊派性质,有的因缘无案可稽
		2	积谷	谷 15 692 石	按纳粮一升,捐积谷钱二文。纳银一分,照捐钱二文。以所收捐钱买谷积储。光绪十六年至三十三年共积谷 282 455 石,表列是年平均积谷数
		3	藉田	谷 644 京石	28 个厅州县有藉田,为祭奠用的田地。所收租额大部用于祭奠先农开支,每年约余谷 62 京石,折银解库
		4	夫马津贴	银 12 870 两	按秋米一升,抽钱三文,赋银一两作米一石核算抽收
		5	团费	银 16 080 两	始于光绪二十六年,用以办团练,当时叫粮捐。团费照夫马津贴的抽收办法加收
		6	铁路股本	银 1 000 000 两	光绪三十四年定案集股,随赋粮认股、赋粮一石认银五两,一斗认五钱……全省粮额 20 余万石,年可集银一百万两
		7	额外摊丁	银 203 两	仅寻甸清理出有此一目,因缘不清

① 云南省财政厅、云南省档案馆:《民国时期云南田赋史料》,云南人民出版社,2002 年。

(续表)

科目编号			科目名称	实(应)征数	备考
款	项	目			
一	(三)	8	税秋米	银 21 490 两 米 193 824 石	税指夏税麦、荞,秋米即秋粮。概系按三则田地的征率计征。含正赋和耗羡(附加)两项
	(四)	1	正赋	银 9 259 两 米 193 824 石	指正供赋粮,既征收本色(粮食)也征收折色(折征银两)
		2	米折	米 193 824 石	各属征收秋粮,征米征银无定。除征收兵米,其余多照章每石折银一两计征
		3	永折	银 6 974 两	即定案永远折征银两,每米一石,折征银一两
		4	荞折	银 2 285 两	昭通府有荞折一目,原系征荞,后改为每荞一石,改征银七钱三分
	(五)	1	耗羡	银 12 231 两	含款费、坐平、运脚三个目,都是摊派性质,后列入正供上解
		2	款费	银 5 040 两	按赋粮一石,随征款费银三分,粮免、缓,费亦随之免、缓
		3	坐平	银 3 340 两	照折征银两,每两随征坐平银三分
		4	运脚	银 3 851 两	仅部分州、县征收,每粮一石征运脚银五分,一钱六分余不等
		5	租课	银 18 567 两 钱 18 650 文 米 232 京石 谷 278 京石	包括官庄租、学租、杂租、杂课、土司租折等,有的已不属田赋范围,并入田赋征纳
	(六)	1	官租	银 8 690 两	系文武官庄租折,征解司库
	(七)	1	学租	银 3 590 两 米 106 京石 谷 278 京石	用作学堂经费。包括藩司、学司衙门收入两目
		2	藩司衙门收入	银 604 两	义田、学田租折,征解司库,汇入条丁款内,后改作学堂经费
		3	学司衙门收入	银 2 986 两 米 106 京石 谷 278 京石	包括公产租折、租米,田地租、房铺租等。收入均拨充女子职业学堂经费

第五章 民国时期云南少数民族的会计

(续表)

科目编号款	科目编号项	科目编号目	科目名称	实(应)征数	备考
一	(八)	1	杂租	银 6 059 两 钱 18 650 文 米 126 京石	杂租收入,一般均有固定的开支范围
		2	财政公所收入	银 5 379 两	有房铺百十所,租佃给商民,租银用作差役津贴、房铺岁修
		3	警务公所收入	银 680 两	计铺面 31 间,菜市场 39 间,租银用作警务所一切经费
		4	昆明县收入	钱 18 650 文 米 126 京石	系堡田租米及地租钱,解敬节堂,用作节妇及抚孤开支
	(九)	1	杂课	银 224 两	含酒课、窑课、芦课、茶课、棉花课,留各地方办理新政经费
	(十)	1	土司租折	银 4 两	仅宾川征解表列数,各地多已免征

从表 5-1 可知,清末至民国初期全省正杂各款项目应征数,全年征收额合计银一百三十六万二千五百五十一两,钱十八千六百五十文,米十九万三千八百二十四石又二百三十二京石,谷一万五千六百九十二石又九百二十二京石。按钱一千五百文折银一两,谷折米为四五碾率,一京石折合市石一斗五升计算,全年农民应缴纳正杂各款的基数为银一百三十六万二千五百六十三两,米二十万九百八十三石。由此可见,清末地丁制,有收粮的项目,有收银的项目,统称钱粮。而民国初年沿清末钱粮旧制,各年度具体应征数,除因灾减免或垦荒地依法开征(升科)等税源增减有所变动,直至民国六年,征收基数未进行过大的调查。但各属随粮附征的杂征杂租,往往应时势需要而增加,以致原已纷繁的名目更趋繁杂,有的名目相沿成习,无案可稽。而且征收册籍随政局变动散失不全,征收中钱银折算、银币折算弊病丛生,征收官吏作弊难于稽核。①

---

① 云南省财政厅、云南省档案馆:《民国时期云南田赋史料》,云南人民出版社,2002 年,第 54 页。

（二）民国时期田赋统征相关制度与管理

1. 田赋规范条例与统一征纳

民国六年（1917年），云南省财政厅鉴于钱粮旧制名目繁杂，对既征钱又征粮的征纳形式深感不便，征管中漏洞百出，加之军费支出膨胀，财政状况恶化，经组织整理赋税委员会多方考虑后，提出改进田赋的暂时办法，即归并名目，核定各属统征数，划定田赋征数，制定统一的田赋管理制度。在报经省长唐继尧批准后，由财政厅筹办，于民国七年（1918年）7月12日，公布《云南省田赋条例》，将旧制的繁杂名目合并为田赋与租课，划定征数，以本省通用银币征纳。《云南省田赋条例》是民国时期云南省政府最为重要的财政条例之一，其统一明确了田赋、租课、附征等内容，并设置了统一的征收凭证，确立了上下两忙作为征收时期，以及各期的征收数量比例。

与《云南省田赋条例》同时发布的还有一则《各县划一田赋征数表》，确定了各县的征收基数及其与原征收数额之间的关系。根据该征收数额总额可知，总征收数由原征条粮官租正杂等数为基数，确立本省通用银币 1 427 012 元的基准数额，并根据条例规定核定为 1 461 086 元，总体增加 34 074 元。现以禄丰县征收数额为例，来解释该变化过程。

从表 5-2 来看，禄丰县现征秋米共 1 230.772 89 石，条粮正杂等款合并共征银 5 198.803 两，按 1.5 折征银元 7 798.205 元。又附征夫马团费钱 369.23 元；又附粮捐银元 1 230.772 元，共计合征解银元 9 629.594 元。兹以粮为本位，将正杂名目化除，并将附征之夫马团费钱，照旧案酌中以 1 500 文易银 1 两，每石改征银 4 钱，折合银元 6 角，提出夫马银 3 角，并入正款，各就原数折合银元，悉如表列之数。其附粮捐及划归地方之团费，随粮附征，共计合征收田赋银元 9 767.439 元，租课银元 106.071 元，以归划一。

表 5-2 民国七年(1918 年)禄丰县划一田赋征收数额表①

	项目		原征粮额	征收率(每石、两)	统征数
禄丰县	田赋	地军税	5.71 石	5.30 元	30.26 元
		垦军税	9.58 石	4.68 元	44.83 元
	苏伍军秋		11.22 石	5.85 元	65.64 元
	宪伍军秋		51.49 石	5.65 元	291.08 元
	杂军秋		417.51 石	5.85 元	2 442.43 元
		丁军	银 6.99 两	2.29 元	16.01 元
		民税	16.64 石 45.79 石	6.72 元 5.55 元	111.82 元 254.11 元
		民秋	478.73 石 194.10 石	7.67 元 6.40 元	3 671.86 元 1 242.24 元
	附征团费		1 230.77 石	0.30 元	369.23 元
	附粮捐		1 230.77 石	1.00 元	1 230.77 元
	合计				9 767.44 元
	租课	官租	65.12 石	1.89 元	106.07 元
	合计		(同上)	(同上)	(同上)

2. 清丈田地与改征耕地税

民国十七年(1928 年)10 月 4 日,云南省财政厅发布《云南清丈田地办法大纲》,开启了全省范围的土地清丈工作,意在"正本清源",通过清丈田地核实田亩面积,改征耕地税,平衡负担以扫除钱粮旧制弊端和征纳过程之贪腐,从而增收田赋,以弥补财政收入之不足。

这场清丈运动于民国十八年(1929 年)开始在昆明试办,取得经验后全省分批推进。民国二十年(1931 年)八月,云南省财政厅发布《征收耕地税章程》,凡完成清丈的县,当即改征耕地税。截至民国二十九年(1940 年),除了

---

① 云南省财政厅、云南省档案馆:《民国时期云南田赋史料》,云南人民出版社,2002 年。

暂缓清丈的19个边远县，云南省先后完成清丈的110县均改征耕地税，总体计亩数量增加两倍有余，税额增加一倍以上，并配合提高税率，使得整体税额得以大幅提升。

根据清丈工作和耕地税章程，全省耕地分为三则九等，以当地最近普通买卖地价为标准进行土地厘定等则，再根据等则分别征收相应耕地税。厘定等则依据以下原则：（一）每亩价值在一百五十元以上者为上上则；（二）每亩价值在一百二十元以上不满一百五十元者为上中则；（三）每亩价值在九十元以上不满一百二十元者为上下则；（四）每亩价值在七十元以上不满九十元者为中上则；（五）每亩价值在五十五元以上不满七十元者为中中则；（六）每亩价值在四十元以上不满五十五元者为中下则；（七）每亩价值在二十五元以上不满四十元者为下上则；（八）每亩价值在十五元以上不满二十五元者为下中则；（九）每亩价值不满十五元者为下下则。而征收耕地税的税率按照以下标准：（一）上上则耕地每亩每年纳税银三角；（二）上中则耕地每亩每年纳税银二角四仙；（三）上下则耕地每亩每年纳税银一角八仙；（四）中上则耕地每亩每年纳税银一角四仙；（五）中中则耕地每亩每年纳税银一角一仙；（六）中下则耕地每亩每年纳税银八仙；（七）下上则耕地每亩每年纳税银五仙；（八）下中则耕地每亩每年纳税银三仙；（九）下下则耕地每亩每年纳税银一仙。

由表5-3可知，中国近代史时期云南省在整体清丈工作推进过程中，全域分为七期逐步进行。为保障清丈工作的有序推进，云南省财政厅先后还发布《颁发土地测量应用尺度章程》《完成云南全省清丈计划书》《耕地登记暂行章程》《推进清丈办法及各项进行步骤》《改订清丈奖金分配办法》等布告或训令，并于民国二十四年（1935年）对《征收耕地税章程》进行修订，发布《修订征收耕地税施行细则》，整体上大幅推进了全省田赋向耕地税的改革进程。

表 5-3 民国时期云南省土地清丈工作推进表①

第一期	第二期	第三期	第四期	第五期	第六期	完成期	缓办县属	备注
昆明	呈贡 晋宁 昆阳 宜良	安宁 澄江 玉溪 嵩明 易门 富民 西畴（普马两甲）	路南 江川 华宁 禄劝 通海 西 丰 罗次 寻甸 峨山 广通 双柏 武定 曲溪 弥勒 陆良	石屏 师宗 曲靖 楚雄 姚安 永仁 盐丰 盐兴 蒙化 弥渡 建水	开远 泸西 马龙 镇南 元谋 大姚 牟定 平彝 云南 祥 云 罗平	蒙自 文山 邓川 大理 漾濞 宾川 邱北 新平 马关 剑川 云县 元江 河口 墨江	个旧 砚山 洱源 凤仪 永平 宜威 华坪 鹤庆 广南 景东 景谷 景宁 保山 沾益	昭通 彝良 镇雄 大关 绥江 思茅 六顺 西畴 昌宁 永胜 兰坪 维西 龙陵 屏边 会泽 澜沧	鲁甸 永善 宣威 盐津 盐沛 镇沉 景谷 麻栗坡 江菠 腾冲 云龙 富宁 镇康 金平 巧家	江城 中甸 宁江 瑞丽 丽源 沧源 南峤 双江 贡山 泸水 潞西	镇城 佛海 陇川 碧江 莲山 车里 德钦 福贡 盈江 梁河	1. 缓办县属内江城一属经查明有清丈之价值，已提出举办 2. 缓办县属内中甸所属第三区经查明有清丈之价值，已提出举办 3. 完成期内澜沧一属因人口稀少土地无经济价值已予缓办

3. 田赋征收实物和随赋征购、征借

民国三十年（1941 年），随着战争形势变化，沦陷区增加，军粮筹集成为抗战要政。同年六月，国民政府召开全国第三次财政会议决定：各省田赋统归国家接管，改征实物。云南省于当年 8 月 1 日组成财政部云南田赋管理处，按上年耕地税额，每国币一元改征稻谷一斗二升。继续征收货币地区，比照粮价，原纳耕地税一元改交六元，实质是负担额比原额提高五倍。民国三十一年（1942 年）起，进一步提高粮食负担，实行随赋征购粮食。民国三十三年（1944 年）改征购为征借，实质是预征以后年度赋额。

1）征赋的组织

（1）省级层面的组织

云南省田赋管理处的组织设置，系遵照国民政府颁布的各省田赋管理处组织规程，设处长 1 人，奉命由本省财政厅厅长兼任，综理全处事务；另设置副

---

① 李玉蓉：《民国时期云南农村土地清丈研究（1929—1940 年）》，《西南古籍研究》2014 年，第 370-386 页。

处长 1 人,协理全处事务;主任秘书及秘书各 1 人,复核全处规章文稿,并办理机要文电及其他交办重要事件。基层科室分设一、二、三等三科,又设置会计室,分掌奉颁组织规程所列各事项。各科室除按规定设置各级人员外,并于科室中分股办事,设股长一级即以高级委任职人员充任,俾其机构健全,借以提高行政效率,计每科室各设置股长 3 人,共设置 12 人。又设督导员,共12 人,以谋督导效能之增进。综计省处人员,先后派用秘书、科长、主任、督导员以下荐、委职员 61 人,并雇用司书 15 人与工役 19 人,统共 97 人(含处长1 人,副处长 1 人)。①

(2) 县级层面的组织

云南省各县田赋管理处的组织工作,依然遵照财政部颁发的各县市田赋管理处组织规程,设处长 1 人,由该县县长兼任;副处长 1 人,由各该县税务局局长兼任。其下照章并考虑本省举办清丈的背景情况,各县设置 2 个科室,分掌县处总务、征收各项事宜。每科设科长 1 人,科员、助理员及雇员各若干人。其各级人员名额,由省处按照部颁各项规章并参酌各县处实际情形,厘定人员设置标准。②

(3) 经征分处的组织

云南省各县经征分处的组织,遵照各县市田赋管理处经征分处设置办法,设主任 1 员,由该管县处就以前曾经服务清丈而具有相当资历或原日经办耕地税各人员派充;副主任 1~2 人,由当地乡镇长兼充;稽征员 1~2 人,由县处遴选合格人员担任,并报请省处备案。此外并得雇用工役 1 名,催丁 1~2 名。至于各县应设分处之数目,经体察本省情形并遵照部令所定标准,除折征国币的 67 个县,在旺征期间,以平均每县不得超过 9 分处,淡征期间,每县不得超过 5 分处分别设置。而折征国币的 67 个县则照上项标准,酌予减少,

---

①② 云南省财政厅、云南省档案馆:《民国时期云南田赋史料》,云南人民出版社,2002 年,第310 页。

以平均每县不得超过 5 分处为限。①

2）征赋实物的造册与制度要求

民国三十年（1941年）云南省发布田赋征收实物实施办法，明确了开征总纲、征收期限与标准、催征程序等内容。其中，在组织层面，要求各县成立田赋管理处负责接管各项征收工作，并应在所定移交接管手续办理清楚后，将本年度原征赋额，改征稻谷数量，或折征国币款数等项，造具征赋清册三份，一份存查，一份呈省田赋管理处查核备案，一份送当地经收机关，据以经收田赋。由此可见，征赋清册的编制具有重要意义，是最基本的田赋清册，也是各层级核定相关征收数额的基本依据。

征赋清册是典型的田赋类会计账簿，其记录依据国民政府颁行接管各省市县田赋实施办法及施行细则之规定，对全境田赋及有关册籍档卷进行整理造册，形成标准的征收清册，并归总呈报。从历史文献中的相关记载来看，民国三十年（1941年）相关造具清册归总后，形成一份总体统计报告。具体内容包括②：

计开

应征数项下：

全省征实六十三县，应征三十年度稻谷一百零九万二千二百六十公石六斗四升一合。

已收数项下：

自开征日起至6月底止，总计实收稻谷六十三万七千零四十二公石九斗三升八合。

---

① 云南省财政厅、云南省档案馆：《民国时期云南田赋史料》，云南人民出版社，2002年，第311页。
② 云南省财政厅、云南省档案馆：《民国时期云南田赋史料》，云南人民出版社，2002年，第296-297页。

拨支需征实数项下：

（一）奉令由征实项下配拨军米二十万大包，约需稻谷五十八万三千五百四十八公石。

（二）奉省令拨付省二十九县余谷，还昆明粮食供销调节处，调济民食约计共合八万八千五百二十三公石三斗七升七合。

（三）奉省令准将石屏、蒙自、建水等三县，除拨军米外，由余谷项下，拨给调济个旧县矿工民食稻谷，计四千公石。

（四）奉准拨给盐兴县调济民食征实稻谷六百三十六公石。

（五）奉省府转奉行政院令拨省级公务员之平价稻谷一十一万七千五百九十七公石七斗八升一合。

以上拨支五注共计约需征实稻谷七十九万四千三百零四公石余。

不敷数项下：

根据已收数，与前项配拨数抵算，合尚不敷稻谷一十五万七千二百六十二公石余。

这表明，民国三十年征实稻谷，按省田管处函送已征起数目，共为七十九万四千三百零五公石一斗五升八合，而云南粮政局据报实已收到数目，则为六十三万七千零四十二公石九斗三升八合，两者相差一十五万七千二百六十二公石余，存在欠征或减征的情形。

此后，国民政府还发布了《战时田赋征收实物暂行通则》《欠赋催征通则》《修正督导员服务暂行规则》《粮食库券条例》《战时田赋征收实物条例》等相关政策与制度规范，云南省也根据政策要求，制定并发布了《云南省战时田赋征收实物及随赋征购粮食实施办法》《云南省粮政局配拨省级公粮办法》《云南省粮政局配发外县省级公粮办法》等制度，并逐年制定征收实施办法，形成了战时及战后的田赋征收保障机制。

(三) 民国时期田地清丈的组织与经费管理

1. 清丈的组织管理

云南省举办全省清丈工作，因经费限制，仅在省财政厅增设清丈处，专司其职，直接由厅长管辖。清丈处设处长1员，下设秘书1员，技正督察4～6员，并分设四组，每组各设组长1员，一、二、三等办事员、技士、学习员、书记各若干人，分工合作，办理一切清丈事宜。此外，为不断培养清丈人才，特在财政厅下附设清丈人员养成所，分别招收学生训练。又为办理各县清丈耕地所发生业权争讼，不服初审判决，又提起上诉之案件，并于厅内附设清丈高级评判委员会，为其终审机关。至于外部下设组织，主要是基于推行清丈各属机关，设立清丈分处，每分处设分副处长、会办（由各该县长及设治局长兼任）各1员，下设总务、内业、外业三组，每组各设组长、主任各1人，办事员、技士、学习员、学习技士、书记等若干人，分办内外业务、技务之一切事项。具体详细组织结构和组织系统如图5-4所示。

在人员组织基础上，云南省财政厅还厘定了38项清丈规章制度，以保证清丈工作的规范实施和有效执行。具体如下：《所有现在通行之清丈处组织暂行章程》《清丈人员就职宣誓规则》《清丈高级评判委员会章程》《清丈人员养成所组织章程》《清丈督察服务规则》《清丈分处检查员服务暂行规则》《清丈分处组织章程》《清丈分处总务组办事细则》《清丈分处发照收费规则》《清丈颁发执照办事细则》《清丈分处收支款项记账办法》《清丈分处外业人员服务通则》《清丈分处外业技术业务实施细则》《清丈分处外业图根测量实施细则》《清丈分处耕地复丈复查规则》《清理各县官产暂行章程》《清丈分处保管测器规则》《清丈分处内业组办事细则》《清丈人员保障规则》《清丈分处人员旅费规则》《清丈分处人员请假规则》《清丈分处人员奖惩规则》《清丈分处人员抚恤规则》《各县妨害清丈惩治办法》《清丈耕地初级评判委员会章程》《清丈初级评判委员会组织补充规则》《清丈初级评判委员会人员任用规则》《清

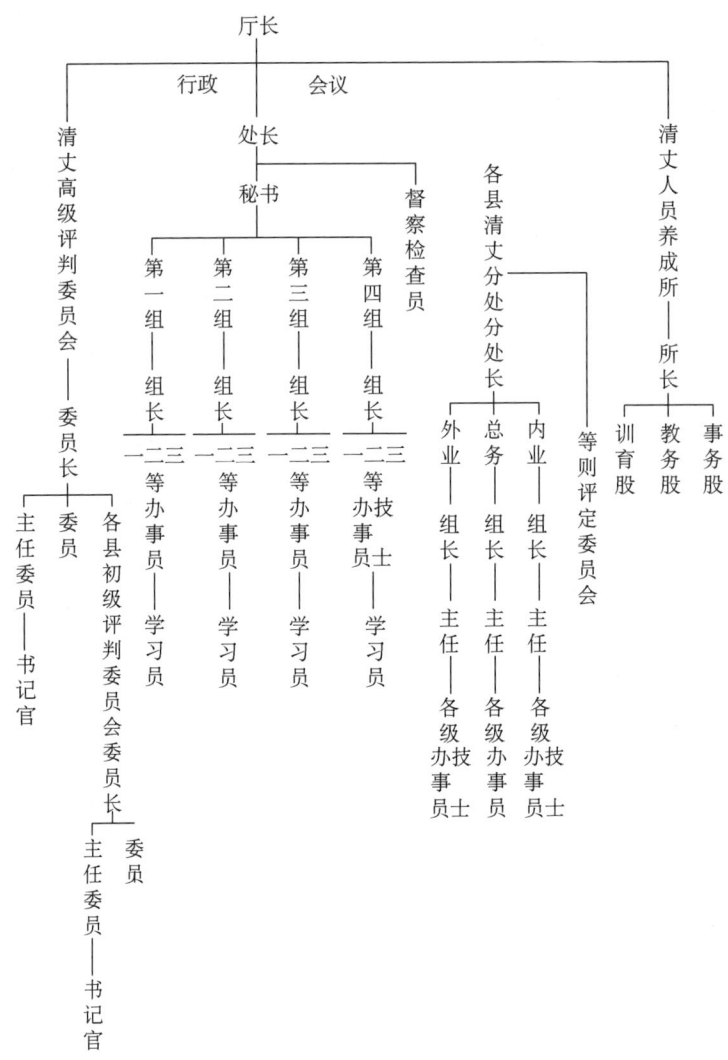

图 5-4 云南省财政厅清丈行政组织系统图①

丈初级评判委员会考核规则》《清丈初级评判委员会会务视察规则》《清丈初级评判委员人员奖惩规则》《清丈初级评判委员会人员保障规则》《清丈分处评判委员会人员抚恤规则》《清丈初级评判委员会取缔传送吏规则》《清丈期间改决业佃争执办法》《清丈分处耕地等则评定委员会规则》《征收耕地税章

---

① 云南省财政厅、云南省档案馆:《民国时期云南田赋史料》,云南人民出版社,2002年。

程》《征收耕地税施行细则》《耕地税登记暂行章程》,形成了一套系统性、完整性的清丈组织与管理制度。

2. 清丈组织的经费管理

(1) 经费筹措

云南省财政厅在推行清丈工作时,特本着"用之于民,取之于民"的原则,将各县清丈所需之经费,即以颁发执照的照费作为主要来源。关于照费的收取标准,在第四期以前,每田一亩,收照费新滇币六角(折合国币三角),每地一亩,收照费新滇币三角(折合国币一角五仙)。自第五期起,改为每田一亩,收照费新滇币八角(折合国币四角),每地一亩,收照费新滇币四角(折合国币二角)。而清丈执照的颁发须于清丈工作开始后较长的时间才能着手颁发。这导致每期推行以前,所有本期内应需之器械购置费、印刷费、开办费,以及各分处成立后最初两个月的临时开支等款项,均由省库支发。至各分处成立第三个月起,所需经临各费,则概由收入照费项下开支。

(2) 经费预算

云南省财政厅在推行清丈工作的初始时期,制定了统一的经费预算。具体预算内容主要为支出预算,收入预算仅以耕地面积的估计数进行估算。在支出方面,预算内容共分为总处经费、各分处经费、清丈教育费、购置器械费等项。从各项预算额度来看,历年均有较大差异。从总体全盘统计,全省清丈完毕,共需经费约三千九百七十七万三千三百元。其中:

① 总处经费。此项经费分为前后两阶段,自民国二十年(1931年)八月成立,至民国二十一年(1932年)十一月改组止,为第一阶段;自改组以后,为第二阶段。改组以前,因内部之组织简单,故所需经费为数亦微,每月约五千元,当时预算全年经费为六万元。改组以后,内部大加充实,每月经费预算为一万零九百四十六元,每年总预算为一十三万一千三百五十二元。自民国二

十二年(1933年)十二月起,各机关改编预算,清丈总处经费定为新滇币三千五百零六元五角,合旧币一万七千五百三十二元五角。今以全省清丈,至民国三十年(1941年)完毕计,则总处经费前后三阶段,共为旧币二十万零八千四百零六元,新滇币四十二万零七百八十元。①

② 各分处经费。此项经费,分为碎部清丈费与图根测量费。其一,碎部清丈费。该经费主要以昆明清丈试点的经验,参以本省耕地亩积之大量估计,分析归纳立一假定标准,每亩耕地约需清丈费,滇纸币二元,此为碎部清丈费的基本数。再以此数与全省耕地亩积总数相乘,而定清丈经费的总数。若假定全省一百零八县、十七设治区中,耕地面积达二十万亩以上至三十万亩者,二十县平均,以二十五万亩计,共五百万亩,需费一千万元;耕地面积达十万亩以上,二十万亩以下者,四十县平均,以十五万亩计,共六百万亩,需费又一千二百万元;耕地面积达十万亩者,四十八县,十七设治区,共六百五十万亩,需费一千三百万元;全省清丈完毕,耕地亩积约得一千七百五十万亩,共需碎部清丈费三千五百万元。其二,图根测量费。因该工作与测量局合办,经省政府核准,每县由财政厅补助经费一万元,除昆明、晋宁、呈贡、宜良、昆阳、玉溪、安宁、嵩明、澄江、富民、易门、江川、通海、河西、峨山、曲溪、华宁、陆良、寻甸、禄劝、武定、罗次、禄丰、广通、双柏各县,已由财政厅自行测量;其余八十三县,十七设治区,共需经费一百万元。②

③ 清丈教育费。此项主要为清丈人员养成所的经费,原定计划以办足二十七班为止,兹因缩短完成清丈工作年限,对于清丈人才,不能不增加培植。在查阅的云南省清丈教育计划案中,规定养成所以办足三十班为原则,每班月需经费二千三百元,九个月毕业,共需经费二万零七百元,合计三十班,共需经费六十二万一千元(内有六个月毕业之业权科三班,今仍与其他班

---

①② 云南省财政厅、云南省档案馆:《民国时期云南田赋史料》,云南人民出版社,2002年,第222页。

次一致预算,以免分歧)。①

④ 购置器械费。预计全省清丈推进过程中,共需平板仪器二千一百套,以现价计,每套并附件约合滇票四百元,购足二千一百套,共需八十四万元。②

(3) 清丈奖金

在中后期清丈过程中,省财政均对各县清丈分处设置了奖金,具体原则按"分处结束时,所收照费,已达百分之九十以上者,准照应收总数,提出百分之五,仍分十成,以一成五解厅,以八成五给奖分处全体人员。若结束时,所收照费未达百分之九十者,只能照实收总数提奖之",奖励范围涉及全体清丈人员。具体标准如表5-4所示。

表5-4 各县清丈分处结束奖金分配标准③

职别	分处长	副处长兼组长	评判主任	组长	主任及分组长评判委员	技士、办事员、会计稽核员、书记官、见习技士、办事员、学员等	书记及司事	助手伕役	附记
由结束奖金内提奖之百分率	百分之十	百分之八	百分之五	各奖百分之四	共奖百分之十五	共奖百分之四十	共奖百分之十三	共奖百分之二	一、结束奖金应按分处裁撤时所收照费是否达到百分之九十,再分别照应收总数或实收总数提奖百分之五计支 二、始终在职人员,得领全奖 三、服务四月者照奖半数 四、奉委未满三月或见习期未满者归入下届奖给 五、代理人员奖代职九成 六、试充人员照原级给奖 七、如有扣发之数准其加奖特别勤劳人员,仍须呈报批核 八、所有分处人员,无论留调,均应一律列入,但须分别服务期限,及代理试充各按上列规定报经核准发给之
	代理者奖百分之九。试充者奖百分之八。其所余百分之一或百分之二。得加奖勤劳人员,但须呈请核示	实应任者奖如上数。代理者奖百分之七。试充者奖百分之六			未设有副处长者共奖如上数。设有实任副处长者共奖百分之四十一。设有代理副处长者共奖百分之四十一点五。设有试充副处长者共奖百分之四十二		未设有副处长共奖如上数。设有实任副处长者共奖百分之十一。设有代理副处长者共奖百分之十一点五。设有试充副处长者共奖百分之十二		

---

①② 云南省财政厅、云南省档案馆:《民国时期云南田赋史料》,云南人民出版社,2002年,第223页。

③ 云南省财政厅、云南省档案馆:《民国时期云南田赋史料》,云南人民出版社,2002年。

三、教育组织的会计

民国初期,云南地方财政困难,外加护国运动与军阀混战,导致政府无力顾及教育发展的事业。民国十六年(1927年)云南"六·一四"政变后,龙云主持滇政,非常重视教育工作,确立了教育经费独立的发展思路。民国十七年(1928年)云南省教育厅提出议案,要求划拨教育经费并保障其独立,云南省政府委员会于该年12月28日通过,确定由省财政厅划拨卷烟特捐交省教育厅接管,作为省教育经费独立专款,又由省教育厅商同各校校长成立了教育经费委员会、教育经费督核委员会、教育经费管理局、教育金库,分别负责筹划、审核、出纳和保管等工作。民国十九年(1930年)后,进一步整顿税收,并且管理得宜,收入逐年增加。自民国十八年(1929年)到民国二十八年(1939年)间,年收入总额由旧滇币三十余万元的最低额,增至新滇币三百余万元的最高峰。按旧滇币五元折抵新滇币一元标准计算,即年收入由新滇币五万余元增至三百余万元。总计从民国十八年至民国三十年(1941年)的约十二年间,除了民国二十八年,全省教育经费年年有二至三成增收,价值总数由最初的国币721 414元增加到2 678 213元,增加3.7倍。按国币一元折抵新滇币二元计算,价值总数由新滇币1 442 828元增加到5 356 426元。由于经费充裕,使当时的云南教育事业得到扩充,校舍的建筑、图书、仪器、教具的添置,以及班级的数量均得到增加。

为做好学校教育经费的管理,该时期各学校都非常重视财经工作。以私立东陆大学(今云南大学)为例,设置会计长,并与庶务长一样列为校务会成员,学校一切经费的预算决策、保管出纳、存储支取等,均由会计长负主要管理责任。此外,学校有关部门也参与财务管理工作,并制定了相关制度和训令(见图5-5),为严格财经制度、执行财经纪律提供了重要保障。

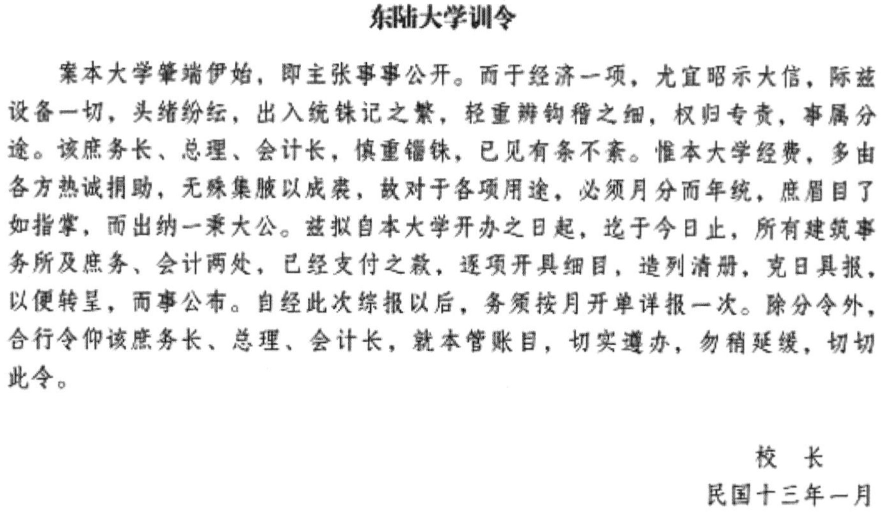

东陆大学训令

案本大学肇端伊始，即主张事事公开。而于经济一项，尤宜昭示大信，际兹设备一切，头绪纷纭，出入统铢记之繁，轻重辨钩稽之细，权归专责，事属分途。该庶务长、总理、会计长，慎重镭铢，已见有条不紊。惟本大学经费，多由各方热诚捐助，无殊集腋以成裘，故对于各项用途，必须月分而年统，庶眉目了如指掌，而出纳一秉大公。兹拟自本大学开办之日起，迄于今日止，所有建筑事务所及庶务、会计两处，已经支付之款，逐项开具细目，造列清册，克日具报，以便转呈，而事公布。自经此次综报以后，务须按月开单详报一次。除分令外，合行令仰该庶务长、总理、会计长，就本管账目，切实遵办，勿稍延缓，切切此令。

校　长
民国十三年一月

图 5-5　民国十三年私立东陆大学财经管理训令①

根据训令，学校会计处应设置相关账目和经费明细，对各项经费和财产收支进行统一核算。会计长应每月汇报一次相关开支，具体以开支计算书形式列报，如民国十二年（1923年）四月的《东陆大学开支计算书》（见表5-5）。

表 5-5　民国十二年四月《东陆大学开支计算书》②

单位：国币元

科目	金额
第一项　俸薪	977.85
第一目　职员俸给	740.00
第二目　雇员薪水	111.12
第三目　校工工食	126.73
第二项　建筑费	18 584.00
第三项　庶务费	5 065.61
第一目　办公费	73.32

---

①② 谭茂森：《云南大学行政后勤管理综述》，云南大学出版社，2019年。

(续表)

科目	金额
第二目　购置费	2 188.15
第三目　消耗费	1 001.60
第四目　杂支费	545.27
第五目　制服费	1 044.42
第六目　伙食费	212.85
第四项　修理费	3 075.85
第一目　材料费	665.31
第二目　工资费	2 410.54
第五项　图书费	21.65
第六项　杂项费	290.10

从该开支计算书所列示的内容来看,建筑费、庶务费、修理费是三大最重要的开支项目,占据所有开支的95.4%。在具体费用的管理中,对于大额的建筑开支,由建筑所进行单独核算,学校层面还专门组织人员进行监督、核查,这可以从该时期的专门建筑经费报告中查明,如图5-6所示。

表5-6　民国十二年一月《东陆大学建筑所开支计算书》[①]

单位:国币元

科目	金额
一、旧管	
一存上年交购石灰定银	100.00
一存上年交购太平石定银	100.00
一存上年交购压口石定银	50.00
一存上年交购压口石定银	100.00
一存上年交购河海沙定银	50.00
一存上年预支石包工工银	10.00
一存上年预支泥包工工银	45.00

---

① 谭茂森:《云南大学行政后勤管理综述》,云南大学出版社,2019年。

(续表)

科目	金额
一存上年预支包筑墙基工银	20.00
一存上年十二月份本所存银	224.07
以上九柱共银	699.07
二、新收	
一收由会计处领获事务费银	600.00
一收由会计处领获建筑费银	8 800.00
以上二柱共银	9 400.00
总计旧管、新收共合银	10 099.07
三、开除	
第一项　事务费	446.90
第一目　员役伕马津贴工食	403.50
第二目　办公费	11.16
第三目　购置费	0.00
第四目　消耗费	32.24
第二项　建筑费	8 534.89
第一目　灰石铁杂料费	7 164.98
第二目　泥木石各工资	1 123.45
第三目　杂工等费	246.46
总计事务、建筑费共银	8 981.80
四、实存	
一存交购石灰定银	100.00
一存交购太平石定银	100.00
一存交购压口石定银	50.00
一存交购压口石定银	100.00
一存交购红砖定银	100.00
一存交购红砖定银	100.00
一存交购红砖定银	100.00
一存交购河沙定银	20.00

(续表)

科目	金额
一存预支筑墙基工银	20.00
一存预支石工工银	10.00
一存预支木工工银	5.00
一存预支泥工工银	6.10
一存预支泥工工银	25.00
一存本所存银	381.17
以上14柱共银	1 117.27

从该开支计算书(见表5-6)可以看出,该年度东陆大学建筑所的会计方法采用的是中式簿记记账方法,月份报告依然以"四柱结算法"为汇算方法,相关事项和开支内容集中于事务费和建筑费两个类型,较为单一,具体包括员役伕马津贴工食、办公费、购置费、消耗费、灰石铁杂料费、泥木石各工资、杂工等费7个细目。

除了上述开支计算书,建筑所每月还均按时造报开支款项,由学校派员检查账务,经查无误后,始准核销。根据相关档案记载,该年3月20日有开支款项呈报:"本所民国十二年二月份建筑校舍开支款项已属造报之期,兹已查算明确,上月份结报存银1 117.27元,本月份先后共支会计处事务、建筑等费银4 562元,二柱共合银5 679.27元。内除事务、建筑开支等费银3 568.91元外,实存购商人荣兴祥等十五名石料、红砖、河沙定银1 300元,又存马伕秦占鳌预支三月份工银3元,本所存银807.36元,以上三柱共存银2 110.36元。理合造具计算书一份、开支清册一份、收据一本、工作表一本,备文呈请钧处查核备案注销。"校方接报后,按例派员详核,经查无误后,始准予核销。其后,对该所呈复函表示:"当经派员审查,就中小有错误,已饬司账员加以更正,其余均属实,应即核销。"

1925年1月,因校舍营建基本竣工,负责人遂以"工程告竣,结束手续"事呈报学校,请将建筑事务所撤销。文中并详及整个营建工程的收支情况:"本所民国十一年九月五日成立,办理建筑校舍各项,所购料价、工资及一切开支,均遵规则按月造册呈核。自民国十一年九月五日起至民国十三年十二月十五日止,总计购办各料及发工资等项共合银262 595.25元,总共收取会计处等费银249 948.26元,概照开支外,实欠若利玛洋行粮款银12 671元,又欠华安机械工厂铁门、栏杆等工料银1 665元。"所列示巨细,收支账务,一清二楚,毫厘不爽。

学校的会计工作除了管理专项经费,还包括常年经费的概算、决算、收入、支出等事项。按规定,会计长每年均需主持编制全年经费的预算、决算,每月均需造报开支计算等,编制岁费月费概算表(见表5-7),以做到量入为出,樽节开支,月分年统,保证供给。

表5-7 东陆大学民国十二年度岁费月费经常门概算表(自1月起至12月止)[①]

单位:元

科目	月费	岁费	备考
本校经费	4 510	54 120	
第一项 俸薪	3 670	44 040	
第一目 俸给	3 180	38 160	
第一节 校长1人	300	3 600	
第二节 秘书长1人	200	2 400	
第三节 会计长1人	160	1 920	
第四节 庶务长1人	160	1 920	
第五节 图书长1人			会计长兼任
第六节 体育长1人	120	1 440	
第七节 秘书2人	200	2 400	每人月支100
第八节 斋务2人	160	1 920	每人月支80
第九节 校医1人	100	1 200	特约西医

① 谭茂森:《云南大学行政后勤管理综述》,云南大学出版社,2019年,第44-45页。

(续表)

科目	月费	岁费	备考
第十节　国文教授2人	320	3 840	每人月支160
第十一节　英文教授2人	400	4 800	每人月支200
第十二节　法文教授1人	200	2 400	
第十三节　数学教授1人	200	2 400	
第十四节　数学讲师1人	150	1 800	
第十五节　历史教授1人	120	1 440	
第十六节　地理教授1人	120	1 440	
第十七节　体操教授1人	120	1 440	
第十八节　理化教授1人	150	1 800	
第二目　薪水	390	4 680	
第一节　一等事务员2人	80	960	每人月支40
第二节　二等事务员3人	90	1 080	每人月支30
第三节　三等事务员3人	60	720	每人月支20
第四节　一等书记2人	60	720	每人月支30
第五节　二等书记4人	100	1 200	每人月支25
第三目　工食	100	1 200	
第一节　杂役10人	100	1 200	每人月支10
第二项　办公费	540	6 480	
第一目　文具	120	1 440	
第一节　纸张	100	1 200	
第二节　簿记	10	120	
第三节　笔墨	10	120	
第二目　邮电	30	360	
第一节　邮政	10	120	
第二节　电报	5	60	
第三节　电话	15	180	
第三目　购置	100	1 200	
第一节　报纸	50	600	

(续表)

科目	月费	岁费	备考
第二节 杂品	50	600	
第四目 消耗	290	3 480	
第一节 茶水	20	240	
第二节 电灯	200	2 400	
第三节 薪炭	50	600	
第四节 油烛	20	240	
第三项 杂费	300	3 600	
第一目 修缮	300	3 600	

四、经济组织的会计

（一）民国时期云南盐业的会计

云南盐政沿袭晚清旧制以承续经营，初期由军都督府实业司下设盐业科专门管理盐业收入、支出与赋税等政务事宜。民国二年（1913年）北京盐务署稽核总所派华洋经理、协理来云南，将实业司盐务专理划出，成立云南盐政处，后又改设为云南盐政使公署，同时成立云南盐务稽核分所，共同治理云南盐务。民国二十七年（1938年）五月，云南盐政使公署和云南盐务稽核分所合并，成立云南盐务管理局，直隶国民政府财政部管辖。因此，从本质上看，民国时期云南盐业的管理一直由政府部门负责，为政府下设机关之一，理应将盐业会计纳入政府会计组织管理的范畴，但由于盐业所具有的官商合一经营性质，因此仍将其作为经济组织的会计内容。总体上，云南盐井分为三大场区，分布三迤，各设盐场公署，分设场务所。滇中区场者包括元永井、黑井、琅井、阿陋井四井，迤西区场者包括白井、乔后井、云龙井、喇鸡井、弥沙井五井，迤南区场者包括墨黑井、猛野井、石膏井、香盐井、益香井、凤岗井、按板井、抱母井、景东井、茂爱井十井，直属于管理局者包括安宁井、汪家坪井二井。此外,还有偏远地区的部分由商人包课的盐井。

1. 民国初期云南盐业的产销与经营收支情况

盐业的生产在清末时期,据《新纂云南通志》记载,云南黑井、元兴井、永济井、白井、乔后井等 23 口盐井产额计"额盐三千四百一十万五千八百一十三斤半,溢盐一千三百五十四万九千六十四斤半,漏报溢盐五百二十三万六千七百四十六斤,共五千二百九十七万一千六百二十四斤"①。而从民国元年的历史记录数据(见表 5-8)来看,云南各井产盐销出数目,已达五千四百一十二万余斤,而年初暂定新额仅为四千五百万斤左右,实已长销盐九百一十二万余斤。

表 5-8 民国元年云南各盐井额定销售数与实销数对照表②

井别	暂定盐额(斤)	年度实销盐数(斤)③
黑井	4 920 000	正 5 377 070 零 107 302
元永井	11 080 000	正 10 885 055 零 214 200
琅井	3 000 000	767 422
阿陋井	1 700 000	3 970 825
只旧井	106 122.5	86 247
安宁井	250 183	333 917
开化边岸	1 200 000	808 230
广南边岸	800 000	1 361 060
白井	4 026 000	4 933 500
乔后井	4 674 000	5 856 670
喇鸡井	1 561 000	1 476 210.5

---

① (民国)龙云、周钟岳:《新纂云南通志》(卷 149)。
② 吴强等:《民国云南盐业档案史料》,云南民族出版社,1999 年,第 8-9 页。
③ 1 斤等于 500 克。该列中,"正"为官方统销额度,"零"为零星销售额度,后取消零星销售。

(续表)

井别	暂定盐额（斤）	年度实销盐数
丽江井	100 000	177 455.5
云龙井	1 639 000	2 194 529.5
弥沙井	36 023	29 892.5
石膏井	1 645 000	1 401 828.5
墨黑井	5 078 000	5 728 471
抱母井	260 000	459 716
按板井	3 649 000	4 569 579
香盐井、益香井	2 368 000	3 390 381

以产盐数据为依据，政府可征榷灶课、正课、税厘、杂捐、杂款等税赋，这些成为民国初期重要的收入来源。由于各盐井设有委派管理机构和职员，为保证相关工作的有序开展，盐务局对各个机构下达了相关支出经费预算。民国元年（1912年）云南盐务收入分款和各井支出分款数据如表5-9和表5-10所示。

表5-9 民国元年云南盐务收入分款总数表[①]　　　　　　　　　　单位：元

经常门			
科目	预算数	收入数	比较
第一款：收入总数	1 703 467	2 277 231	＋573 764
第一项：盐课	559 219	737 196	＋177 977
第二项：盐厘	146 238	196 026	＋49 788
第三项：盐捐团费	565 479	756 013	＋190 534
第四项：练兵经费	182 868	245 332	＋62 464
第五项：学堂经费	21 070	28 873	＋7 803
第六项：杂款公费	228 603	313 791	＋85 188
临时门			
科目	预算数	收入数	比较
第一款：收入总数	事皆试办，未列预算	46 602	

---

① 吴强等：《民国云南盐业档案史料》，云南民族出版社，1999年，第15页。

表 5-10 民国元年云南盐务年度支出分款总数表①

经常支出门			
科目	预算数	支出数	比较
第一款:黑井全区督煎总分各机关额支经费	86 522	45 894	−40 628
第二款:黑井全区督销总分各机关额支经费	24 844	28 870	+4 026
第三款:白井全区督煎总分各机关额支经费	116 615	27 619	−88 996
第四款:白井全区督销总分各机关额支经费	50 429	38 845	−11 584
第五款:石膏全区督煎总分各机关额支经费	148 034	28 820	−119 214
第六款:石膏全区督销总分各机关额支经费	30 150	28 668	−1 482
经常支出门合计	456 594	198 716	−257 878
支出临时门			
科目	预算数	支出数	比较
第一款:因灾工赈修费		27 213	
支出经常临时总数	456 594	225 929	−230 665

从以上收支数据来看,民国初期盐场收入得到较大提高,而与之配比的相关费用开支数自然也得以提高,这说明政治环境的变化对于企业经营存在较为显著的影响。不同盐场配置的督销机关支出经费与该盐场的收入数量是相关的,一般情况下,盐场收入数量越高,产盐数则越高,对督销的需求就越大,使得该盐场的督销机关经费开支越大。

2. 民国时期云南盐务的会计规程与年度报告

1) 会计规程

民国时期,云南盐务具有官办属性,因此,其会计规程应遵循政府会计的相关规范体系。从民国三年(1914 年)发布的《会计法》,到民国二十四年(1935 年)引入西方借贷记账法修订后重新发布的《会计法》,以及相关的配套释义,均是该时期云南盐务的核心会计规程。具体包含三个层级:一为国民

---

① 吴强等:《民国云南盐业档案史料》,云南民族出版社,1999 年,第 16-17 页。

政府法令事项,代表性规程包括《会计法》《会计章则》《盐务请领证书办法》《财政部盐务署直辖各署局所属机关组织通则》《地方官协助盐务奖惩条例》;二为省级法令事项,代表性规程包括《云南盐务统制计划纲要》《组织委员会审查所属各机关收存款项办法》《抽收盐股捐办法》《取缔人民控告官吏办法》《预算收支分类标准章程及细则》;三为盐务机关自行制定的相关规程,如《自由运销之办法》《各盐场征缴盐课之办法》,以及《盐井包办之规定》等。

根据盐务统制的相关规定,盐务署需合并机关、统制产量、统制运销、统制售价,使得产量增加,销售额提升,为缉私提供便利,整体上售价保持平稳,从而实现增加收入,弥补财政缺额。然而,部分地区并未纳入食盐专卖的统制范围,实行自由运销制度。

20世纪30年代是云南盐场制度改革的重要时期。至1939年,滇中、迤南、迤西、石膏场等盐场公署或场务所先后改革盐场组织,改订年产盐额标准和薪竜①账收支办法,明确了竜硐费与薪本账款的管理归属及登记造册、收支列报等程序要求。此外,还废除了准单运照制度和旧滇币的本位币制度,实行放运单管理机制和国币核算制度,并要求各所六月底前完成解款,确立了整体结算的会计周期。

除了以上所述的具体会计业务管理规程,与之配套的制度中,还有《转火盐管理暂行办法》《锅盐产销规定办法》《盐场灶户管理规则》等具体规定,另各盐场还需设置相关组织管理和人事管理制度,如滇中区元永场在1943年专门配套制定了《滇中区元永场盐工管理股组织规则》《滇中区元永场盐工管理股办事细则》等制度,以落实相关组织管理与人事管理政策,并与会计业务规程相协调。

---

① "竜"字曾经是一个很受欢迎的字形,从传抄古文字资料来看,其构字能力很强。许多从"龍"的字都有从"竜"的异体存在。从《康熙字典》查询,"龍"古作"竜",是云南的一地名,"云南有阝革竜地,有九山最险"。出土古文字资料中最早的"竜"字,见于隋代。"竜"为壮族地区各村寨之保护神,每年都要举行大规模的集体祭祀活动,壮族祭"竜",当为传统宗教信仰,属于自然崇拜。[袁叶丰:《论万物有灵论下的植物崇拜——以壮族"竜"崇拜为例》,《剑南文学(经典教苑)》2011年第7期,第398页]。

2) 年度报告

(1) 年度报告内容

依据旧制和新法,盐务部门均需要向上级政府部门上报盐务管理的年度报告。从现有史料记载来看,民国时期盐场和盐务管理部门均需要编制年度报告。从滇中区盐场年报内容来看,1939年滇中区盐场公署年报主要包括盐务的改革及进行情况和产销运输的情况等内容,具体包括行政组织的变更、缉私的状况、查产办理、建仓办理、修建碉堡、促进地方卫生办理、电台设置、水灾暨办理善后、捐率及薪盦等项变更、修理各碉及招募劳工状况、场产和运销情况等内容。此后,盐场公署对年度报告内容作了修改,强化了盐场成本、组织管理等方面的内容,1944—1947年的滇中区盐场公署年报结构中,主要包括概述、原料、产收、运输、配销、盐价、征榷、机关、工程、缉私、盐商组织、盐工管理及其福利事业、重要事项纪略等内容。

1934年12月,元永井盐税局向云南盐务稽核分所呈报1934年销盐总数、征收税款及开支经费数报告所列示的内容[①]如下:

销放盐斤担数:柒万肆仟柒佰零伍拾斤,内有功盐拾担零肆拾斤

收入:正税:旧币壹佰壹拾万零柒仟叁佰肆拾陆元贰角伍分

　　　外债附税:旧币壹拾壹万贰仟零伍拾捌元贰角伍分

　　　军饷捐:旧币柒拾肆万柒仟零伍拾伍元

　　　盐股捐:旧币柒万肆仟柒佰零伍元伍角

　　　人马脚捐:旧币贰万肆仟肆佰零肆元伍角肆分

　　　以上五柱共计:旧币贰佰贰拾陆万伍仟伍佰陆拾玖元伍角肆分

支出:场署经费:旧币肆万零肆佰肆拾元柒角

　　　税局经费:旧币柒万伍仟陆佰陆拾玖元伍角陆分

　　　场警队经费:旧币壹拾捌万肆仟叁佰柒拾贰元贰角伍分

---

① 吴强等:《民国云南盐业档案史料》,云南民族出版社,1999年,第54-55页。

共计:旧币叁拾万零肆佰捌拾贰元伍角壹分

报告内容按照销售额、收入、支出的结构格式进行列示,在此年度中,查销盐数目自1月至6月采用的是旧司码称标准,而7月至12月为新制市秤标准,故在数量上会存在一定差异。相关税捐征收标准也存在变更,如7月前人马脚捐按照每担收旧币叁角伍分,而7月按每担收叁角,功盐不收该税捐。相关核算的旧币为云南半开银币,是民国时期云南最通行的银币,自1921年以后,单位银币日益稀少,导致半开银币已成了云南的事实主币。

（2）年度报告形式与科目设置

从历史资料来看,云南盐务的年度报告一般均按照上述主体内容范式进行编报,然而,随着收入、支出双向核算方法的推广,云南盐务在1930—1932年进行了会计科目的调整与报告格式的规范。

第一,会计科目的调整。

从各盐场的经营实情出发,盐场会计制度较难统一,各地经费收支类型存在一定差异,故存在因地制宜进行调整的情形。1932年3月31日,黑井盐税局会计员杨琅在列报相关收支费用时,对以往的会计科目进行了调整,确立了新的收支科目结构,具体如图5-5所示。

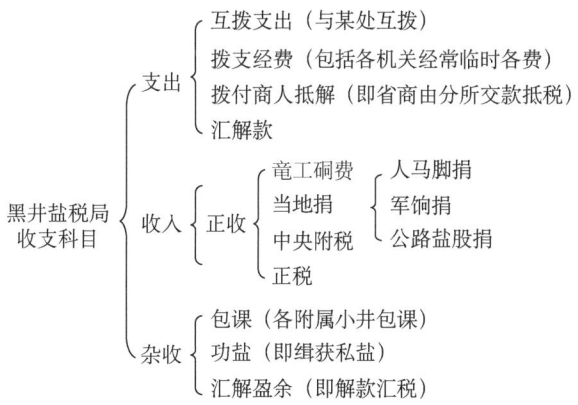

图5-5　会计员杨琅列黑井盐税局收支科目结构图①

---

① 吴强等:《民国云南盐业档案史料》,云南民族出版社,1999年,第397页。

该科目结构与以往的差异在于：当地捐中将人马脚、军饷和公路盐股等科目均纳入核算范围，解款汇费改为汇解款和汇解盈余两个科目，更加符合相关费用收支的具体要求和内容体系。

第二，报告格式的规范。

在云南各级盐务部门的会计工作中，账务登记具有明确的管理要求，"收入""支出"是其中最为重要的内容，故在进行报告时会以"收入通知书""支出通知书"的形式确立逐日归总的工作。但由于部分盐场较为偏远，交通不便，逐日归总存在困难，故以三日、五日为单元进行通知，容易导致数目错误、汇报数不完整等情形[1]，另还存在簿记表单不适用、会计制度和报告规则不明确的问题[2]，故从1931年开始，很多盐场均改为定期呈报的方式，确立了逐日登记造报表册，定期归总呈报的方式。在列报形式上，收支对照表是较为常见的方式，分为收入之部和支出之部两个部分。1932年2月4日，喇井场会计员造报民国二十年(1931年)十二月收支对照表，以向上级盐务部门呈报，具体内容如下。

收支对照表[3]
民国二十年十二月份

收入之部，本月收入数

盐税	8 627.50 元
附税	739.50 元
军饷捐	4 930.00 元
竜工硐费	493.00 元
包课	433.33 元
合计	15 223.33 元

---

[1] 吴强等：《民国云南盐业档案史料》，云南民族出版社，1999年，第391页。
[2] 吴强等：《民国云南盐业档案史料》，云南民族出版社，1999年，第392-393页。
[3] 吴强等：《民国云南盐业档案史料》，云南民族出版社，1999年，第397-398页。

支出之部,本月支出数

1. 由喇井盐税局拨支十二月份硐费

   银币　493.00元

2. 由喇井盐税局拨支场署十二月份经费

   国币　254.2

   以八百三十二元伍角折合滇币　2 116.22元

   以五抵一折合银币　423.25元

3. 由喇井盐税局拨支场警局十二月份经费

   国币　243.40元

   以八百三十二元伍角折合滇币　2 026.31元

   以五抵一折合银币　405.26元

合计银币　1 321.51元

本月结存数

1. 银币　13 901.82元

上项存款由喇井盐税局负责保管汇解

会计员薪俸俟奉令规定再为另案照拨列支呈报声明

总计　15 223.33元

从所列"收支对照表"呈报内容可以看出,收入之部、支出之部、本月结存数和总计数之间存在着逻辑关系:"收入之部＝支出之部＋本月结存数＝总计",其整体遵循了"收－支＝余"的会计原则,符合民国时期会计结算方法发展的历史特征。

(3) 年度报告的附表

在盐务报告中,各盐务处还会编制报告附表,一般包括《收入统计年报表》《收运盐斤年报表》《商盐售价围况》《税收统计年报表》《仓储管理各费简况表》《运商承运盐斤意外损失办理结算表》《征解盐税清单》等。

3. 抗日战争时期云南制盐的成本分析

民国二十六年(1937年),大量的工厂、机关、学校迁到云南,人口急剧增加。随着日军先后占领了越南、缅甸,云南由后方变为前线,往来军队人员频繁,因而抗日战争期间,食盐需求大大增加,客观上要求扩大产量。为了实行增产计划,各井场相应采取了若干办法,但这种增产措施效果并不理想,当时或因人工缺乏,或因自然灾害,盐务生产不时受到影响,造成了制盐成本明显增加。"盐务之改革及进行情形,薪竃费率之增加:查值兹非常时期,百物高涨,生活提高,公私费用,数倍于昔,则薪竃之支出费用较前骤增,原定薪竃费率,不够甚巨……实行加征"[①],"灶火薪本之迭次活加……因之制盐必需之柴薪、铁锅等价,以及工资诸项,莫不随之提高,为积极推进增产,自当应时活加薪本,以资配合实际"[②]。可见抗日战争时期,云南各盐区制盐成本具有显著的历史阶段性特征。

1) 抗战时期云南制盐的主要成本结构

一般而言,制盐主要成本包括人工成本和制盐耗费两个部分。"本区制盐成本,可大别为薪本和竃费二部,前者为灶户制盐方面之费用,由盐务机关于盐商交税时合并征收后,再行发给灶户,此项薪本数目,因于柴薪来源之难易,卤水含盐成分之多少,劳工工资之贵贱,以及各种应用物价之高低,各场不同,各年互异;后者为维护井硐安全久远,及采碘汲卤等工人工资之费用。"[③]可见,民国时期云南制盐成本主要包括薪本和竃工硐费两项。

(1) 薪本

薪本是指在制盐过程中的主要耗费,包括柴薪、丁灶租、背脚、工资、锅

---

① 吴强等:《民国云南盐业档案史料》,云南民族出版社,1999年,第120页。
② 吴强等:《民国云南盐业档案史料》,云南民族出版社,1999年,第152页。
③ 云南省志编纂委员会办公室:《续云南通志长编》(中),云南民族出版社,1986年,第1104页。

具、杂费和余利等内容。

一是柴薪。抗战时期制盐需要燃料,燃料主要以木柴为主,有大柴(简柴)、毛柴(枝叶)两种,多年来各井场附近的林木被砍伐殆尽,柴源离井场遥远,运价增加,柴价上涨。也有元永场以新法用煤煎盐,移卤就煤,成本有所下降,但是没有在所有场区普及。

二是丁灶租。丁份制是清朝流传下来的云南盐卤分配的一种传统方式。由于井硐开采需要的财力、物力和人力极多,并非一家一户可以单独承担,因此,往往是依靠几户以上共同集资或地方出资的方式来开采盐卤,根据出资多寡形成丁份,有些户主拥有丁份却不煎制,而是转租给他人,也有自有丁份过少,租并他人丁份才能进行煎制,由此产生了租金支出,故有丁灶租需要支付。

三是背脚。云南三迤各井场中,建设枧槽、输送卤水者尚少,多数仍由工人背挑,习惯上碛块由碛内运至碛房、卤水由井硐内抽汲至卤池的费用,系由公家于竜工硐费项下支给,其由供房卤池运碛卤至灶房的费用,则归各灶户就所领薪内负担支给。

四是工资。工资既包括灶工、管事等人的支出,还包括盐务机关雇用的在矿山从事磷卤生产以及从事砍柴的工人、灶户雇用的工人等薪酬开支。

五是锅具。制盐工序中需要用到锅具费用,包括大锅、筒锅、铁枕锅庄、木桶、木杓等锅具。

六是杂费和余利。制盐工序中需要开支的其他杂费,包括香油、篾篮、麻布及灶户负担团体会费等,而余利则是指灶户的生活用费。

(2)竜工硐费

这里的"竜"是制盐业中的专有名词,由"竜"引申出"竜夫""竜房""竹竜""竜费"等词,其中,"竜夫"是制盐工序中对汲卤工人的统称,"竜房"是对"竜夫"的管理机构,"竹竜"是用竹筒贯通竹节制作的抽水器,"竜费"的全称是竜工硐费,是制盐成本的重要组成部分,主要包括以下几个方面。

一是井硐修理。井硐内部如窝路的整理,通风硐及排泄淡水沟路的修整,这些修理费用也是制盐成本的一部分。"至采汲井硐,开新提旧,亦经妥为设计,但以工程浩大,限于经费,因此废置者有之。"①

二是采碳工人工资。采碳工人的雇用由领班间接负责。领班本人有参加工作者,有不参加工作者,按所缴供量计值发付工资。

三是竜夫工资。汲卤工人统称"竜夫",竜夫是流水作业,从最底层的卤塘开始设置竹竜,直到硐口有的要设几十节,用人工逐节抽汲,每节设一卤盆或挖一卤塘,使卤水源抽出地面。由于工作过分沉重,不少竜夫中年以后因眼压过高而失明。其工资主要有两种方式:一种是按卤量计给,由灶户团体或公家设置的竜房承办,所需工具如竹竜等,即归竜房供给;另一种是按井硐设置额定的竜夫,每夫月给额定的工资,连同工具,均由公家照给。

四是井硐员工工资。主要包括查硐员、清洁夫、碳、卤、井房门役、巡沟跑槽等岗位人员的薪酬。

2) 抗战时期云南制盐成本分析

战争对百姓的生活会造成很大影响,政府往往会发行战争债券,募集战争经费,导致货币发行数量大幅增加,从而造成物价和人工成本大幅上涨,进而影响制盐的成本。从现有的历史数据来看,抗战时期云南制盐的薪本和竜工硐费不断上涨,具体如表 5-11 和表 5-12 所示。1938—1945 年,云南各盐场的制盐薪本大幅增长,增长幅度在 1 800～4 800 倍,平均增长幅度达 3 538 倍,而制盐竜工硐费也同样大幅增长,平均增长幅度为 2 266 倍,总体结果与前文分析相符。

---

① 吴强等:《民国云南盐业档案史料》,云南民族出版社,1999 年,第 175 页。

表 5-11 抗战时期主要井场制盐薪本　　　　　　　　　　　　　　单位:元/担

场别	盐别	1938 年	1939 年	1940 年	1941 年	1942 年	1943 年	1944 年	1945 年
元永井	锅盐	2.325	12.57	19.50	27.00	195.00	408.52	1 296.30	7 799.00
黑井	甲灶盐	2.375	7.50	21.50	35.00	260.00	535.24	1 434.30	9 773.00
阿陋井	锅盐	1.95	6.80	18.00	26.10	195.00	397.55	1 359.60	7 666.00
琅井	锅盐	2.25	7.00	18.00	24.00	205.00	440.25	1 124.20	6 844.00
白井	筒盐	2.50	6.25	19.00	30.50	106.00	384.40	1 357.90	10 769.00
云龙井	山井盐	1.95	4.00	14.00	25.00	107.00	272.00	1204.80	3 619.00
乔后井	筒盐	1.40	3.10	5.75	23.10	78.00	193.11	592.81	4 030.00
墨黑井	锅盐	1.65	3.90	9.50	15.00	200.00	374.40	1384.80	7 948.00
按板井	锅盐	1.38	3.00	12.00	18.00	98.00	147.18	1086.30	3 062.00
香盐井	锅盐	1.40	3.10	11.00	18.00	100.00	292.14	596.14	5 945.00
石膏井	锅盐	1.18	2.70	12.00	18.00	125.00	237.31	786.64	4 807.00
益香井	锅盐	1.40	3.10	12.00	18.00	100.00	267.98	607.30	4 688.00
凤岗井	锅盐	1.40	3.10	11.00	18.00	100.00	244.06	588.41	5 339.00

表 5-12 抗战时期主要井场制盐竜工硐费　　　　　　　　　　　　单位:元/担

场别	盐别	1938 年	1939 年	1940 年	1941 年	1942 年	1943 年	1944 年	1945 年
元永井	锅盐	0.575	2.50	4.60	7.00	40.00	70.00	399.40	888.00
黑井	甲灶盐	0.325	1.24	4.30	5.80	15.80	25.00	127.80	400.00
阿陋井	锅盐	0.25	0.80	2.30	3.10	23.00	32.20	142.82	605.00
琅井	锅盐	0.225	0.28	1.40	2.70	14.50	30.00	229.56	229.56
白井	筒盐	0.175	0.25	1.40	2.40	30.00	45.00	108.24	668.00
云龙井	山井盐	0.285	0.45	2.00	4.40	30.00	45.00	182.00	529.00
乔后井	筒盐	0.05	0.20	2.50	5.90	30.00	45.00	134.70	332.00
墨黑井	锅盐	0.40	1.20	4.50	11.00	40.00	100.00	430.30	726.00
按板井	锅盐	0.51	1.20	3.30	8.00	40.00	80.00	157.35	968.00
香盐井	锅盐	0.50	1.20	3.60	8.00	40.00	80.00	170.00	568.00
石膏井	锅盐	0.415	1.60	3.60	8.00	40.00	105.00	230.00	1 107.00
益香井	锅盐	0.50	1.20	3.60	8.00	40.00	80.00	170.00	1 060.00
凤岗井	锅盐	0.50	1.20	3.60	8.00	40.00	80.00	160.00	652.00

3) 抗战时期云南制盐成本大幅上涨的原因

云南地处边陲,交通阻滞,地广人稀,抗日战争之前,人工物质均甚便宜,制盐的薪本与竜工硐费都较低。抗日战争爆发后,工人缺乏,工资高涨,物价飞涨,制盐的薪本与竜工硐费也随之逐步提高。制盐成本的变化,主要是抗战的原因造成的。从人、财、物三个方面来看:在人力方面,制盐需要大量的工人,然而抗战期间,各地征兵征工,加上烟土危害、传染病等影响,工人的数量减少,童工和老人的体力不足,难以适应制盐的繁重体力劳动;在财力方面,滇盐的发展必须依赖盐业经费的支持①,而抗日战争时期云南制盐的经费筹集艰难,各地的经济状况受战争影响较大,物价上涨,制盐工人因工资微薄改业,灶户的成本增加,原来的财力不敷周转,不得不停止煎盐;在物力方面,物力薄弱,工人减少造成硔卤的开采受到限制,燃料的木柴不足供给,近处造林又难以解决眼前问题,而远处运柴成本过高。

总体上看,受战争的影响,抗战期间云南制盐成本上涨。从内地迁来大量人口,对食盐需求剧增,而战时环境导致物价高涨,征役频繁,盐业工人减少,制盐成本增加,制约着云南盐业的发展。抗战前后,国民政府对盐务管理体制进行调整,在抗战时期实施了一系列有利于满足战争需要的盐务政策,建立了以服务战时经济为特点的盐务管理体制,对抗日战争产生了积极的影响②,保证了军需民食,为取得抗战胜利作出了一定贡献。③

(二) 民国时期云南商号的会计

云南地处中国西南边陲,其地理环境决定了它在历史上经济的封闭性及其经济发展处于滞后状态。但自光绪二十年(1894年),云南的蒙自、思茅、腾越三关开埠之后,云南的商业尤其是对外贸易迅速发展起来,社会经济开始

---

① 赵小平、余劲松:《清代云南盐业经费来源问题研究》,《盐业史研究》2018年第2期,第3页。
② 董振平:《抗战时期国民政府盐务政策研究》,齐鲁书社,2004年,第245页。
③ 刘经华:《抗战时期国民政府盐务管理体制的变迁》,《盐业史研究》2005年第3期,第8页。

由封闭型向开放型转变。此外,自光绪十年(1884年)中法战争发生之后,外国资本主义经济势力入侵,一方面使云南沦为外国资本主义的倾销市场与掠取原材料的基地,另一方面外资势力入侵所造成的反作用也在一定程度上影响到云南的商业,尤其是对外贸易的发展,并且"原来各层次民族经济体间相对孤立的状况被打破,联系相对加强"。①"南方丝绸之路"也进入到近代经济发展阶段。到民国二十四年(1935年),昆明已拥有商店5 242家,比起北洋政府阶段又增加了840多家,其中纱布业位于各商行之首,而电料五金业、百货业、纸业、文具业、土杂业、瓷器业、糖业等②,也都取得了长足发展。在云岭纵列、西部横断山脉山河相间的情况下,大大小小的马帮从晚清至民国在"南方丝绸之路"上一直起到沟通商品流转运输的作用,运输场景可见图5-6。

图 5-6　云南马帮运输场景图③

1. 民国时期云南商行会计的改良与改革

民国初年滇越铁路通车,加上滇缅公路正常投入运输,云南的交通环境

---

① 罗群:《近代云南商人与商人资本》,云南大学出版社,2004年,第2页。
② 罗群:《近代云南商人与商人资本》,云南大学出版社,2004年,第173-174页。
③ 采集自《最后马帮》摄影场景。

明显得以改善,这种变化促进了商业,尤其是对外贸易的发展。同时,股份制形态的近代公司陆续产生,又进一步改善了云南商业的投资经营环境,这些变化引发了云南近代商业管理转型的需求,会计改良与改革的趋向也逐步产生。尽管云南昆明会计改良与改革环境远远不如上海那样充分,但这里却具有源于外贸与边贸的特别之处,尤其是那些买办商人居间拉拢交易的特殊影响,都在不同程度上促使云南一带的一些商行在商业会计应用方面,渐渐放弃落后了的中式会计,而进行不同程度的会计改良或改革。云南振裕商行下关代理处于民国三十三年至三十四年(1944—1945年),由商业会计主管人员编制了"移交清册"(见图5-7),从移交所列目录可以发现该商行的会计改制所达到的水平。

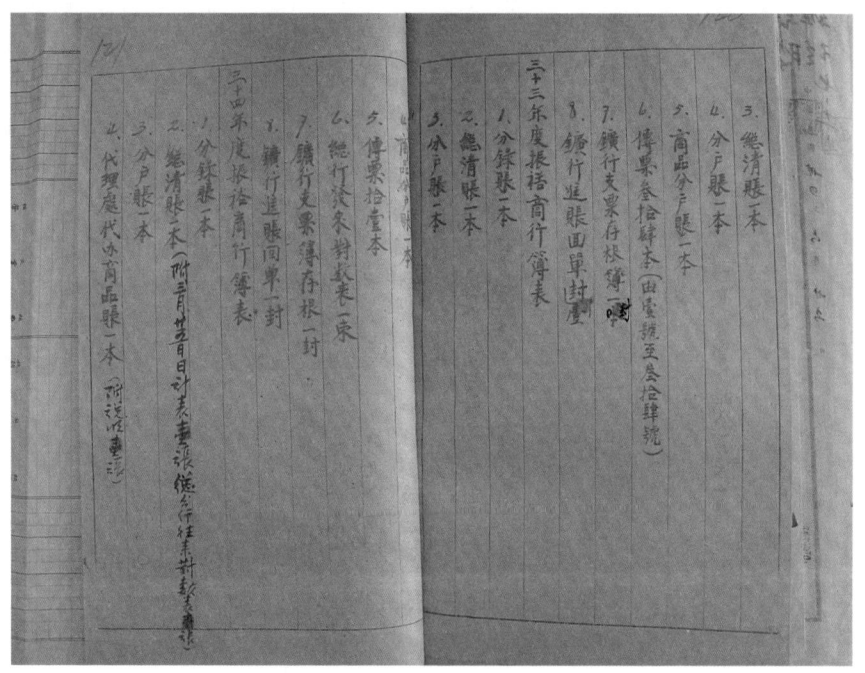

图5-7 云南振裕商行"移交清册"中关于会计改良与改革的基本表现①

在云南振裕商行"移交清册"中,会计改革价值的表现在于分户账和分录账的设置、传票的使用,以及对会计凭证的应用等方面。而证实它还处在改

---

① 云南省大理白族自治州档案馆藏云南振裕商行下关代理处档案,档案号20-20-4。

良阶段的标志是存在"总清账"之类旧有中式账名称的表述,以及在账簿组织方面尚无主要账与辅助账的区分。然而,会计"移交清册"附件中的"借贷科目对照表"(见图 5-8),又可以证实云南振裕商行对近代商业会计科目的应用,并说明它已有了科目对照表的编制,这些又表现出云南振裕商行商业会计在改革方面的进步。

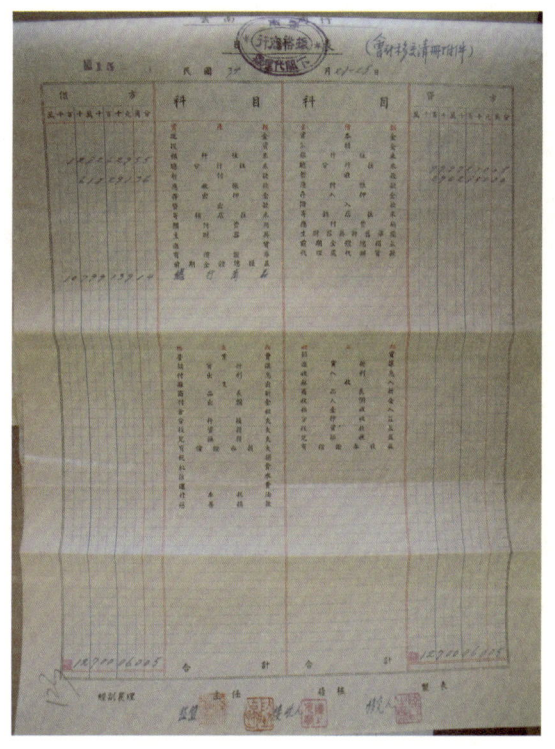

图 5-8　1945 年云南振裕商行的借贷科目对照表①

与近代上海、北京地区的企业相比,云南振裕商行会计改革规范的程度还存在较大差距,旧制夹杂于新制之中,并保留了会计在改良阶段的一些基本特征。云南乔盛盐号现存会计史料,可从另外一个侧面考证云南近代企业会计改革问题。

---

① 云南省大理白族自治州档案馆藏云南振裕商行下关代理处档案,档案号 20-20-4。

从云南乔盛盐号年终决算时的"营业损益结算书"(见图 5-9)的编制,可判断出它的会计已进入到近代企业会计的改革阶段。结算书中对各营业损益要素依次列示,已经以收支两类科目进行布局,表现出对销售毛利的计算,在此基础上对营业损益进行全面结算。由此可知,乔盛盐号在日常采用西式复式簿记进行核算基础上,在决算中已有了"营业损益结算书""资产负债表"乃至"负债目录"(见图 5-10)的编制,其对传统中式会计的改革已到位。它所使用的西式会计报表格式,也已抹去中式会计"结册"编制的痕迹。

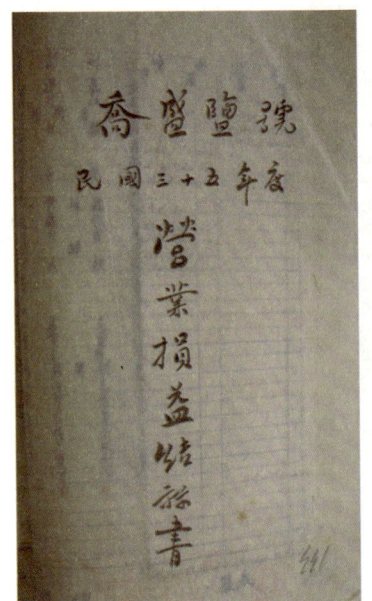 

图 5-9　云南乔盛盐号 1946 年 12 月 31 日所编"营业损益结算书"[①]

以上所述国民政府阶段云南地方的两家商行,虽然它们当时在云南的几千家商行中还排不上名次,但却因有史实可证,它们都已迎合近代商业经济发展潮流,对会计进行改良与改革,这些史料的史证价值,足以能够把它们列入近代中国商业会计改良与改革的行列。那时候,在云南的几千家商号中,

---

① 云南省大理白族自治州档案馆藏下关乔盛盐号档案,档案号 20-20-16。

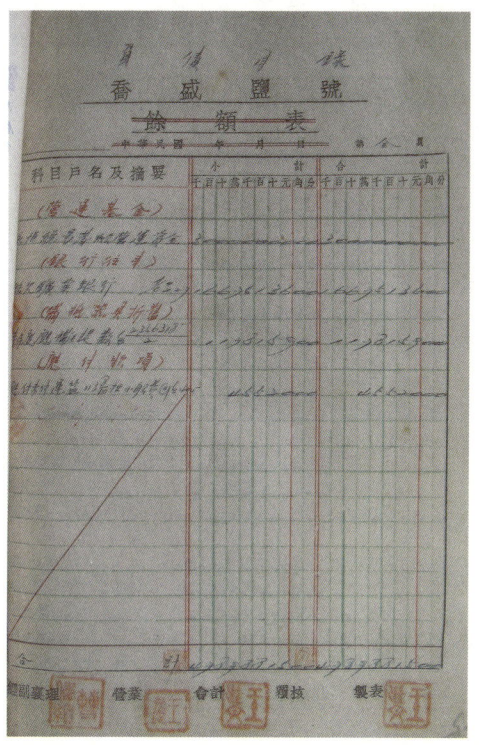

图 5-10　云南乔盛盐号与"营业损益结算书"同期编制的"负债目录"①

已不乏名商名号可举,诸如洪盛祥、茂恒、庆正裕、锡庆祥、万通公司等数十家,在云南都称得上远近闻名,其经营范围及规模都远在以上两家之上,论道理它们应走在当时会计改良或改革的先进之列,然而却无会计史料佐证,无法判断它们的会计改良与改革状况,只能讲,在当时云南的诸多商号中,进行改良与改革者远非以上所述两家,其他商号的改良与改革有待进一步发掘会计史料,以再作进一步考证。仅就国民政府时期云南边关贸易的特殊环境与商业经营的特殊性而言,云南的商业经营及其他行业的会计处在一个受到改良与改革多因素影响的地带,此地又是中国西南边陲"南方丝绸之路"发轫之

---

① 云南省大理白族自治州档案馆藏下关乔盛盐号档案,档案号 20-20-16。

地,所以,无论从它的商业经济发展变化的哪一个角度来看,它都是在中国近代商业会计发展史研究中很值得关注的地区。

2. 民国时期云南商号的会计业务管理

(1) 云南商号的一般性会计相关职务结构

云南商号整体上资本结构较为简单,独资方式、合资方式、合伙方式均存在,经营方式大多由出资者自身经营,而较大规模的商号会采用出资者聘请专人经营的模式。自身经营的商号一般规模不大,人员设置也较为简单,很少设立专门部门来负责会计工作,均采用设置个别会计岗位的形式,而专人经营模式的商号一般在总号会设置会计部门,在各分号和代理处设置1名到2名会计与出纳人员。

各大中商号重视会计业务管理和各项原始单据的审核,部分商号专门又设立审核监察机构,其中在以茶叶、盐等实体交易为主的商号称之为"会计股",在以钱币交易为主的银行、钱庄称之为"稽核室",该机构主要负责总分号及代理处所有会计资料的审核、账务核销、资料保存等工作。在会计人员的结构上,商号一般在总号设监察或稽查1人,直接领导会计股或稽核室工作,下设各营业点都会有会计1人、出纳1人。总号还设经理1人、副经理1人、店员2人,工役及厨役人数不等,除了监察或稽查,其余职务均为专任。在分号还会设主任1人、副主任1人、工役1人。另外,总分号都会分配有营业、管仓、总务等职员。大理地区的商号对所有管理职务都实行明确的分级管理,其级别划分大致为"监察或稽查—经理—副经理—会计—营业主任—营业副主任—管仓—总务—店员—工役及厨役"。对于一些还办有钱庄、银行的商号而言,职务设置上存在一定差异,大致划分为"总经理—经理—协理—副理—襄理—主任—副主任—行员—助理员—练习生"。除了监察、稽查和总经理,其他同类职务也会二次细分为更多级别,例如,协理一般为三级,如果还要分级就可能分为三级协理、四级协理、五级协理等,上级职务二次分级越多,下级职务等级层次就会随之调整。① 从图 5-11 中可以看出,云南乔盛盐号的职务设置及分级结构符合以上原则。

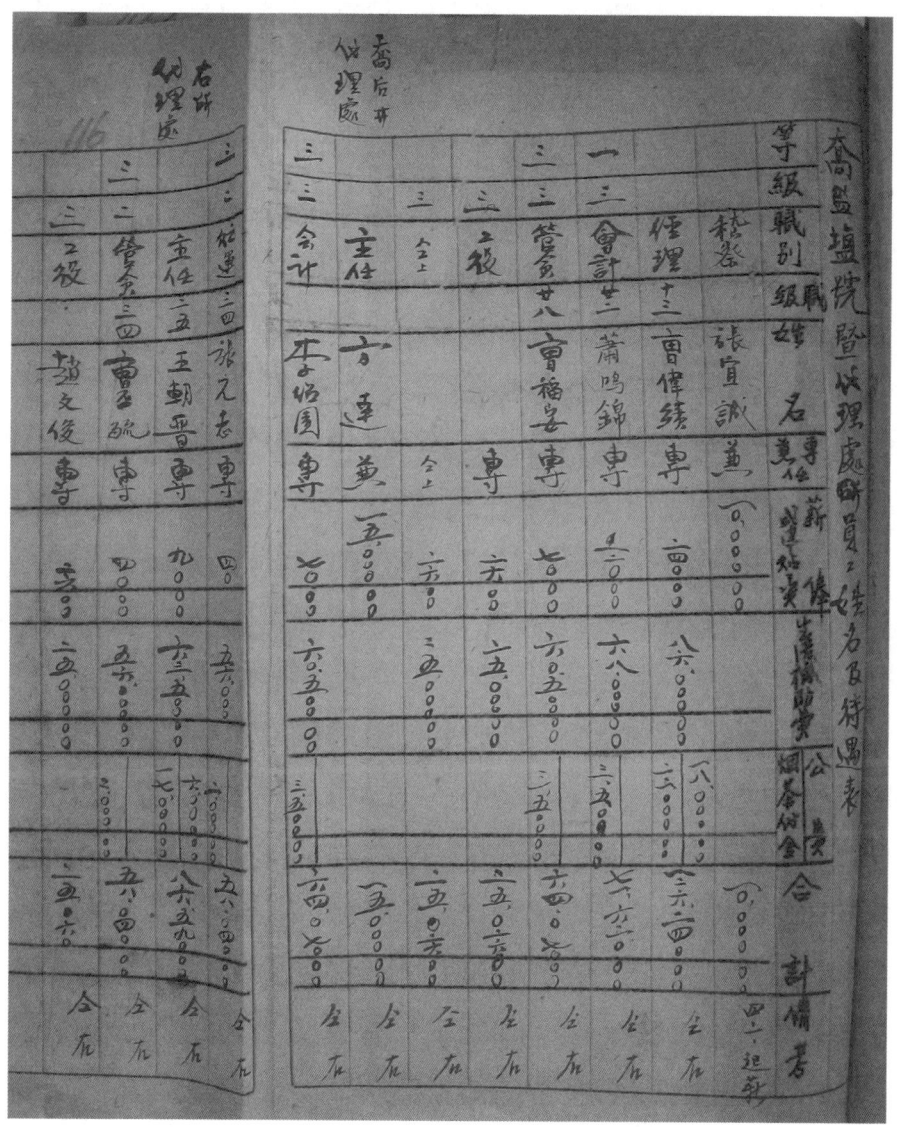

图 5-11　云南乔盛盐号职务设置及分级结构图②

---

① 吕祎茜:《滇西商帮会计文化研究》,云南财经大学,2015 年。
② 云南省大理白族自治州档案馆馆藏,档案号 20-20-13。

为了建立完善的会计业务组织管理体系,云南商号建立了系统的会计人才培养模式,其中包括早期伙计和学徒的培养机制,以及中后期的协理、助理员、练习员等岗位的组织管理。如永昌祥非常重视信账的专业工作,其深知信账是经营本身的上下之间、内外之间不可缺少的有机组成,要达到总号与分号互相统一,上下呼应灵活,必须具有密切灵通的联系。会计业务从商号组织工作来看,涉及上下左右及内外往来,所经营的各种商品,要用各种不同的货币来结算盈亏、反映经营成果等,只有培养了能适应该经济环境的专职人才,才能建立健全的会计制度。国民政府时期,永昌祥专门培养了一批新式会计人才,便将传统中式簿记改为新式簿记。该号深知信账专业人员的重要性,所以在年终结算、核实效果时,按其盈利和贡献,将资金股和力股按照一定的比例分成,以此作为对会计人员的奖励。①

(2) 不同经营模式下的组织机制

晚清至民国时期,云南商号在专人经营模式中,聘用掌柜作为经理人来执掌各大小分号的经营业务,"总号设总掌柜,掌握整个商号的经营与管理,分号亦设有掌柜,掌柜之下,不论总号和分号皆配备有跑街先生、信账先生,除特殊者外,均给薪水,年底参加分红"②。掌柜除了需要具备经营能力,算账和业务结算能力也是其重要的考核内容,福春恒商号的周守正就是由于具有强于一般人的会计业务能力而胜任总掌柜之职,后又与他人一起合资开办庆正裕商号。然而,掌柜与商号股东之间,是雇佣关系,股东会采用薪金制、力股制和利润分成制等方式对掌柜的经营进行激励。

力股制和利润分成制作为云南商号在近代时期所采用的一种普遍性制度,是提升掌柜经营能力和效益的重要制度安排,拥有力股的经理人阶层或

---

① 《中国少数民族社会历史调查资料丛刊》修订编辑委员会:《白族社会历史调查》,民族出版社,2009年,第312页。

② 舒自治、苏松林:《鹤庆兴盛和商号》,见《云南文史资料选辑》第49辑,第318页。

其他职员,均可以在几年一期的账期分红时,按拥有力股的多少,相应取得一定比例的分红。这与现代企业的股权激励具有相似之处。力股制和利润分成制能使作为经营者的掌柜对商号的经营始终处于一种全力以赴的状态,刺激其在为自身谋取更多利益的同时必须首先为商号赚取更多的利润。虽然从表面上看,力股分利似乎会影响股东的收益,但实际上,由于经营规模的开拓和扩大,商号的总体收入会不断持续地增长,股东所获得的经济利益不仅不会减少,反而还会有一定的增加。民国时期,云南各大商号的经营方式,大都采取了力股制和利润分成制的方式。而且,在此种制度下,负主要责任的掌柜在日常经营中拥有很大的权力,如果没有特别理由,股东一般不得随意干涉其日常的经营事务。商号平常的买卖盈亏也多由掌柜负责。股东通常只有在每届账期来临时,才就经营盈亏和掌柜业绩提出自己的意见和看法。①

20世纪20年代以后,受到外国资本和西方企业管理思想的影响,云南产生了很多新式商业组织和商业管理模式,"掌柜+伙计+学徒"的经营模式逐渐被买办经理所取代,因此,"经理、协理、襄理、助理"制度逐步建立,云南本土的商号也逐步完成了该管理模式的调整和变革。在经理制度下,银股、力股和利润分成制成为主要的商业资本模式,其中银股即真正意义上股东所持有的股本,力股本身并无实际出资,只是一种对于利润的分配权利。而从具体的会计核算来看,不同类型中所获得的收益存在差别。如庆正裕商号,"每年各栈结算一次,造册报总号,两年结算大账一次,由总号分配红利通知各栈。第一期大账,1932年至1933年年底,获利倍蓰。第二期大账,以至第三期大账,1937年年底结算,本利达到半开700余万元,为庆正裕极盛时期。其分账办法,本股占60%,力股占40%,先提护本10%(公积金),护本无息,再由红利中提10%奖金分奖各栈人员。周守正、赵如九、朱靖卿所占力股,各为

---

① 罗群:《近代云南商人与商人资本》,云南大学出版社,2004年,第144—146页。

10股,周孟丞、赵茂才各6股,段右箴3股。其他各栈负责人员,提酬奖金,从几千以至二三万元不等。第三个账期,所得奖金,转入股本,已达半开7万余元。庆正裕所赚的钱,人人有份,一般职员所得奖金,几个账期,都变成小股东,所以大家卖力,使业务发展,股金增大"①。又如茂恒商号,以资本股占纯利润的60%,力股占纯利润的40%的比例进行分配。力股主要分配给副经理一级人员和一定职位级别的职工,分配股数按各人对企业贡献大小来作决定,并由总号设立总管理处,统一领导总、分号的业务活动,主管任免调动总、分支机构经理人员,以及在每届(有时两年、有时三年)结账后决定分配力股和特奖、普奖的具体数额等事项。人事配备方面,除总经理一职由股东大会选举贤能担任,各号经理级人选大都是从企业中选拔那些工作多年具有一定经验和能力的职工担任。在职工工作成绩考核中,成绩突出的还被提升为高级职员。每届结账后,职工都可以将分得的力股全部用作投资股本,因而许多职工都陆续成为本企业的新股东,股东人数也由原来的4人增至40人,后又增至400人。②

此外,自民国十八年(1929年)国民政府发布《公司法》后,商业组织中出现了无限公司、两合公司、股份有限公司、股份两合公司等形态,其中股份有限公司制度具有重要的里程碑意义。股份制把属于分散的不同所有者的财产转化为他们共同占有和使用的社会财产,使之成为社会资本的一种存在形式,形成了一种新型的商业组织方式,在一定程度上促进了商品经济的发展,尤其是促进了云南地区商业中的资本主义发展。③ 在股份有限公司的经营中,银股和力股仍然作为一种普遍的形式存在。如永茂和商号,在人事上实行"不问亲疏,唯才是记","公司职工包括邀约集股时无力投入股本的职工,

---

① 解乐三:《庆正裕商号回忆录》,见《云南文史资料选辑》第42辑,第118页。
② 罗群:《近代云南商人与商人资本》,云南大学出版社,2004年,第224页。
③ 罗群:《近代云南商人与商人资本》,云南大学出版社,2004年,第228页。

只要在工作中表现确有才干便可提拔为分号经理,凡遇原任经理出缺,也是从公司中选拔有才能的人提升继任。对担任经理职务的人员,都量才规定给予力股,年终按股分红,分得红利多少,便入股多少而成为股东。投入股本的股东,一律参加公司工作,除了按股分红外,只要担任经理职务,同样会再定给力股"[①]。又如美兴和,1943年改组为股份有限公司后,"决定提利润的20％为力股分配给职工和在职的股东"[②]。

(3) 商号会计账目设置

民国时期,云南商号经历了传统中式簿记的改良与改革过程,会计账簿体系也遵循了不同历史阶段的特征。在早期,西方的借贷记账法还没有传入云南,虽经历了晚清时期《中法续议商务专条》的历史环境,但并未能用西方的先进管理方法和会计制度来提升云南经济组织的会计业务水平,因为过去传统中式簿记的历史积淀和方法应用已经根深蒂固。以永昌祥商号为例,在晚清至民国初期,其所采用的会计方法是中式簿记,先后建立了底簿、现金账、银簿、鸿账册、资用底簿、伙友存本簿等中式账簿形式,形成了完整的中式会计业务组织体系。从本质上看,底簿为草账、草流,现金账和银簿为流水账,而鸿账册则为总账,资用底簿和伙友存本簿均为股本账。该体系符合完整的传统中式账簿体系的结构要求,并且还进行了各年度经营利润的结算和分配,形成了资本、利润、积累等会计结算记录。

此外,商号的各分号均会对相关收入、支出建立完整的流水账或底簿,用于管理分号本身的经营开支。如民国时期大理下关洪盛祥商号在缅甸仰光开设的一个分号,需要根据总号的要求,对该分号的相关开支进行详细记录,形成"仰光洪盛祥各项零星开费底",其本质上是费用开支底簿,现有第三册存于云南省博物馆中。该零星开费底簿记录了仰光洪盛祥商号在1936年

---

① 李镜天:《永茂和商号经营缅甸贸易简史》,见《云南文史资料选辑》(第42辑),第70页。
② 赵谦庵、杨润苍:《美兴和商号经营史》,见《云南文史资料选辑》(第42辑),第188页。

1~12月的开支,其中,除了日常生活的必要开支,如购买柴、米、油、盐,还可以看到一些提高生活质量的项目支出。① 此外,云南财经大学中国少数民族财会博物馆陈列的永益祥商号民国二十四年(1935年)"收腾各货总部"第三本账簿(见图5-12),为总账性质,列示的内容为民国二十四年至民国二十七年腾冲各号所转交货物的类型、数量和货值金额。

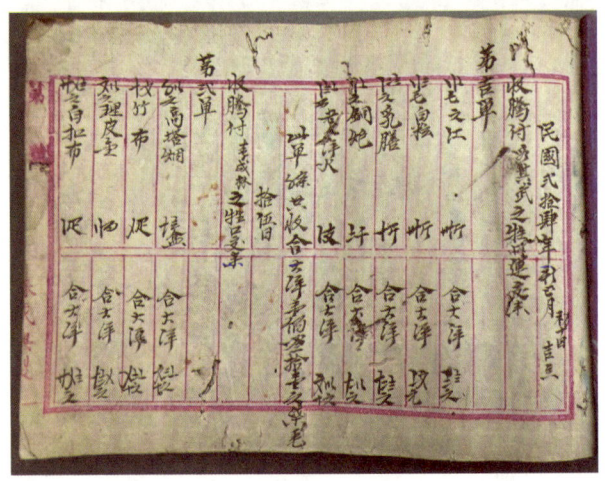

图 5-12　永益祥商号"收腾各货总部"第三本账簿封面及首页②

---

① 吴晓亮:《云南小家庭 世界大市场——以"仰光洪盛祥"消费记录和民国"昆明市家庭生活情形调查"为例》,《中国边疆史地研究》2013年第1期,第86-92页、第149页。
② 参见云南财经大学中国少数民族财会博物馆馆藏历史档案,编号 JTS-MG-0068。

3. 民国时期云南商号的会计史料分析

民国时期,云南地区进出口贸易增长迅速,农产品进一步商品化,市场规模逐步扩大,工业得到兴起和发展,交通条件也得到改善,新的商业中心和商品购销网络逐步形成,产生了新式金融机构、商业组织和行业,纱布业、百货业、纸业、文具业、土杂业、瓷器业、糖业等行业发展迅速,商号门类也较为齐全。

(1) 商号资本与营业规模

鉴于历史数据的可靠性和史料考证的充分性,这里以昆明市范围内的商号为例进行分析。据昆明市政统计,民国二十四年(1935年)昆明市共有各业商号(店)5 242家,比民国十三年(1924年)的4 401家多增了840多家[①],全行业资本总额近180万元,其中以绸缎业、京果海味业和广货业资本额较高,而从商号数量来看,鞋帽业、棉布业、衣服业和肉类业数量居前(见表5-13)。

表5-13　1935年昆明市各业商号经营情况统计表

行业名称	营业商号数量(家)		职工数(人)	资本额(新币元)
	1924年	1935年		
总计	4 401	5 242	12 558	1 792 600
绸缎业	42	48	148	220 880
棉纱棉线业	83	83	245	88 000
棉布业	175	213	1 210	12 000
衣服业	58	381	400	2 000
鞋帽业	270	236	565	32 000
粮食业	118	136	320	24 000
烟酒茶业	—	106	166	106 000
酒席馆业	21	94	373	30 720
药材业	133	128	308	72 000

---

① 罗群:《近代云南商人与商人资本》,云南大学出版社,2004年,第173-174页。

(续表)

行业名称	营业商号数量(家)		职工数(人)	资本额（新币元）
	1924年	1935年		
京果海味业	43	166	325	248 600
广货业	115	147	608	400 000
旅店业	108	137	318	80 000
五金业	—	164	371	54 000
百货业	—	76	340	156 000
杂货业	—	11	22	20 000
猪鬃业	—	170	170	20 000
理发业	65	120	600	1 000
皮革业	58	112	200	130 000
肉类业	—	300	300	42 400
盐糖业	—	52	86	53 000

民国三十三年(1944年)，实业部也曾对昆明市各行业的发展状况进行了一次更为详细的统计调查(见表5-14)，区分门类更为细致，反映了当时商业的繁荣景象。

表5-14　1944年昆明市商号资本与营业状况统计表①

业别	商号数量(家)	资本额(元)	平均资本额(元)	营业总额(元)	职工数(人)
棉纱	46	1 870 000	40 652	7 450 000	275
北货	24	580 000	24 167	1 440 000	163
药材	91	205 000	2 253	715 000	532
金业	15	200 000	13 333	620 000	73
布匹	116	146 000	1 259	580 000	738
中西百货	85	224 000	2 635	672 000	433
茶业	11	120 000	10 909	360 000	54

---

① 云南省志编纂委员会办公室：《续云南通志长编》(下册)，1986年，第543-545页。本表对相关数据进行了整理和平均值计算。

(续表)

业别	商号数量(家)	资本额(元)	平均资本额(元)	营业总额(元)	职工数(人)
糖业	14	41 000	2 929	160 000	66
针织	54	31 800	589	95 400	305
当业	21	532 000	25 333	1 064 000	126
油蜡	145	14 000	97	50 000	384
印刷	13	33 000	2 538	100 000	46
燃料	106	85 000	802	320 000	432
海味酱园	110	120 000	1 091	360 000	568
书籍	11	95 000	8 636	356 000	188
土杂货	12	24 000	2 000	120 000	42
西药化装	28	64 000	2 286	238 000	106
颜料	18	18 000	1 000	54 000	58
押号	22	72 000	3 273	144 000	132
猪毛	149	100 000	671	300 000	505
丝线	32	104 000	3 250	312 000	114
棉线	16	5 000	313	21 400	45
斗笠	11	5 500	500	15 500	41
丝纱什帕	19	14 250	750	42 750	54
酒业	28	14 000	500	28 000	81
帽业	75	37 500	500	112 500	205
象牙	16	11 200	700	33 600	42
爆竹	28	5 600	200	22 400	81
梳篦	25	2 700	108	8 100	68
油榨	12	4 000	333	12 200	45
毡业	17	3 400	200	10 200	42
染纸	17	1 700	100	8 500	37
估衣皮草	37	18 500	500	55 500	101
皮箱	19	5 700	300	17 100	50
木器	25	未详		未详	71

(续表)

业别	商号数量(家)	资本额(元)	平均资本额(元)	营业总额(元)	职工数(人)
干果	25	14 000	560	28 000	68
铜器	55	5 500	100	未详	215
屏联	21	10 500	500	24 000	57
棉絮	45	20 000	444	50 000	123
金箔	19	4 000	211	7 000	72
食馆	25	未详		未详	132
机器面业	22	3 300	150	14 500	86
照相	10	12 000	1 200	36 000	41
旅馆	85	11 300	133	26 100	235
丝绒	8	1 600	200	3 200	22
人力车	49	72 000	1 469	96 000	218
染业	50	7 500	150	15 000	200
钟表	21	10 000	476	22 000	80
糕饼	22	21 000	955	68 000	65
首饰	55	12 000	218	18 000	184
寿板	74	65 000	878	100 000	127
花栗木	29	—	—	—	64
油纸	9	1 500	167	2 000	25
皮鞍	15	7 000	467	87 000	61
运输	13	1 300	100	45 000	41
新衣	20	9 400	470	21 000	62
顾绣	24	6 000	250	10 000	45
裱画	22	2 400	109	6 200	68
瓷器	10	18 800	1 880	37 600	38
鞋	200	16 600	83	63 900	1 020
纸	43	18 800	437	33 500	118

从以上数据可以看出,到20世纪40年代,昆明整体商业结构发生了重要变化,商业资本和经营收入规模大幅增长,其中以棉纱、北货、当业、药材等最

多。以棉纱为例,云南每年由外输入总额可达一千四五百万元。但也还存在单个商号经营平均资本较低的问题,平均资本额在万元以上的门类仅有棉纱、北货、金业、茶业、当业五个子目,平均资本额在千元以下的约占总数的60%,说明大部分商号为小规模商业主体,劳力较为密集,重资产型商业主体数量较少。

(2) 商号经营方式与资本积累

民国时期,商号的经营方式继续保留了晚清时期的独资方式、合伙方式,也存在公司制的典型组织形式,这主要是由于近代以来西方公司制的传入以及晚清时期云南开放商埠带来的社会变化。

① 独资方式。独资方式是民国时期云南商号的主要经营方式,具有单一资本少、家族式经营和业务简单的特征。如民国六年(1917年)后永昌祥商号主要为严子珍家族控制和掌握的独资经营方式。1917年其股本折算大洋32 381.10元,除严子珍名下22 000元,严子兴、严玉山、严志成、严协成、杨润馨、尹立廷六名股东共占1万元左右,其关系已经不是"平头伙计"的关系,而是家族亲属关系和师徒关系,成为家族独资经营的商号。[①] 回族马帮、恒盛公、兴盛和等商号也相继转为家族独资经营方式。

② 合伙方式。合伙方式也是民国时期云南商号的常见经营方式。合伙后,资本规模较大、分号较多,形成一定的规模效应。组建于1928年的茂恒商号,是由腾冲商号春延记、顺昌茂的四名主要继承人董爱廷、董延廷、金熙一、王少岩为了加强商业实力、扩大经营业务,协商两号合伙经营,每人出资75 000元共计30万元作为全部合伙股本,并规定了以资本股占纯利润的60%、力股占纯利润的40%作为经营分配原则。此外,春延记和顺昌茂分别将半开银币20余万元和30余万元作为存款存入茂恒商号,只取利息,不参与

[①] 罗群:《近代云南商人与商人资本》,云南大学出版社,2004年,第221-222页。

利润分配。又如庆正裕商号是在1931年由周守正从福春恒商号分伙后与顺宁的赵如九、赵茂才,鹤庆的朱靖卿、周孟丞等人合伙组建的。再如,抗日战争前期专门经营桐油出口的德利新记商号则是1936年由云南建水的伍俊山和龙陵的朱家锡两人合资半开银币57 000元合伙组建的。①

③ 公司制方式。民国三年(1914年)北洋政府发布《公司条例》,"以商行为业而设立之团体——公司"则成为商号的新兴组织形式,具体类型有无限公司、两合公司、股份有限公司、股份两合公司四种。据《昆明市志长编》记载,民国时期昆明地区的公司形式大多是股份有限公司形式,如云南煤矿公司、开化盐务永利公司、华兴公司、中华书局与商务印书馆云南分馆、云南新亚股份有限公司等均是该时期昆明地区的代表性公司制组织方式的商业主体。在公司制组织方式下,商号管理和制度越来越科学规范,如1936年4月组建的昆明国货公司,全称为"昆明中国国货股份有限公司",初创资金国币3万元,设立董事会、常务董事5人,由缪云台出任董事长,并设立监察5人,成为当时云南地区近代企业制度最完备的股份有限公司,不仅重视企业的组织管理,而且订立规章制度,在组织机构、人事管理、会计制度等方面均有章可循,开启了昆明企业近代化的进程。②

虽然民国时期云南商号有不同的经营形式和组织形态,但在资本规模和发展速度上远超过其他产业资本,成为云南地区最重要的经济形态。云南商业资本能够在民国时期得以迅速积累与扩张,主要得益于商业资本对产业资本和金融资本的支配地位,以及外国资本主义商品的输入和内地商品的输出。以茂恒商号为例,其1928年成立时资本总额为半开银币30万元,至1941年年底,其总资本已达滇币3 500万元之多,积累与扩张幅度达百倍之多,究其原因,主要包括以下方面。

---

① 罗群:《近代云南商人与商人资本》,云南大学出版社,2004年,第222-224页。
② 罗群:《近代云南商人与商人资本》,云南大学出版社,2004年,第224-228页。

一是进出口贸易产生的利润。茂恒商号早期创设"汉庄"烟土品牌,获得巨额利润,并利用中英商约货物免税和人员自由往来的政策,开展了黄丝、棉花、棉纱等进出口贸易和白银、黄金等厚利经营业务。

二是开展金融业务实现资本良性扩张。在茂恒商号经营的20余年中,通过吸收存款和借款,实现商号持有资本大幅增长,再开展期货售卖,预收货款,保证商业贸易的有序进行,并通过承办缅甸华工汇款,赚取外汇,保证进口贸易的开展。

三是以工商联营方式保证市场供求信息畅通。茂恒商号采用以商养工、以工扩商的形式实施工商联营,强化市场需求信息的获取,不断提高产品质量,降低成本,避免货物积压,加速资金周转。

(3) 商号盈亏状况分析

虽然云南商号在民国时期有不同的经营方式和组织形态,但它们的经营状况在较长时间内均能保持较好局面,这说明民国时期云南整体商业环境与业态发生重大变化,促进了农业、手工业等基础产业与商业的融合,还促进了工业、金融业的发展。为了做好商号盈亏结算工作,各商号均在年末结息和分利,而存在多个分号的商号一般会在年末与总号进行年终盈亏结算,也有两年结算一次的情形。各商号均会设置股本、银钱、货品等层面的总账、流水和底簿。永昌祥作为大理白族商帮的代表性商号,经历了合伙经营和独资经营两个阶段,先后建立《永昌祥资用底簿》《伙友存本簿》《鸿帐总簿》等账册,形成了完整的盈亏结算体系。永昌祥商号的总账房苏用九是一名具有秀才底子的商人,其弃儒经商后先在鹤庆帮大商号兴盛和管账,后徙永昌祥时建立了一套完密的会计方法并在全号推广应用,建成以现金账代替传票的中式复式会计制度,后又传至喜洲帮的其他各商号。所以从民国时期云南商号账目的细致完整程度来看,鹤庆帮居首,喜洲帮次之,腾冲和其他商帮较为不及。

从表 5-15 可知,永昌祥商号合伙经营时期资本额在不断增加,年利润率平均为 35% 左右,按照银股和力股两种方式进行分配,银股为股息,"成本不拘多寡,按年以五厘本后息计算",代表原始股东投入的资本收益,即对资本的报酬;力股为人力贡献所获得的收益,"无论何人,在何埠管事,按其通年做事之臧否,至年底结账时甄别",代表合伙人在业务上的贡献报酬,即奖金分红。整体上看,合伙期内,利润一般为一年一结,仅 1904 年和 1915 年未结算,而具体金额上,力股要远高于银股,形成了永昌祥商号长期吸引人才的内在动力,加速了商号发展。

表 5-15 永昌祥合伙经营时期资金利润和资本积累统计表①

金额单位:市银两

年份	资本	利润			利润率	积累率
		银股(股息)	力股(红利)	合计		
1903	11 166	—	3 344	3 344	29.9%	5%
1904	11 730	—	—	—	—	—
1905	11 730	—	4 117	4 117	35.1%	−9%
1906	10 728	—	9 304	9 304	86.7%	69%
1907	18 200	910	8 788	9 698	53.3%	52%
1908	27 602	1 380	9 856	11 236	40.7%	19%
1909	32 698	1 634	9 856	11 490	35.1%	3%
1910	33 788	1 013	3 261	4 274	12.6%	−30%
1911	25 658	1 282	7 393	8 675	33.8%	26%
1912	31 492	1 574	11 528	13 102	41.6%	21%
1913	41 151	2 057	8 167	10 224	24.8%	13%
1914	46 675	2 333	7 323	9 656	20.7%	−3%
1915	45 030					
1916	45 030	2 251	5 525	7 776	17.3%	−6%

---

① 杨克成:《永昌祥简史》,见中国民主建国会云南省委员会、云南省工商业联合会编写的《云南工商史料选辑》(第一辑),1988 年,第 50 页。

从表5-16来看,在独资经营时期,永昌祥商号依然按照银股和力股两种形式进行分配,但盈亏结算时间改为两年一次,平均利润率得到大幅提升,资本积累幅度高达56倍之多,体现了商业资本在工业化未开始前独立存在时期的一大特色。在该时期,永昌祥商号先后开办10余个分号(见表5-17),从《鸿帐总簿》和《伙友存本簿》中所记载的数据来看,腾越和上海分号经营出现多年亏损的情况,因此,对分号的经营管理是该时期永昌祥商号管理的重点内容。

表 5-16 永昌祥独资经营时期资金利润和资本积累统计表(1917—1937 年)①

金额单位:银元(滇洋)

年份	资本	利润			利润率	积累率
		银股(股息)	力股(红利)	合计		
1917	32 381	1 619	29 223	30 842	95.2%	70%
1918	54 507					
1919	54 507	5 833	68 512	74 345	136.4%	83.1%
1920	96 655					
1921	96 655	9 665	78 741	88 406	91.5%	20%
1922	116 324					
1923	116 324	158 734	158 734	317 468	264%	207%
1924	357 218					
1925	357 218	278 836	278 836	557 672	156%	108%
1926	743 738					
1927	743 738	4 594	4 594	9 188	1.2%	-9.2%
1928	675 270					
1929	675 270	143 833	143 833	287 666	42.6%	0.2%
1930	676 600					
1931	676 600	288 260	288 260	576 520	85.2%	45%
1932	1 000 000					

---

① 杨克成:《永昌祥简史》,见中国民主建国会云南省委员会、云南省工商业联合会编写的《云南工商史料选辑》(第一辑),1988 年,第 59 页。

(续表)

年份	资本	利润			利润率	积累率
		银股(股息)	力股(红利)	合计		
1933	1 000 000	433 000	433 000	866 000	86.6%	60%
1934	1 600 000					
1935	1 600 000	270 550	270 550	541 100	33.8%	14.9%
1936	1 825 900					
1937	1 825 900	481 957	481 957	963 914	50%	41.7%

表5-17 永昌祥各庄号历年盈亏统计表(1917—1937年)[1]

单位:银元(滇洋)

年份	地区									
	下关(大理、蒙化、顺宁、景东)	昆明	叙府(重庆、筠连、嘉定)	维西	香港	瓦城	腾越	昭通	上海	合计
1917	12 917	7 805	8 723	1 396						30 841
1918		3 646	22 589	2 623	2 975					31 833
1919	693	11 076	22 580	2 557	2 124	8 531	184			47 745
1920	−10 043	−6 484	8 057	232	4 322	30 322	2 175			28 581
1921	−10 841	15 388	40 505	200	−4 733	8 907	2 294	8 103		59 823
1922	16 220	39 580	55 585	−1 119		61 855	976	13 443		186 540
1923	−30 127	478	65 849	3 648		83 446	−2 658	6 366		127 002
1924	5 917		155 580	5 253		67 405		6 581		240 736
1925	13 123	55 364	114 516	7 123		117 189	−8 864	−3 516		294 935
1926	−86 954	50 218	158 223	4 145		130 714	−11 940	13 868		258 274
1927	−38 013	−102 579	−16 580			−76 254	−5 175	−6 582		−245 183
1928	37 394	−26 652	32 212	6 550		−24 351	−8 591			16 562
1929	4 608	202 426	52 600	2 816		22 641	−4 388			280 703
1930	9 755	126 808	105 867	5 223		12 984				260 637
1931	44 957	128 845	84 393	2 657		87 468	−5 689		−2 181	340 450

---

[1] 杨克成:《永昌祥简史》,见中国民主建国会云南省委员会、云南省工商业联合会编写的《云南工商史料选辑》(第一辑),1988年,第60-61页。

(续表)

年份	地区									
	下关(大理、蒙化、顺宁、景东)	昆明	叙府(重庆、筠连、嘉定)	维西	香港	瓦城	腾越	昭通	上海	合计
1932	55 904	121 026	67 032	6 417		154 065	6 238			410 682
1933	25 572	44 813	66 347	9 095		332 870	−2 029	2 304	13 439	492 411
1934	30 222	53 847	93 992	1 810		98 046	686	1 026		279 629
1935	33 270	21 531	114 488	11 563		135 740	1 158	1 457	−24 990	294 217
1936	66 542	611 400	133 599	12 595		75 193	−301	6 097	−5 247	899 878
1937	14 796	47 848	82 931	1 532		−38 032	8 874	3 102	−4 885	116 166
合计	217 915	1 406 388	1 469 095	86 321	4 688	1 288 745	−27 050	52 253	−23 864	4 474 491

从永昌祥、茂恒、同庆丰等商号的历史记录中可以看出，民国时期云南地区较大规模的商号大多存在进出口贸易业务，会在省外甚至周边国家或地区设置分号，使得商号经营规模不断扩大。后期由于抗日战争和内战的影响，商业环境和商号生存条件发生重要变化，经营收益大不如以往。

无论是合伙制，还是独资形式，抑或是股份公司制形式，民国时期，云南商业资本在获得不同规模的经营收益后，存在将资本向产业流转的过程，进而提升商贸业务的产品质量和结构多元化，并对云南近代工业、农业、金融业的发展起到重要作用。资本的逐利性是其本质属性，其流向受利润的支配，从而导致市场结构、产业发展、商品流通更加多元化和合理化。

第三节　民国时期云南少数民族会计史证讨论

民国时期，西方借贷复式簿记方法逐渐被政府会计和民间商业会计所接受并推广使用，传统中式簿记逐渐退出历史舞台，取而代之的是西式三账体系、会计方法和统一的报表格式。当然，这一转变和改革过程并不是一蹴而就的,过渡时期非常漫长,说明传统中式簿记与西式借贷复式簿记同时存在的时期是较长的,特别对于偏远的云南各少数民族地区来说更是如此。从民国时期大理白族商号的史料来看,传统中式会计的改良与改革之风在20世纪三四十年代还是传到了云南地区,中小规模商号的会计均能采用完整的借贷复式簿记方法开展计量、记录与报告等会计业务,说明该时期云南少数民族地区会计的改良与改革是较为普遍和彻底的,成为近代中国会计改革的一个区域历史样本和民族地区范例。

一、会计组织与制度的史证讨论

民国初期,云南军都督府政务厅财政司负责各级政府机构的财政管理工作,兼有会计业务,另设会计检查厅负责审查财政司编制的预算与决算,以及各机关收支、用款是否合规的问题。此后,会计检查厅改为审计处,财政司改为财政厅,为推行新会计制度,颁布实施《统一会计暂行章程》,实行会计主任和会计员制度,并制定专门的办事细则规定会计主任和会计员的相应职责。此后,云南省政府审计处又改组为云南省会计处,隶属国民政府主计处与云南省政府,主管全省岁计和会计工作,对各级政府与机关总预算、会计制度规划与实施,以及预算执行情况的审核进行统筹掌理。

民国时期,审计组织与制度建设也是政府强化财政监督的重要举措,是全国较早设置审计机关的省份之一。云南省在完善组织建设的同时,根据有关法令,因地制宜制定《云南省政府暂行审计条例》和《审计处组织规程》等制度,组织开展多方面的审计业务,并发布审计公报。此外,田赋清丈、文化教育、盐务管理均成立相应的政府组织,配置专门委员会和会计业务员,制定相应会计制度和业务管理细则,保障相关组织与业务的有序开展。

在民间商业组织中,民国时期也相较过去的各个历史阶段更加重视会计管理和组织制度建设工作,各大商号均建立"会计股"等专业性账务机构,组织层次和分级管理的思路明确、清晰,并存在独资方式、合伙制和公司制等组织形式,从而对会计业务组织和制度进行适应性调整以达到与组织性质相协调的效果。此外,随着资本的积累和商业资本形态的拓展,商业会计体系呈现出向财务管理发展的特征,进而产生了更多的组织与制度层面的适应性改革举措。

二、会计方法与体系的史证讨论

民国初期,无论是政府会计和各级政府辖属单位会计,还是民间商业会计,均沿用晚清时期的中式会计方法,收支计算和财产名录编报一般也按照"四柱结算法"方式进行。随着西方借贷记账法的传入和国内会计培训学校的开办,越来越多的会计人员学习与传播西方复式簿记的方法体系,并逐步应用到金融机构、商业组织和政府机关的会计业务过程中,形成了民国时期特有的中式簿记和西式簿记共融的局面。在此发展过程中,部分大型商号逐步完成了从中式簿记向西式簿记方法体系的改革,使得企业的经营能够快速对外扩张,不断在中国香港或周边国家建立分号,形成了巨大的财富积累效应。

民国时期,会计的计量一般遵循通用的货币形态,金银与钱票并行,但无论官方还是民间均存在价值的换算过程,促使不同社会主体对经济价值的衡量趋于统一。然而,该时期的会计报告却存在多种形式并存的局面,即便是在1935年国民政府统一会计科目与会计账簿组织后,政府会计报告形式和业务体系迅速形成统一格式与流程,但很多民间商业组织和各类商号均还存在不同的报告形式,即中式报告和西式报告混用的情形。这也符合当时的经济环境状况,民间商业组织大多还是不能迅速完成西方现代会计体系的构建与转变,直到20世纪40年代才有所改观。

三、会计业务与理论的史证讨论

从民国时期政府会计的业务要求来看,凭证、账簿、报告的全面会计业务体系已经形成,单据和票据凭证的设置已具有较为统一的格式,实物底簿、征赋清册、土地清丈、分类账籍成为重要的会计业务载体,涵盖了预算收入、赋税收入、经营收益、业务支出、费用开支等主要会计业务内容,为开支计算书、决算报告书、收支对照表等报告形式的应用奠定基础,特别是在统一应用借贷记账法后,会计业务的规范性格局在律法和教育的推广中形成了加速统一的进程。然而,在民间商业会计业务中,凭证、账簿和报告的形式均未形成统一的业务体系,不同商号有各自的业务惯例,虽然在会计方法上较为一致,但会计业务流程、会计信息载体、报告形式均存在较大差异。从具体实践来看,永昌祥商号的《资用底簿》《伙友存本簿》《鸿帐总簿》是民国早期会计业务的先进代表,而随着西方复式簿记方法的应用,其后期也将会计业务体系逐渐转化为西式的三账体系和统一的报告格式。

此外,民国时期西方会计理论的教育与传播使得借贷复式记账法得以迅速推广,而传统中式簿记的理论体系相比之下略显欠缺,虽然有《新式官厅簿记及会计》《改良中式簿记概说》等理论成果出现,但其应用范围依然逐步缩减。从具体的理论应用来看,成本支出会计业务和成本分析报告形式是民国时期云南少数官营企业和民营商号在西方复式簿记方法下的会计工作应用,在该时期具有较强的先进性和代表性,呈现出更为科学的会计理论内涵。

四、会计治理与职能的史证讨论

在很长一段历史时期,会计只是对经济事项的过程和产生的结果信息进行反馈与记录,因此,其主要的职能仅仅是反映。然而,随着现代公司制度在中国近代时期的兴起,会计已经从过程和结果的信息形态转变为先导性机制,对公司的业务和发展具有重要的决策性意义。从会计的发展历史进程来看,会计逐渐从一种业务事项,变成了一个重要的岗位,最后发展为一种职业类型,这与民国时期会计行业组织的产生和发展是密不可分的。会计的组织体系是保证其成为一种职业岗位需求的必然条件,无论其最初的形态是产生于官厅业务,还是民间商品经济的发展需要,无论是从会计业务本身而来,还是从衍生性业务而生,无论其使用的是传统中式方法,还是西式的现代记账方法,都完整体现了会计专业职能的本质特征。

总体上看,民国时期汉族与少数民族经济结构的界限已经不再那么清晰,更多的是各民族经济体的融合,因此,无论是政府会计,还是民间商业会计,在组织制度、方法体系与业务内容的覆盖范围中,均涵盖了少数民族地区的政府组织与民间商业主体。会计组织制度设计的现代特征、会计方法体系的科学范式、会计业务内容的合理结构,是民国时期云南少数民族会计发展呈现出的最重要的进步,虽然相对于沿海地区,还存在一定差距,但会计业务分工、岗位分责、程序规制均逐步采用了该时期较为科学的方法。此外,资本的发展提升了云南地区公司财务管理水平,成本的管理和控制逐步将会计业务向管理需要的方向发展,使得云南少数民族会计以现代会计的姿态迎接新中国的诞生。

主要参考文献

[1] 安作璋,熊铁作.秦汉官制史稿[M].济南:齐鲁书社,1984.

[2] 白华,耿嘉.云南文史博览[M].昆明:云南人民出版社,2003.

[3] 陈征平.清代云南铜矿开发的制度演化及"官治铜政"的特征[J].思想战线,2003(5):104-108.

[4] 董振平.抗战时期国民政府盐务政策研究[M].济南:齐鲁书社,2004.

[5] 杜武.漫谈《南诏德化碑》的书法艺术[J].中国书法,2001(12):59-61.

[6] 段玉明.大理国史[M].昆明:云南民族出版社,2003.

[7] 樊海涛."贡纳场面贮贝器"刍议[J].中国国家博物馆馆刊,2012(1):72-76.

[8] 方国瑜.云南史料丛刊:第1卷[M].昆明:云南大学出版社,1998.

[9] 方国瑜.云南史料丛刊:第3卷[M].昆明:云南大学出版社,1998.

[10] 方铁.论诸葛亮治理南中的分类统治策略[J].地域文化研究,2018(1):12-19,153.

[11] 葛永才.清末巨商王炽同庆丰纪事[M].昆明:云南民族出版社,1998.

[12] 耿德铭.哀牢国与哀牢文化[M].昆明:云南人民出版社.2003.

[13] 龚荫.中国土司制度简史[M].成都:四川人民出版社,2014.

[14] 郭道扬.会计史教程:第1卷[M].北京:中国财政经济出版社,1999.

[15] 郭道扬.会计史研究:第1卷[M].北京:中国财政经济出版社,2004.

[16] 郭道扬.人类会计思想演进的历史起点[J].会计研究.2009(8):3-13,95.

[17] 郭道扬. 中国会计史稿:上册[M]. 北京:中国财政经济出版社,1982.

[18] 郭道扬. 中国会计史稿:下册[M]. 北京:中国财政经济出版社,1988.

[19] 郭道扬,中国会计通史:第1至12册[M]. 北京:中国财政经济出版社,2023.

[20] 何耀华,夏光辅. 云南通史:第4卷[M]. 北京:中国社会科学出版社,2011.

[21] 黄懿陆. 滇国史[M]. 昆明:云南人民出版社,2004.

[22] 黄懿陆. 云南史前史[M]. 昆明:云南人民出版社,2018.

[23] 蒋中礼,王文成. 云南通史:第5卷[M]. 北京:中国社会科学出版社,2011.

[24] 何斯强. 我省发现旧石器时代的"蒙自人"文化遗址[J]. 思想战线,1990(1):2.

[25] 况浩林. 近代滇西白族商人严子珍创办的永昌祥商号[J]. 民族研究,1989(6):102-111.

[26] 李公. 南诏史稿[M]. 北京:民族出版社,2006.

[27] 李珪. 云南近代经济史[M]. 昆明:云南民族出版社,1995.

[28] 李晋昆. 浅论南诏对境内盐井的控制及其政治意义[J]. 大众文艺(理论),2009(19):12.

[29] 李昆声,钱成润. 云南通史:第1卷[M]. 北京:中国社会科学出版社,2011.

[30] 李昆声,钱成润. 云南通史:第3卷[M]. 北京:中国社会科学出版社,2011.

[31] 李树华. 古滇国文化研究论文选集[M]. 昆明:云南人民出版社,2009.

[32] 李魏巍. "安南通天竺道"在唐代贸易中的地位与作用[J]. 河西学院学报,2013,29(1):81-85.

[33] 李玉蓉. 民国时期云南农村土地清丈研究(1929—1940年)[J]. 西南古籍研究,2014(1):370-386.

[34] 梁银. 古代大理国买地券探析[J]. 黄河·黄土·黄种人,2020(2):44-49.

[35] 林南园.民国初期至抗战前后的云南财政[M]//中国人民政治协商会议云南省委员会文史资料研究委员会.云南文史资料选辑:第18辑.昆明:云南人民出版社,1983.

[36] 刘经华.抗战时期国民政府盐务管理体制的变迁[J].盐业史研究,2005(3):8-17.

[37] 刘楠楠.1915年云南盐务整理案[J].民国档案,2013(4):3-9.

[38] 刘云明.清代云南市场研究[M].昆明:云南大学出版社,1996.

[39] 龙纪峰.云南壮族美术史[M].昆明:云南人民出版社,2011.

[40] 吕祎茜.滇西商帮会计文化研究[D].昆明:云南财经大学,2015.

[41] 罗泌.路史:第2卷[M].北京:中华书局,1985.

[42] 罗群.近代云南商人与商人资本[M].昆明:云南大学出版社,2004.

[43] 马德娴.云南省博物馆藏"南夷长史"印[J].文物,1979(3):16.

[44] 马琦.清前中期云南盐税的定额、实征与奏销[J].盐业史研究,2018(2):12-21.

[45] 马琦.实征、定额与奏销:清代云南矿税研究[J].清史研究,2018(3):78-90.

[46] 孟森.地方自治浅说[M].北京:商务印书馆,2014.

[47] 牛鸿斌,文明元.新纂云南通志[M].昆明:云南人民出版社,2007.

[48] 牛鸿斌,谢本书.云南通史:第6卷[M].北京:中国社会科学出版社,2011.

[49] 潘向明.评清代云南的"官治铜政"[J].清史研究通讯,1988(3):44-49.

[50] 彭长林.云贵高原的青铜时代[M].南宁:广西科技出版社,2008.

[51] 全国人民代表大会民族委员会办公室.云南省西盟卡佤族社会经济调查报告[R].1958.

[52] 宋兆麟.中国原始社会史[M].北京:文物出版社,1983.

[53] 苏秉琦.中国文明起源新探[M].北京:生活·读书·新知三联书店,1999.

[54] 孙承泽.天府广记[M].北京:北京古籍出版社,1982.

[55] 孙果达.抗战初期上海民营工厂的内迁[J].近代史研究,1985(4):

119-139.

[56] 孙果达.抗战时期内迁西南的工商企业[M].昆明:云南人民出版社,1989.

[57] 孙太初.新发现的汉延光四年刻石[J].文物参考资料,1957(9):48.

[58] 谭茂森.云南大学行政后勤管理综述[M].昆明:云南大学出版社,2019.

[59] 汪宁生.云南考古[M].昆明:云南人民出版社,1992.

[60] 王德泰.清代云南铜矿开采中"底本银"制度考[J].中国经济史研究,2011(3):38-40.

[61] 王德泰.清代云南铜矿垄断经营利润的考察[J].清史研究,2012(3):30-44.

[62] 温春来,李贝贝.清初云南铜矿业的兴起[J].暨南学报(哲学社会科学版),2018,40(2):104-119.

[63] 吴强,李培林,和丽琨.民国云南盐业档案史料[M].昆明:云南民族出版社,1999.

[64] 吴晓亮.云南小家庭 世界大市场:以"仰光洪盛祥"消费记录和民国"昆明市家庭生活情形调查"为例[J].中国边疆史地研究,2013,23(1):86-92,149.

[65] 吴永章.论晋代的南方民族问题[J].民族论坛,1985(01):29-36,42.

[66] 徐晓.清代彝族赋税制度研究的珍贵资料:评《国家图书馆藏清代彝文田赋账簿研究》[J].广东财经大学学报,2018,33(3):115.

[67] 杨德文.《南诏仓贮碑》的发现与考释[J].大理民族文化研究论丛,2006(00):55-63.

[68] 杨根.云南晋宁青铜器的化学成分分析[J].考古学报,1958(3):75-77.

[69] 杨世钰,赵寅松.大理丛书·考古文物篇[M].昆明:云南民族出版社,2009.

[70] 杨毓才,刘达成.云南边疆民族的氏族、家族、村社制度研究[J].云南社会科学,1981(1):42-55.

[71] 杨毓才.云南各民族经济发展史[M].昆明:云南民族出版社,1989.

[72] 袁叶丰.论万物有灵论下的植物崇拜:以壮族"竜"崇拜为例[J].剑南文

学(经典教苑),2011(7):398.

[73] 云南大学历史系,云南省历史研究所云南地方史研究室.云南冶金史[M].昆明:云南人民出版社,1980.

[74] 云南省编辑组,《中国少数民族社会历史调查资料丛刊》修订编辑委员会.白族社会历史调查:三[M].北京:民族出版社,2009.

[75] 云南省财政厅,云南省财经大学,云南省会计学会.云南省少数民族会计发展史研讨会论文集[C].北京:经济科学出版社,2011.

[76] 云南省财政厅,云南省档案馆.民国时期云南田赋史料[M].昆明:云南人民出版社,2002.

[77] 云南省交通厅,云南公路交通史志编写委员会,云南公路史编写组.云南公路史:第1册[M].北京:国际文化出版公司,1989.

[78] 云南省历史研究所调查组.云南沧源崖画[J].文物,1966(2):7-16,38.

[79] 云南省民族文学研究所研究室.民族文谈[M].北京:中国民间文艺出版社,1985.

[80] 中国科学院历史研究所第三所.云南杂志选辑[M].北京:科学出版社,1958.

[81] 曾军,陈红,余根亚.原始社会至秦汉时期云南会计史料研究[J].财会月刊.2019(10):160-166.

[82] 曾仰丰.中国盐政史[M].北京:商务印书馆,1936.

[83] 张兴永.保山史前考古[M].昆明:云南科技出版社.1992.

[84] 张兴永.云南春秋战国时期的畜牧业[J].农业考古,1989(4):340-349.

[85] 张兴永,周国兴.元谋人及其文化[J].文物,1978(10):26-30.

[86] 赵小平.略论清代云南盐税及其变化[J].盐业史研究,2008(4):26-33.

[87] 赵小平.清代云南盐政探析[G]//曾凡英.盐文化研究论丛:第6辑.成都:巴蜀书社,2013.

[88] 赵小平,余劲松.清代云南盐业经费来源问题研究[J].盐业史研究,2018(2):3-11.

[89] 中国第一历史档案馆.雍正朝汉文朱批奏折汇编:第一册[M].南京:江苏古籍出版社,1991.

[90] 中国少数民族社会历史调查资料丛刊修订编辑委员会.白族社会历史调查[M].北京:民族出版社,2009.

[91] 周玲,唐靖,罗锋.云南地方史[D].成都:西南交通大学出版社,2011.

[92] 朱崇先,杨怀珍.国家图书馆藏清代彝文田赋账簿研究[M].北京:民族出版社,2013.

[93] 朱惠荣.云南通史:第2卷[M].北京:中国社会科学出版社,2011.

[94] 朱映占,曾亮,陈燕.云南民族通史:上册[M].昆明:云南大学出版社,2016.